Az összefonódások egyoldalú hatásainak megítélése az Európai Unió versenyjogában

Szerző: Dr. Szilágyi Pál

Budapest

2014

(Kézirat lezárva: 2011)

Tartalomjegyzék

Tartalomjegyzék 2

Bevezető 5

Az európai uniós fúziókontroll eredete 4

    I.   Bevezető 4

    II.   Az Európai Szén- és Acélközösségről szóló szerződés szabályai 8

    III. Az EGK Szerződéstől az első fúziós rendeletig – jogalkotási folyamatok 13

A fúziós teszt 58

    I.   A fúziós teszt fogalma 58

        1.   Bevezetés 58

        2.   A fúziós tesztek tartalma 58

    II.   A fúziós teszt az Európai Unióban 63

        3.   A fúziós teszt eredete az Európai Unióban 63

        4.   A fúziós teszt két pillére 71

    III. A piaci hatalom egyes kérdései 106

5. Bevezetés 106

6. A tökéletes verseny és a monopólium 109

7. Oligopol piacszerkezetek 117

8. A piaci hatalom megítélése 133

9. A piaci hatalom közvetett mérése 139

10. A piaci hatalom megközelítő közvetlen mérése 196

IV. A versenyhatások 256

11. Bevezetés 256

12. Egyoldalú hatások 258

13. Hatékonyságjavulás és a nem egyeztetett hatások 365

Záró gondolatok 394

Tézisek 403

Irodalomjegyzék 435

I. Bizottsági határozatok 435

II. A Törvényszék és az Európai Bíróság ítéletei 441

III. Könyvek, tanulmányok 447

IV. Egyéb hivatalos közlemények, dokumentumok 464

Bevezető

A fúziókontroll *"mint az antitröszt jog más aspektusai, a nemzeti gazdaságpolitika eszköze. Mint ilyen, visszatükrözi az egyes államok egyedi történelmét, gazdasági körülményeit és jogi hagyományait"*[1]. Az Európai Unió egészének működését szemlélve ez igaz a közösségi, majd uniós fúziókontrollra is annak kialakulásától napjainkig. A rendszer működése és a fúziókontroll léte a gazdasági irányítás része, annak eszköze, éppen úgy, mint pl. az iparpolitika vagy adópolitika.[2] Ami a fúziókontroll és az uniós versenypolitika más ágait érinti, nem állunk messze a valóságtól, ha elfogadjuk azt az állítást, miszerint *"[a] fúziókontroll vitathatatlanul a legvitatottabb a Bizottság összes versenypolitikái közül. Összesűrít mindent, ami ellentmondásos a versenyszabályozásban és rávilágít azon érzékeny pontokra, amelyek*

---

[1] ADLER – BELMAN: *Antimerger Enforcement in Europe – Trends and Prospects* (1973) 8 Journal of International Law and Economics 31 32.

[2] A versenypolitika és az iparpolitika közötti összefüggések és ellentmondások elemzésére a későbbiekben kitérünk.

alátámasztják a kormány-üzleti kapcsolatokat szabályozó bizottsági politikákat."[3] Ez természetesen nem jelenti azt, hogy ne lehetne akként értékelni a közösségi, majd uniós fúziós szabályozást, mint ami a versenypolitika egyik sikeres pillére, ugyanakkor kétségtelen az is, hogy a fúziókontroll mögött húzódó versenypolitikai megfontolások és bizottsági vagy bírósági határozatok gyakran heves vitákat gerjesztettek. Erre talán a legjobban feldolgozott példa a *GE/Honeywell* összefonódás ügye.[4] A viták részben természetes következményei annak, hogy az évente hozott fúziós határozatok száma együttvéve többszöröse az összes többi területen hozott határozatnak.[5] Egyszerű statisztikai alapon nyilvánvaló, hogy az összefonódások vizsgálatakor a

---

[3] CINI – MCGOWAN: *Competition policy in the European Union.* (Macmillan, Basingstoke, 1998).

[4] COMP/M.2220. sz. ügy (2001. július 3.) *General Electric/Honeywell* [2004] HL L 48 1 - 85 és T-210/01. sz. ügy *General Electric Company kontra az Európai Közösségek Bizottsága* [EBHT 2005. II-05575. o.] (továbbiakban: General Electric (T-210/01. sz. ügy)). Lásd az ügy szemléletes bemutatására az Egyesült Államokból FOX: *GE/Honeywell: The U.S. Merger that Europe Stopped - A Story of the Politics of Convergence.* In FOX – CRANE: Antitrust Stories. (Foundation Press, New York, 2007).

[5] Nem vizsgáljuk az állami támogatási határozatokat e körben.

problémás kérdések nagyobb valószínűséggel kerülnek felszínre, mint a versenypolitika más területein.

Az európai uniós fúziókontroll eredete

I. Bevezető

Az uniós fúziókontroll sajátos jószág: *„A közösségi szintű fúziókontroll sem nem szintézise, sem nem a legkisebb közös többszöröse a nemzeti fúziókontroll szabályozásoknak. Az az önálló közösségi versenypolitikából fejlődött ki és sajátos* [uniós] *célokat valósít meg."*[6] Az idézett mondat is jól tükrözi, hogy miért is szükséges történeti perspektívában is szemlélni az értekezés témáját. A fúziókontroll egy sajátos fejlődési utat járt be. Ennek a fejlődési útnak a bemutatása pedig több mint egy egyszerű történeti bevezető, tükrözi az uniós fúziókontroll sajátosságait is.

Az Európai Unió elődjének tekinthető három nemzetközi szervezet esetében az Európai Szén- és Acélközösség (továbbiakban: ESZAK) tartalmazott kizárólag fúziókontrollra vonatkozó szabályokat. Felmerül a kérdés, mi lehetett az oka annak, hogy míg az ESZAK tartalmazott,

---

[6] LEHNER, et al.: *Key questions of Community merger control and their economic background*. In MATTHES: European Economy. (Európai Bizottság, Brussels, 1994) 49.

addig az Európai Gazdasági Közösséget létrehozó szerződés (továbbiakban: EGKSZ) és az Európai Atomenergia-közösséget létrehozó szerződés (továbbiakban: Euratom) nem?

Európában a versenyjogi fejlődés messzire nyúlik vissza[7]: a második világháborút „jogalkotási hullám" követte és a versenyre irányadó jogszabályok a közigazgatási modellen alapultak.[8] Ennek közvetlen előzménye pedig az 1930-as években Freiburgban manifesztálódó *Freiburgi-iskolában* kikristályosodó felfogás – az *ordoliberalizmus* – volt.[9] Az *ordoliberalizmus* képviselői egyetértettek azzal, hogy egy versenyen alapuló gazdasági rendszer szükséges a virágzó, szabad és

---

[7] Lásd bővebben GERBER: *Law and Competition in Twentieth Century Europe: Protecting Prometheus.* (Clarendon Press, Oxford, 1998).

[8] Lásd bővebben GERBER: *Law and the Abuse of Economic Power in Europe.* (1987) 62 Tulane Law Review 57 63 – 66. A II. világháború előtti korszak részletes bemutatása tekintetében lásd FREYER: *Antitrust and Global Capitalism 1930-2004.* (Cambridge University Press, Cambridge, 2006) 61 – 101.

[9] Az ordoliberalizmus és a Freiburgi-iskola közé nem tehető egyenlőség jel, tekintettel arra, hogy az előbbi szélesebb értelemmel bír. Lásd bővebben pl. TÓTH: *Az ordoliberális iskola palackpostája - a piacgazdaság eszméje egykor és ma.* In BALOGH – MÁRIA: Emlékkönyv Dr. Ruszoly József egyetemi tanár 70. születésnapjára. (Szegedi Tudományegyetem, Szeged, 2010).

igazságos társadalom működéséhez. Mindez azonban szerintük csak akkor képzelhető el, ha ez gazdasági alkotmányos keretbe ágyazott.[10] Ennek fontos eleme volt a versenyjog, amelyre többek között a gazdasági hatalom koncentráció szétaprózásának eszközeként tekintettek. Álláspontjuk szerint a magán gazdasági hatalomnak ellenállni képes erős államra van szükség az állampolgárok megvédése érdekében. A probléma gyökere ugyanis a túlságosan nagy *magán gazdasági hatalom létrejöttét engedélyező* és az azzal való visszaélését *elnéző* jog hiányában gyökerezik. Ebből a gondolkodásból könnyen levezethető a fúziókontroll alapvető jellemzője, nevezetesen a káros piaci struktúrák létrejöttének és az azzal való visszaélésnek a megakadályozására való törekvés.

A *Freiburgi-iskola* egy másik jelentős idevágó gondolata, hogy léteznek alkotó és szabályozó alapelvek. Az alkotó elvek pl. a nyitott gazdaság, magántulajdon, szerződési szabadság. Az *előbbiekből eredeztethető* szabályozó elvek közé sorolták a versenyjogot. Az *ordoliberalisták* az

---

[10] Erről, illetve a Freiburgi-iskola kialakulásáról lásd bővebben GERBER: *Constitutionalizing the Economy: German Neo-Liberalism, Competition Law and the "New" Europe* (1994) 42 The American Journal of Comparative Law 25 25 – 26. oldalak

integrált gazdasági politika mellett tették le voksukat, és pl. az amerikai antitröszt jog problémáit épp ennek hiányában látták. [11] Ennek, illetve az iskola hatásának, mint a későbbiekben látni fogjuk, jelentős szerepe lehetett abban, hogy egészen 1989-ig tagállamok feletti szinten nem volt jogszabályok útján, a gazdaság minden szektorát érintően szabályozva a fúziókontroll.

---

[11] Lásd bővebben GIOCOLI: *Competition vs. Property Rights: American Antitrust Law, the Freiburg School and the Early Years of European Competition Policy*. (SSRN, 2007) 28 – 30. oldalak

II. Az Európai Szén- és Acélközösségről szóló szerződés szabályai

Az ESZAK-ot előkészítő munkálatok számos vitát gerjesztettek, érintetve a vállalati koncentrációkat is. Az első francia szövegjavaslatban vállalati koncentrációkra vonatkozó rész nem szerepelt.[12] *Monnet* 1950. október 27-én terjesztette elő azt a javaslatot, amelyben immár a fúziókontroll is megjelenik. A tervezet a korabeli amerikai gyakorlatot elméletben meghaladta, hiszen utóbbi a Sherman Act (1890) és a Clayton Act (1914) rendelkezései[13] ellenére nem tudta megakadályozni a szén- és acéliparban a koncentrációt. Nem

---

[12] Lásd bővebben: Address given by Robert Schuman to the Council of Europe (Strasbourg, 10 August 1950) On 10 August 1950, Robert Schuman, French Foreign Minister, outlines to the Consultative Assembly of the Council of Europe the implications and scope of the European coal and steel pool. Speech by Robert Schuman, in Council of Europe – Consultative Assembly. Reports. Second session. 7th – 28th August 1950. Part I. Sittings 1 to 12. 1950, pp. 94 – 99. http://www.ena.lu?lang=2&doc=12318

[13] A Sherman Act és a Clayton Act közül az előbbi a monopolizációt és a kereskedelmet korlátozó összejátszásokat tiltotta, az utóbbi már tartalmazott fúziókontrollra vonatkozó rendelkezéseket. A fúziós szabályok azonban az Egyesült Államokban is csak később váltak hatékonnyá, amikor a Kongresszus módosította azokat az 1950-es években.

sokkal később *Robert Schumanhoz* írt feljegyzésében megemlíti, hogy a vállalati koncentrációkra vonatkozó rész tekintetében még jelentős nézetkülönbségek állnak fenn, amelyek különösen jelentősek, mivel a *Schuman-terv* lényegét érintik.[14]

A probléma még 1951 januárjában is fennállt, ugyanis az egyik utolsó megoldandó kérdés a kartellekre és a koncentrációkra vonatkozó cikkek elfogadtatása volt, amely különösen a németeken múlott. Az ellenállás annak az egyértelmű törekvésnek volt köszönhető, hogy Németországon kívül senki sem akarta, hogy a szövetségesek felügyeletének megszűntével a nehezen dekoncentrált ipar újra koncentrálódni kezdjen. Egyes német delegáltak a miniszterekre kívánták bízni a döntést, azonban *Monnet* ellenkező állásponton volt. Egyenesen úgy fogalmazott, hogy a cikkek el nem fogadása *„egyenlő lenne a kudarc beismerésével"*, továbbá félő, hogy a kartellek és a

---

[14] Lásd bővebben Memorandum from Jean Monnet to Robert Schuman (Paris, 30 November 1950), On 30 November 1950, Jean Monnet gives the French Foreign Minister, Robert Schuman, a progress report on the negotiations on the Schuman Plan. Jean Monnet, Robert Schuman, Correspondance 1947 – 1953. Lausanne: Fondation Jean Monnet pour l'Europe, Centre de recherches européennes, 1986, pp. 71 – 73. Fordította: CVCE. http://www.ena.lu?lang=2&doc=645

túlzott koncentrációkra vonatkozó szabályok hiányából eredően az amerikai segélyek is megszűnnének.[15] A korabeli iratok alapján nem világos, hogy ez annak volt köszönhető, hogy a franciák inkább pártolták a versenyt, mint a németek, vagy pusztán reálpolitikai megfontolásból foglalták el ezt az álláspontot. A német ellenállás mindaddig fennállt, amíg nem született válasz arra a kérdésre, hogy mekkora mértékben kerülhetnek bányák a német acélvállalatok tulajdonába. A kérdés rendeződését követően 1951. április 18-án, Párizsban aláírták az ESZAK Szerződést.[16] Az ESZAK Szerződés 66.

---

[15] Letter from Jean Monnet to Robert Schuman (Paris, 22 January 1951), On 22 January 1951, Jean Monnet sends a letter to Robert Schuman, French Foreign Minister, in which he raises the problem of the break up of the Ruhr iron and steel industries in connection with the European coal and steel pool. Jean Monnet, Robert Schuman, Correspondance 1947 – 1953. Lausanne: Fondation Jean Monnet pour l'Europe, Centre de recherches européennes, 1986, pp. 97 – 100. http://www.ena.lu?lang=2&doc=1538. Az amerikai dekoncentrációs törekvések miatt ez fontos volt ugyanis az amerikaiak számára. Lásd még MIERSCH – EUROPEAN ECONOMIC COMMUNITY.: *Kommentar zur EG-Verordnung Nr. 4064/89 über die Kontrolle von Unternehmenszusammenschlüssen.* (Luchterhand, Neuwied, 1991) 2. old.

[16] Ez a VI. fejezetében, 66. cikkekben foglalkozott a fúziókontrollal.

cikkébe foglalt fúziós teszt szerint a Magas Főhatóság hatáskörébe került a fúziókontroll.[17]

A 66. cikk megfogalmazásán nagyrészt a harvardi egyetemről érkező Robert Bowie hagyta rajta a keze nyomát[18], és neki köszönhető az, hogy a *visszaélés elv* helyett az *erőfölény elv* került megszövegezésre.[19] Egész

---

[17] Az ESZAK szerződés 66. cikkébe foglalt fúziós teszt szerint a Magas Főhatóság engedélyezhet bármely olyan tervezett tranzakciót, amely a joghatósága alá tartozó kérdésekben nem teszi az érintett személyeket képessé az érintett termékek vonatkozásában arra, hogy: a) meghatározzák az árakat, irányítsák vagy korlátozzák a termelést vagy forgalmazást, vagy ezen termékek piacának jelentős részén akadályozzák a hatásos versenyt; vagy b) megkerüljék az ESZAK szerződés versenyjogi szabályait, így különösen, hogy olyan mesterséges privilegizált helyzetet hozzanak létre, amely a piacon a forrásokhoz vagy piacokhoz hozzáférés kapcsán jelentős előnyt eredményezne.

[18] Bowie korábban a német kartelltörvény tervezetek kidolgozásában is részt vett. Az 1909-ben született Bowie harmadéves disszertációja a Harvardon éppen a fúziókontrollról szólt: lásd Section seven of the Clayton Act., http://lms01.harvard.edu/F/SL37GHS5FL6688UCX6VKCG6F73MSGEAA7 TR9U27BGKXTBL83EE-59676?func=full-set-set&set_number=255385&set_entry=000027&format=999 (1934).

[19] GERBER: *Law and Competition in Twentieth Century Europe: Protecting Prometheus*. (Oxford University Press, Oxford, 1998) 340 – 341. és FREYER: *Antitrust and Global Capitalism 1930-2004* (2006) 274. Később gyakorlatilag ennek hatása érződött az összefonódásokra vonatkozó rendelet megalkotásán is a fúziós teszt vonatkozásában. Lásd még KOCH: *Fundamentals of European*

Európában ez volt az első hatályba lépett versenyjogi rendelkezés, amely fúziókontrollal foglalkozott. Az ESZAK Szerződést ötven évre kötötték, így 2002-ben hatályát vesztette.[20] Jelen értekezésnek nem célja az ESZAK alapján folytatott fúziókontroll elemzése, így itt elegendő arra utalnunk, hogy 2002 óta az ESZAK szabályai helyett az érintett iparágakban is a Fúziós Rendelet alkalmazandó.

Merger Control. In HIRSCH, et al.: Competition Law: European Community Practice and Procedure - Article-by-Article Commentary. (Sweet & Maxwell, London, 2008) 1903.

[20] 1998-ban az ESZAK szerződés szerinti fúziós ügyeket a régi Fúziós Rendelettel azonos eljárási rend szerint bírálták el, az érdemi teszt eltérő szövegezése ellenére. Lásd A Bizottság közleménye a fúziók ESZAK és EK Szerződések alapján történő elbírálásáról [1998] HL 066 36 – 37. o.

III. Az EGK Szerződéstől az első fúziós rendeletig – jogalkotási folyamatok

Az ESZAK Szerződést követően, a korábbi pozícióján változtatva, a németek lettek a versenyszabályok Római Szerződésbe foglalásának legnagyobb támogatói[21], míg a franciák lelkesedése csökkent.[22] Annak ellenére, hogy 1953-ban egy – a később elfogadott szövegtől lényegesen eltérő – tervezet még tartalmazta, hogy az ESZAK hatásköreit átveszi a létrehozandó Európai Közösség, ez végül nem történt meg.[23] Bár az EGK Szerződés szövegezői tudatában voltak a

---

[21] GIOCOLI: *Competition vs. Property Rights: American Antitrust Law, the Freiburg School and the Early Years of European Competition Policy* (2007) 33.

[22] Lásd pl. WESSELING: *The Modernisation of EC Antitrust Law*. (Hart Publishing, Oxford, 2000) 13 – 14.

[23] Draft Treaty defining the Statute of the European Community (Strasbourg, 10 March 1953) Draft Treaty defining the Statute of the European Community adopted by the Ad Hoc Assembly on 10 March 1953 in Strasbourg. Selection of texts concerning institutional matters of the Community from 1950 to 1982. Luxembourg: European Parliament – Committee on Institutional Affairs, 1982, 58 – 75. http://www.ena.lu?lang=2&doc=16390 56 – 57. cikkek.

fúziókontroll bevezetésének lehetőségével, *„jól ismerték azt"*[24], végül az EGK Szerződés nem tartalmazott szabályokat a vállalati koncentrációkra vonatkozóan. Ez bizonyosan nem véletlen, hanem tudatos döntés volt.

Az EGK Szerződést titkos tárgyalások előzték meg, amelyek anyagai nem hozzáférhetőek.[25] Közvetett források alapján négy ok rajzolódik ki, hogy végül miért nem voltak fúziós rendelkezések az EGK Szerződésben:

- az EGK tárgyalások során azért nem említették, mivel kifejezetten nem akartak ilyen szabályokat alkotni[26]; vagy

---

[24] Vö. C-6/72. sz. ügy *Roemer Főtanácsnok indítványa: Europemballage Corporation és Continental Can Company Inc. kontra az Európai Közösségek Bizottsága* [EBHT 1973. 00215. o.] (továbbiakban: Főtanácsnoki indítvány: Continental Can (C-6/72))., különösen 253. és 256. pontok.

[25] A tagállami delegációk álláspontját nem publikálták magánszemélyek számára elérhető módon. Jelenleg már vannak folyamatban a dokumentumok feldolgozására munkálatok.

[26] BANKS: *Mergers and Partial Mergers under EEC Law* (1987-1988) 11 Fordham International Law Journal 255. 256 – 257. Ezt merő spekulációnak nevezi *Krimphove*, különösen, mivel a szubjektív-történeti megítéléshez nem

- nem tartották azt fontosnak[27]; vagy

- a tagállamok inkább a nemzeti szintű szabályozást részesítették előnyben[28]; vagy

- a keretszerződés jelleg miatt a szövegezők nem kívántak részletes szabályokat alkotni.[29]

állnak rendelkezésre a megfelelő dokumentumok. Lásd KRIMPHOVE: *Europäische Fusionskontrolle.* (Heymanns, Köln, 1992) 341.

[27] Lásd pl. *Merger control in the EEC: a survey of European competition laws.* (Kluwer Law and Taxation, Deventer ; London, 1988) 222. és DOWNES – ELLISON: *The legal control of mergers in the EC.* (Blackstone Press, London, 1991) Erre utalhat az is, hogy ebben az időben nemzeti szinten sem tartozott a versenypolitikai prioritás közé a kérdés. KOCH: *Fundamentals of European Merger Control.* 1904.

[28] Ez azért tűnik kevésbé valószínűnek, mivel „*egyetlen létező nemzeti jog sem akadályoz*[ta volna] *meg még a legellenszenvesebb koncentrációt sem*" abban az időben. CANELLOS – SILBER: *Concentration in the Common Market* (1970) VII CMLR 5 150.

[29] Lásd még SCHWARTZ: *Politics as Usual: The History of European Community Merger Control* (1993) 18 Yale Journal of International Law 607 613.

Utóbbi érvet némiképp gyengíti az a tény, hogy az ESZAK Szerződésben megtalálható volt ilyen általános rendelkezés, illetve nincs akadálya a fúziós teszt megfogalmazásának az alapszerződések szintjén, valamint felhatalmazás alapján a részletes eljárási szabályokra külön rendelet alkotásának. Az egyik legjelentősebb interpretatív erővel bíró dokumentum, a *Spaak-jelentés* az EGKSZ 85. és 86. cikkek (1957) végrehajtási rendeletei kapcsán kívánta a fúziókontrollra vonatkozó szabályokat megalkotni.[30] További megfontolás lehetett, hogy az EGK Szerződés megalkotásakor az volt az egyik cél, hogy az amerikai vállalkozások méltó versenytársaiként versenyképes nagyvállalkozások jöjjenek létre.[31] A korabeli uralkodó meggyőződés szerint ugyanis a

---

[30] DERINGER: *Auf dem Wege zu einer europäischen Fusionskontrolle - Bericht über einen Verordnungsvorschalg* (1974) 9 EuR 99, MONOPOLKOMMISSION: *Conception of a European merger control: special report in accordance with sect. 24 b, para. 5, sentence 4 GWB.* (Nomos, Baden-Baden, 1989) 31, és MESTMÄCKER: *Concentration and Competition in the EEC: Part II* (1973) 7 Journal of World Trade Law 36 38.

[31] RAHL: *Common Market and American Antitrust: overlap and conflict.* (McGraw-Hill, New York, 1970) 171-172. oldalak, MESTMÄCKER *Concentration and Competition in the EEC: Part II* (1973) 619., DUPRÉ: *EEC merger control and the oligopoly : legal and economic analysis in the light of the American experience.* (European University Institute, Florence, 1993)9. old, *Merger control in the EEC: a survey of European competition laws* (1988) 223.

kereskedelmi korlátok miatt a legtöbb európai vállalat túl kicsi volt ahhoz, hogy kellően hatékony versenytárs lehessen. A vállalatok közötti összefonódások ráadásul – főként pedig a különböző országokban székelő vállalatok összefonódásai – ígéretes eszköznek tűntek a piaci integráció elősegítéséhez, különösen, amennyiben a tagállamok által elképzelt közös piac megvalósul. Nem szabad azonban elfeledkezni arról sem, hogy a tárgyaló delegációk vezetőinek 1956. április 21-i jelentése kifejezetten említi, hogy később megalkotandó végrehajtási szabályokban szükséges az összefonódások ellenőrzéséről rendelkezni, így az EGK Szerződésbe foglalandó versenyszabályoknak olyan pontosnak kell lenniük, amely alapján a Bizottság megalkothat majd ilyen szabályozást.[32] Az ipar- és gazdaságpolitikai megfontolások szerepét látszanak alátámasztani a Németországban lezajlott események is.[33] Szintén az iparpolitikai megfontolásokra enged

---

A vállalkozások mérete és hatékonysága közötti téves ok-okozati összefüggés feltételezése a Fúziós Rendelet (1989) elfogadásának idejére szertefoszlott.

[32] Bericht der Delegationsleiter des von der Konferenz von Messina eingesetzten Regierungsausschusses an die Außenminister (21.4.1956) 58.

[33] Míg az 1954-es kormányzati javaslat tartalmazott fúziókontrollra, az összefonódások engedélyezésére vonatkozó nemzeti szintű szabályokat, addig 1957-re ez pusztán bejelentési kötelezettséggé szelídült. Ennek oka éppen az

következtetni, hogy az 1953-tól főtanácsnokként szolgáló *Karl Roemer* a *Continental Can* ügyben kifejezetten megjegyezte, hogy a 86. cikk (1957) alkalmazása az EGK Szerződésben található formában, *"bizonyos körülmények között nagyon nem kívánatos következményekkel járhatnak az iparpolitika szempontjából."*[34] Mindezen együtthatók és az, hogy az ESZAK Szerződéssel szemben az EGK Szerződés *traité-cadre*, alátámasztják azt az vélekedést, hogy még ha szándékában is állt az alapító atyáknak fúziós szabályokat alkotni, azt bizonyosan nem az elsődleges jogforrás szintjén tervezték. Ami tény, hogy az 1957 márciusában aláírt EGK Szerződést nem tartalmazott kifejezett rendelkezéseket a piaci strukturális koncentrációkra. Ugyanakkor a szerződés elfogadása egy *"állásfoglalás volt egy általános alapelv, egy versenyen alapuló gazdasági rendszer mellett"*[35].

---

optimális méret elérését ösztönző koncentrációk segítése és így végeredményben a nemzetgazdaság érdekei voltak. Lásd bővebben: IMMENGA – MESTMÄCKER (szerk.): *Kommentar zum Europäischen Kartellrecht*. (Verlag C. H. Beck, München, 2007) Vorbemerkung vor §35, szj. 4 – 6.

[34] Főtanácsnoki indítvány: Continental Can (C-6/72).

[35] MONOPOLKOMMISSION: *Conception of a European merger control: special report in accordance with sect. 24 b, para. 5, sentence 4 GWB* (1989) 15.

A vállalati összefonódásokra vonatkozó szabályok hiánya hamar megmutatkozott. A versenykorlátozó megállapodások és a gazdasági erőfölénnyel való visszaélés tilalma ugyanis koncentrációs folyamatokat indítottak el. Ez ellen szabályozással lehetett volna eredményesen fellépni.[36] A felmerülő piaci folyamatokra reagálva az Európai Bizottság 1963-ban[37] felkért két szakértő csoportot a kérdés megvizsgálására. A szakértői csoport eredményei alapján pedig 1965-ben egy memorandumot készített.[38] Az Európai Bizottság a koncentrációkat önmagukban nem tartotta károsnak[39], azonban jogi

---

[36] KAMP: *Antitrust in the Common Market: The American Way?* (1974) 12 American Business Law Journal 110 160. Lásd még az Európai Bizottság indokairól COMMISSION: *Competition Policy - General rules applicable to firms - Control of mergers* (1973) 6 Bulletin of the European Communities 28.

[37] Ez 64-et ír: BANKS *Mergers and Partial Mergers under EEC Law* (1987-1988) 257.

[38] CEE Etudes „série concurrence, no. 3: "Le probleme de la concentration dans le Marché Commun."

[39] Az engedékeny hozzáállás nem meglepő, hiszen a tagállami határokon átnyúló összefonódások a közös piaci integrációt segítették elő, valamint segítette olyan vállalkozások létrejöttét, amelyek az amerikai óriásvállalatoknak méltó versenytársaivá válhattak.

szabályozás bevezetésén gondolkodott.[40] Az ún. *1966-os memorandum* több lehetőséget is felvázolt.[41] Elsődlegesen a 86. cikk (1957) alkalmazását tartotta lehetségesnek az uniós intézmény.[42] Ezzel ellentétben a 85. cikk (1957) alkalmazását[43] az Európai Bizottság nem

---

[40] VAN KRAAY: *Proposed EEC Regulation on Control of Mergers* (1977) 26 The International and Comparative Law Quarterly 468.

[41] Ennek egyik későbbi kiteljesülése volt a Continental Can ügy: *C-6/72. sz. ügy Europemballage Corporation és Continental Can Company Inc. kontra az Európai Közösségek Bizottsága [EBHT 1973. 00215. o.]* (továbbiakban: *Continental Can (C-6/72)*).

[42] A Memorandumban kifejtett két alapesete a 86. cikk (1957) alkalmazásának az alábbiak: 1) Amikor az erőfölényben lévő vállalkozás visszaélésszerű magatartással bírja rá a gyengébb felet a fúzióra; valamint 2) amikor az erőfölényben lévő vállalkozás és egy életképes versenytárs fúziónál, amelynek következtében a piacon a fennmaradó verseny megszűnik, ugyanis ennek hatása ugyan az, mint a 86. cikk b) pontjában (1957) található visszaélésnek. Azonban más esetekben is alkalmazhatónak találták a szakértők a cikket. Lásd még MESTMÄCKER *Concentration and Competition in the EEC: Part II* (1973) 637 – 647. Ezzel ellentétesen ugyanakkor: BIEDENKOPF: *The Applicability of Common Market Antitrust Law to Acquisitions and Mergers* (1969-1970) 2 Case W Res J Int'L Law 75.

[43] Azon esetekben látták a felkért szekértők alkalmazhatónak a 85. cikket (1957), amennyiben a vállalkozások, mint „jogilag különálló egységek" maradtak fenn. (Memorandum 24. bekezdés) A szakértői jelentésben foglalt érvek részletes elemzésére lásd CANELLOS – SILBER *Concentration in the*

tartotta helyénvalónak tekintettel arra, hogy a koncentrációt csak akkor célszerű megtiltani, ha túlzott piaci hatalomhoz vezet. A szakirodalom ez utóbbi álláspontja részben az ún. *„dupla standard"* elméleten alapult, amelynek lényege, hogy a koncentratív megállapodások (pl. a fúziók) az integrációt erősítik és hatékonyságjavulással járnak, ami nem igaz a kooperatív megállapodásokra.[44] Az Európai Bizottságot politikai megfontolások is vezethették, amikor a 85. cikkről (1957) értekezett a memorandumban, ugyanis ezáltal előkészítette a lehetőséget a cikk tág értelmezésére[45],

---

Common Market (1970) 154 – 166 és BANKS *Mergers and Partial Mergers under EEC Law* (1987-1988) 258 – 266.

[44] DUPRÉ: *EEC merger control and the oligopoly : legal and economic analysis in the light of the American experience* (1993) 20. Az amerikai vállalkozások hatékonysága részben annak volt köszönhető, hogy erőteljes kartellpolitikát folytatott az Egyesült Államok, így a vállalkozások inkább egyesültek egymással. Gyakorlatilag egy nem szándékos pozitív hatása volt ez az amerikai antitröszt politikának. Lásd még: HOVENKAMP: *Federal Antitrust Policy: The Law of Competition and Its Practice*. (Thomson/West, 2005) 498. Vö. BORK: *The Antitrust Paradox: A Policy at War with Itself*. (Basic Books, New York, 1978) 164 – 175.

[45] SCHWARTZ *Politics as Usual: The History of European Community Merger Control* (1993) 616.

és talán a 85. cikk (1957) nem alkalmazása is inkább ilyen politikai megfontolás eredménye volt, mintsem a meggyőző jogi érveké.[46]

Az első formális javaslat rendelet megalkotására az Európai Parlament 1971. június 21-i határozatával indult.[47] Ebben az Európai Parlament igényét fejezte ki, hogy bizonyos *„piaci részesedésen felüli, vagy méretű, koncentrációk esetére előzetes bejelentésre legyen szükség; az ilyen koncentrációkat pedig csak akkor lehessen engedélyezettnek tekinteni, ha a Bizottság egy még meghatározandó határidőn belül nem emel semmilyen kifogást."*[48] Az 1972. októberi párizsi konferencián[49] a

---

[46] Vö. ADLER – BELMAN *Antimerger Enforcement in Europe – Trends and Prospects* (1973) 37 – 38.

[47] A *Berkhouwer Jelentés* már 1970-ben azt javasolta, hogy az Európai Bizottság bizonyos piaci részesedés felett jogosult legyen ellenőrizni az összefonódásokat. Ezt a következő évben az Európai Parlament támogatta azzal, hogy az ilyen összefonódásokat csak akkor lehessen jogszerűnek tekintetni, ha az Európai Bizottság bizonyos határidőn belül nem tiltakozik azok ellen. Lásd VAN KRAAY *Proposed EEC Regulation on Control of Mergers* (1977) 468 – 469.

[48] Idézi MARKERT: *EEC competition policy towards mergers.* In GEORGE – JOLL: Competition policy in the UK and EEC. (Cambridge University Press, Cambridge ; New York, 1975) 39.

[49] *Paris Summit Conference*, 1972. október 19 – 21.

résztvevők szükségesnek ítélték, majd a Tanács 1972 decemberében tudomásul vette azt, hogy az Európai Bizottság be kíván terjeszteni egy javaslatot az összefonódások *szisztematikusabb ellenőrzésére"* [50] a 86. cikk alapján (1957).

A jogalkotási folyamatnak végül egy, a 86. cikk (1957) alapján indult[51], az Európai Bíróság elé kerülő ügy adott lendületet.[52] A 86. cikk (1957) alkalmazása, kézenfekvőnek bizonyult, ugyanakkor az ügyben kijelölt főtanácsnok nem értett egyet az ilyen kreatív értelmezéssel.[53] Mint

---

[50] Council Resolution of 5 December 1972 on measures to be taken against inflation. *Official Journal C 133, 23/12/1972 P. 0012 – 0015. English special edition: Series I Chapter 1972(9 – 28.12) P. 0013* VIII. pont

[51] Az Európai Bizottság ebben tudatosan tesztelni kívánta a 86. cikk (1957) alkalmazásának határait. Lásd EURÓPAI BIZOTTSÁG *First Report on Competition Policy* (1971) és EURÓPAI BIZOTTSÁG *Second Report on Competition Policy* (1973).

[52] Ez nem az első 86. cikk alapján indult piaci koncentrációt érintő ügy volt. A korábbi eljárás a Compagnie de Saint-Gobain és Boussois Souchon Neuvesel közötti felvásárlási harc kapcsán indult. Lásd pl. MARKERT: *Antitrust Aspects of Mergers in the EEC* (1969) 5 Texas International Law Forum 32 51-52. oldalak. Az, hogy formálisan nem került lezárásra azért volt lehetséges, mert az erőfölényes ügyekben nem voltak és nincsenek is eljárási határidők.

[53] Főtanácsnoki indítvány: Continental Can (C-6/72)

Roemer főtanácsnok megjegyezte, egyértelmű az ESZAK Szerződéssel történő összevetés után, hogy az EGK Szerződés szövegezői nem kívántak fúziókontrollra vonatkozó rendelkezéseket elfogadni, ugyanakkor álláspontja szerint az is bizonyos, hogy *"nem igazolható az a tézis, hogy a vállalkozások összeolvadásai által okozott változás a piaci szerkezetben sohasem eshet a 86. cikk hatálya alá"*[54]. Kifejtette, az Európai Bizottság kiterjesztően kívánja értelmezni a 86. cikket (1957), és egyenlőséget tesz a fogyasztó érdekének sérelme, amely a verseny megszűnéséből ered, és a fogyasztó sérelme között, amely utóbbi az erőfölény miatti termelés korlátozásából ered. Ez nem is meglepő, ha összevetjük a korabeli jogfelfogással, amely szerint a 86. cikk (1957) célja kizárólag a fogyasztók védelme az erőfölényben lévő vállalkozással szemben.[55]

A *Continental Can* ügyben a felperesek az 1972. február 9-én benyújtott keresetükben kérték az 1971. december 9-i bizottsági határozat

---

[54] Ibid 253.

[55] GORMSEN: *The Parallels between the Harvard Structural School and Article 82 EC and the Divergences between the Chicago- and Post-chicago schools and Artilce 82 EC* (2008) 4 European Competition Journal 211 232 – 233.

megsemmisítését, amely elmarasztalta a Continental Can Company Inc-t (a továbbiakban: Continental) az EGK Szerződés 86. cikke megsértése miatt, mivel az Europemballage Corporation (a továbbiakban: Europemballage) közvetítésével megszerezte a Thomassen & Drijfer Verblifa N.V (a továbbiakban: TDV) részvényeinek és átváltoztatható kötvényeinek körülbelül 80%-át.[56] A vállalkozás többek között a 86. cikk (1957) alkalmazhatóságát is kétségbe vonta. A Bizottság 1971. december 9-i határozata szerint a Continental megsértette az EGK Szerződés 86. cikkét. A határozat szerint az erőfölénnyel való visszaélés abban valósult meg, hogy a Continental – az Europemballage leányvállalatán keresztül – felvásárolta a TDV részvényeinek és átváltoztatható kötvényeinek a 80%-át. Ez a felvásárlás gyakorlatilag a verseny kiiktatásához vezetett a fentiekben meghatározott csomagolóanyagok piacán, a közös piac jelentős részén.

Érdemes hosszabban idézni az Európai Bíróság által mondottakat, mivel azok döntő jelentőségűek a későbbi fúziós rendelet megalkotása vonatkozásában, és az egyik legismertebb példa az Európai Bíróság teleologikus értelmezésére. Az Európai Bíróság a 86. cikkre (1957)

---

[56] Continental Can (C-6/72) 1. pont.

hivatkozással kimondta, hogy e cikk *"csak a vállalkozások azon magatartásaira vonatkozik, amelyek közvetlenül hatással vannak a piacra, valamint károsítják a termelést és a forgalmazást, a felhasználókat, illetve a fogyasztókat vagy a vállalkozások azon strukturális változásaira is, amelyek a közös piac jelentős részén a verseny súlyos torzulásához vezetnek. A vállalkozások szerkezetét érintő intézkedések és a piacra hatást gyakorló magatartások közötti különbségtétel nem döntő jelentőségű, minden strukturális intézkedés, amely növeli a vállalkozás méretét és gazdasági hatalmát, alkalmas arra, hogy hatást gyakoroljon a piaci feltételekre".*[57]

A teleologikus értelmezés során a 86. cikk (1957) szellemiségét, megfogalmazását és általános rendszerét, továbbá az EGK Szerződés felépítését és célkitűzéseit szem előtt tartva az alábbi indokolást vezette le a bíróság.[58] Az Európai Bíróság ezzel gyakorlatilag az Európai Bizottság által képviselt irányvonalat követte, amelyre pedig az akkori

---

[57] *Ibid* 21 – 21. pontok.

[58] Lásd részletesen ibid 22 – 27. pontok. Vö. Roemer Főtanácsnok indítványával, aki éppen a bírósággal ellentétes álláspontot képviselt a végeredmény tekintetében. Főtanácsnoki indítvány: Continental Can (C-6/72).

ordoliberális elveket képviselő *Ernst-Joachim Mestmäcker* volt jelentős befolyással[59], mint az Európai Bizottság tanácsadója. Az Európai Bíróság szerint így, a 86. cikk (1957) tilalma a 3. cikkből (1957) levezethető, amely az előbbihez képest még inkább tiltja a verseny kiiktatását. Az pedig az EGK Szerződés 2. és 3. cikkeit (1957) is figyelembe vevő zavartalan verseny követelményéből ered, hogy a 85. cikk (1957) által tilalmazott magatartásokkal azonos eredményre vezető, a 86. cikk (1957) szerinti állapotból, ti. gazdasági erőfölényből fakadó magatartások tilalmazottak, akkor is, ha azok vállalkozások összefonódásában nyilvánulnak meg: „[...] [e]*ltérő jogi kezelés rést ütne a versenyjogi szabályok összességén, amely veszélyeztetné a közös piac megfelelő működését.*"[60] A nem példálózó jellegű felsorolás pedig azt is jelenti, hogy a visszaélés megvalósulhat oly módon is, amely a fogyasztóknak nem közvetlenül, hanem azáltal okoznak károkat, hogy

---

[59] GORMSEN *The Parallels between the Harvard Structural School and Article 82 EC and the Divergences between the Chicago- and Post-chicago schools and Artilce 82 EC* (2008) Mestmäcker korabeli felfogására lásd pl. MESTMÄCKER: *Recht und ökonomisches Gesetz : über d. Grenzen von Staat, Gesellschaft u. Privatautonomie.* (Nomos-Verlagsgesellschaft, Baden-Baden, 1978) 517 – 540.

[60] Continental Can (C-6/72) 25. pont.

megsértik a *hatékony versenyszerkezetet*, amelyre a Szerződés 3. cikkének f) pontja (1957) is utal: *"Ennélfogva visszaélést képezhet az is, ha egy erőfölénnyel rendelkező vállalkozás oly mértékben megerősíti e helyzetét, hogy az így elért erőfölény szintje jelentősen akadályozza a versenyt, azaz csak azok a vállalkozások maradhatnak fenn, amelyek magatartásukban az erőfölényes vállalkozástól függenek.* [Valamint] *önmagában egy vállalkozás helyzetének megerősítése is megalapozhatja a visszaélést [...]".*[61]

Bár az Európai Bizottság pervesztes lett, hosszú távon győzteskent került ki. Igaz viszont, hogy *Roemer* főtanácsnok jóslata beigazolódott, miszerint, ha a 86. cikket (1957) alkalmazni rendeli az Európai Bíróság, akkor az *"elvonhatja a figyelmet a fúziók általános ellenőrzésének problémájáról".*[62] Az ügy alapján, az Európai Bíróságtól bátorítást nyervén, az Európai Bizottság az elkövetkező években számos esetben eljárt a 86. cikk (1957) alapján, de egyszer sem tiltott meg

---

[61] *Continental Can* (C-6/72) 26 – 27. bekezdések.

[62] Főtanácsnoki indítvány: Continental Can (C-6/72).

összefonódásokat[63], több esetben a felek maguk álltak el a szándékuktól, mivel a Bizottság a 86. cikk (1957) alkalmazásával fenyegetőzött.[64] A *Continental Can* maradt a 86. cikk (1957) alkalmazhatóságát részletesen tárgyaló egyetlen ítélet.[65] Ennek egyik oka az is lehetett, hogy az Európai Bíróság rendkívül szűken szabta meg a mércét, nevezetesen a verseny szinte teljes megsemmisülését vizsgálta.[66] A Bíróság igaz azt is megjegyezte, hogy ez szigorúbb teszt,

---

[63] Lásd még részletesen FINE: *Mergers and joint ventures in Europe : the law and policy of the EEC.* (Graham & Trotman, London ; Boston, 1989) 33 – 34. oldalak, 182 – 186. lábjegyzetek; valamint MONOPOLKOMMISSION: *Conception of a European merger control: special report in accordance with sect. 24 b, para. 5, sentence 4 GWB* (1989) 25 – 26. oldalak, 16. lábjegyzet.

[64] KORAH: *The control of mergers under the EEC competition law* (1987) 8 ECLR 239 240. Lásd még BISHOP: *European or National? The Community's New Merger Regulation.* In BISHOP – KAY: European mergers and merger policy. (Oxford University Press, Oxford, 1993) 298.: az összefonódást tervező felek gyakran megkeresték a Bizottságot, aki ha nem javasolta a tranzakció végrehajtását, akkor attól elálltak.

[65] Vö. *Merger control in the EEC: a survey of European competition laws* (1988) 231 – 240.

[66] Megjegyezte ugyanakkor az ítélet 29. pontjában, hogy ez nem feltétlenül minden esetben van így. Continental Can (C-6/72) 30. pont.

mint ami feltehetőleg szükséges.⁶⁷ Végezetül azt is megfogalmazták a bírák az ítéletben, hogy a 86. cikk (1957) csak már meglévő erőfölény erősítése esetében alkalmazható.

Ebben az időben zajlott a világon a harmadik nagy fúziós hullám, amely során az európai kormányok a '20-as, '30-as évekhez hasonlóan ösztönző, támogató szerepet töltöttek be, ugyanis a fokozódó koncentrációt inkább hasznosnak ítélték.⁶⁸ Mint korábban utaltunk rá, 1972-ben a párizsi EGK csúcstalálkozón⁶⁹ a tagállamok kijelentették az igényüket az összefonódások felügyeletére és ennek érdekében az EGK Szerződés rendelkezéseinek legszélesebb körben történő

---

⁶⁷ Vö. *Ibid* 29. pont.

⁶⁸KAY: *Mergers in the European Community*. In STRATEGY: Continental Mergers are Different: Strategy and Policy for 1992. (Centre for Business Strategy, London Business School, London, 1990) 3., Az amerikai joggal való potenciális összeütközés vonatkozásában lásd RAHL: *Common Market and American Antitrust: overlap and conflict* (1970) 168. old. 174 – 181.

⁶⁹ Nyomtatásban megjelent: *Declaration of Summit Conference in Paris 1972* (1973) 10 CMLR 108. A Párizsi Nyilatkozat további két okból is fontos. Egyrészt a fúziókontroll egyértelműen, mint az iparpolitika része jelenik meg, és iparpolitikai szempontokat is figyelembe kívántak venni alkalmazásakor; másrészt a mai 352. cikk alkalmazásának is tág teret nyitott. Lásd még *Merger control in the EEC: a survey of European competition laws* (1988) 280.

felhasználására (ide értve az EGK Szerződés 235. cikkét is (1957)). Erre tekintettel az Európai Bizottság 1973. július 20-án javaslatot terjesztett elő egy fúziós rendeletre.[70] Az előterjesztésben a rendelkezés szükségességének egyik indoka kifejezetten a koncentrációs folyamatok sebessége és a piaci koncentráció mértéke volt. Az EGK Szerződés 3. cikk f) pontján, a 87. és 235. cikkeken (1957)[71] [ma 27. jegyzőkönyv, 103. és 352. cikkek] alapuló 1973-as javaslatban az összefonódások elbírálásának mércéje az ún. fúziós teszt, az alábbiak szerint volt megfogalmazva: az olyan koncentrációk, amelyek hatására a vállalkozások *"megszerzik vagy növelik a hatékony verseny*

---

[70] Proposal for a Regulation (EEC) of the Council on the control of concentrations between undertakings [1973] HL C 92 1. o. Korábban a Bizottság alternatívaként gondolt az EGK Szerződés megváltoztatásának lehetőségére is. Lásd DERINGER *Auf dem Wege zu einer europäischen Fusionskontrolle - Bericht über einen Verordnungsvorschalg* (1974). 106. 18. lj. A javaslat részletes elemzésére lásd: MARKERT: *EEC competition policy towards mergers*. 70 – 90.

[71] Ez utóbbira azért volt szükség, mivel a rendelet által felvázolt hatáskörök és jogkörök túlmutattak a 85. és 86. cikk (1957) puszta implementációján, amelyre a 87. cikk (1957) utalt. Lásd még MESTMÄCKER: *Fusionskontrolle im Gemeinsamen Markt zwischen Wettbewerbspolitik und Industriepolitik* (1988) 23 EuR 349 355. és 365 – 373 és VENIT: *The Merger Control Regulation: Europe Comes of Age... or Caliban's Dinner* (1990) 27 CMLR 711 – 18.

korlátozására való képességüket a közös piacon vagy annak egy jelentős részén" tilos, amennyiben érinti a tagállamok közötti kereskedelmet.⁷²

A javaslat a tagállamok részéről eltérő reakciókat váltott ki, *"a közömbösségtől a kifejezett ellenségességig"*⁷³. A kis tagállamok elsősorban a részletekkel nem értettek egyet, míg a nagyok a saját szabályozásukat féltették.⁷⁴ Olaszország továbbá gyakorlatilag a kezdetektől fogva következetesen ellenezte a közösségi szintű fúziókontrollt, mivel attól félt, hogy a nagy állami vállalatokra támaszkodó iparpolitikai beavatkozás lehetőségét gyengítené egy ilyen

---

⁷² *'1973-as javaslat'* 1. cikk (1) bekezdés. Ez nagyban hasonlított az ESZAK Szerződés vonatkozó szabályához Egyes szerzők így az ESZAK vonatkozó szabályának alkalmazásáért felelős Magas Hatóság joggyakorlatát irányadónak tekintették ezen cikk jövőbeli alkalmazására is. Lásd pl. MARKERT: *EEC competition policy towards mergers*. 71 – 74.

⁷³ CAMESASCA: *European Merger Control: Getting the Efficiencies Right*. (Intersentia, Antwerpen; Oxford, 2000) 263.

⁷⁴ Ibid 264.

szabályozás[75]. Az 1973-as javaslatban – a Párizsi Nyilatkozatnak megfelelően[76] – a fúziókontroll mint az iparpolitikához kapcsolódó jogintézmény jelenik meg[77], így *„megpróbálta feloldani a tisztán-verseny-kontra-iparpolitika vitát"*[78]. Az *iparpolitikai megfontolás* megjelent közvetve mind a preambulumban, mind a cikkek között. Az 1. cikk (3) és a 3. cikk (1) bekezdései alapján példának okáért a tilalom nem alkalmazandó, amennyiben olyan összefonódásokról van szó, amelyek elengedhetetlenek azon célok eléréséhez, amelyek a Közösség közös érdekei alapján elsőbbséget élveznek. Ezt megerősíti a Tanács 1973. december 17-én kelt – a két hónappal korábbi párizsi nyilatkozatnak[79] megfelelő – határozata, amelyben olyan intézkedéseket lát kívánatosnak, amelyek biztosítják, hogy a Közösség

---

[75] MÖSCHEL: *Europäische Fusionskontrolle* (2008) 63 Juristen Zeitung 383. 384.

[76] Vö. *Declaration of Summit Conference in Paris 1972* (1973) 7. bekezdés.

[77] CAMESASCA: *European Merger Control: Getting the Efficiencies Right* (2000) 263.

[78] SCHWARTZ *Politics as Usual: The History of European Community Merger Control* (1993) 623.

[79] *Declaration of Summit Conference in Paris 1972* (1973).

területén honos vállalkozásokat érintő koncentrációk összhangban vannak a Közösség gazdasági és szociális céljaival, továbbá a tisztességes verseny fenntartásának szükségességével.[80] 1974-ben az Európai Parlament is jóváhagyta bizonyos változtatásokkal, a Bizottság javaslatát.[81] Határozatában felhívta a Bizottság figyelmét, hogy a rendelet megfelelő alkalmazásához minden időben kimerítő ismeretekkel kell rendelkeznie a piaci körülményekről, hogy képes legyen a rendeletben megfogalmazott határidőkhöz képest lényegesen kevesebb idő alatt kifejteni álláspontját. Az iparpolitikai szempontok további erősödését jelentette, hogy az Európai Parlament kifejezetten szempontként kívánta meghatározni az összefonódások értékelése során a világpiaci versenyhelyzetet, a kiegyensúlyozott ipari megosztást vagy a munkanélküliséget, illetve külön küszöbszámot kívánt meghatározni a kereskedelmi társaságoknak. Végül a Szociális és

---

[80] Council Resolution of 17 December 1973 on industrial policy [1973] HL C 117 0001-0014. o. 7. pont.

[81] Resolution embodying the Opinion of the European Parliament on the proposal from the Commission of the European Communities to the Council for a Regulation on the control of concentrations between undertakings [1974] HL C 2303 19. o.

Gazdasági Bizottság támogatása[82] ellenére a javaslat elbukott, mivel a Tanács nem tudott egyezségre jutni számos kérdésben, így pl. a gazdasági és társadalmi kérdésekben, amelyek alapelvül szolgálhattak volna, továbbá az iparpolitika szerepében.[83]

Bár az 1973-as bizottsági javaslattal elindult a formális jogalkotási folyamat, egy végső fúziós rendelet lehetősége „hasonlított a Godotra

---

[82] Opinion of the Economic and Social Committee on a proposal for a Council Regulation on the control of concentrations between undertakings [1974] HL C 88 19. o.

[83] MONOPOLKOMMISSION: *Conception of a European merger control: special report in accordance with sect. 24 b, para. 5, sentence 4 GWB* (1989) 34. és SCHWARTZ *Politics as Usual: The History of European Community Merger Control* (1993) 624. Kezdetben az Egyesült Királyság az egész tervet elutasította, de ebből később engedett. Olaszország politikai okokból nem támogatta, és szintén elvetette az egész tervet. A Benelux-államok legfontosabb kifogása a bankszektorra történő alkalmazás volt. Az igazi törésvonal azonban az iparpolitikai megfontolásokat támogató és ellenző országok között volt. Így Franciaország, az Egyesült Királyság, Olaszország és Írország amellett volt, hogy nemzeti, iparpolitikai, regionális vagy szociális célokat figyelembe lehessen venni, míg Németország és Dánia a kizárólagos versenyszempontok mellett kardoskodott. Lásd bővebben *Merger control in the EEC: a survey of European competition laws* (1988) 280 – 282.

várvára"⁸⁴ állapothoz. A Tanács kezdeti – egyhangú – lelkesedése, amelyre a 235. cikk (1957) alapján történő jogalkotáshoz szükség lett volna, *"hamar lelohadt"*⁸⁵, és miután kezdetben *"nem is vette komolyan"*⁸⁶, később iparpolitikai okokból lehetetlenült el sorozatosan a rendelet elfogadása a Tanácsban.⁸⁷ Tekintettel az ún. *Luxemburgi-kompromisszumra*, illetve az EGK Szerződés 235. cikkére (1957), az egyhangúság elengedhetetlen volt, így egyetlen tagállam is blokkolni tudta a rendelet elfogadását. Ezeket a folyamatokat érzékelvén a Tanács szintjén a munkacsoportok egészen 1985-ig le is álltak a tervezett fúziókontroll szabályozás komoly tárgyalásával.⁸⁸

---

[84] CRAIG – DE BÚRCA: *EU Law - Text, Cases and Materials.* (Oxford University Press, Oxford, 2008) 1042.

[85] ELLAND: *Merger Control by the EC Commission* (1987) 8 ECLR 163 164.

[86] Elke Gräper, Rules on Corporate Mergers and Acquisitions, In:NICOLAIDES – KLUGT: *The Competition policy of the European Community.* (European Institute for Public Administration, Maastricht, 1994) 37.

[87] KOCH: *Fundamentals of European Merger Control.* 1906 – 1907.

[88] Lásd: ibid 1906. Szj. 5 – 1 – 018.

Egy további fontos állomása a versenypolitika fejlődésének 1980 volt, amikor a Bizottság a *10. jelentés a versenypolitikáról*[89] című beszámolójában a gazdasági erőfölénnyel való visszaélés és az összefonódások viszonyáról értekezett. Ebben megerősítette a *Continental Can* ügyben[90] alkalmazott elvi hozzáállását a kérdéshez, valamint a piaci részesedések vonatkozásában pontosabb iránymutatást adott. Így pl. 20 – 40% közötti piaci részesedés között is elképzelhetőnek tartotta gazdasági erőfölény fennállását. A Bizottság megállapítása nem légből kapott volt, hiszen a *Continental Can* ítélet[91] óta az Európai Bíróság folyamatosan csökkentett a gazdasági erőfölény megállapításához szükséges küszöböt.[92]

---

[89] EURÓPAI BIZOTTSÁG *Tenth Report on Competition Policy* (1981) 29 – 30. és 103 – 104. Lásd még MINET: *EG-Kommission zur Entwicklung der Konzentration und des Wettbewerbs* (1982) WuW 24.

[90] Continental Can (C-6/72).

[91] Ibid

[92] Lásd részletesen SCHWARTZ *Politics as Usual: The History of European Community Merger Control* (1993) 619 – 622.

Az Európai Parlament és a Szociális és Gazdasági Bizottság támogatása után egy szakértőkből álló csoport vizsgálta a Tanács számára a továbblépés lehetőségét.[93] Miután hosszú évekig nem történt előrelépés, az Európai Bizottság 1982-ben újabb javaslattal állt elő.[94] Az iparpolitikai megfontolások a javaslatban továbbra is megmaradtak, és így pl. a nemzetközi verseny hatása értékelési szempontként jelen volt. A piaci koncentrációk kapcsán ugyanakkor a gyanakvás megjelent abban, hogy az Európai Bizottság álláspontja szerint alacsony koncentráltságú piacokon 20 százalékos piaci részesedés már erőfölényhez vezethet, különösen, ha a piac regionális kiterjedésű. Sőt, még a rendelet szövegében megjelenő 20 százalékos küszöbérték is csak megdönthető vélelmet állított volna fel.

Az események felgyorsulását jelzi, hogy a javaslat után épphogy több mint két évvel újabb módosított javaslatot terjesztett elő az Európai

---

[93] K. Markert, EEC competition policy towards mergers, In:MARKERT: *EEC competition policy towards mergers*. 69. old.

[94] Amended proposal for a Council Regulation on the control of concentrations between undertakings (merger control Regulation) [1982] HL C 36 3. o. Ezen javaslatok, és általában a fúziókontroll ötletének erőteljes kritikájára lásd: HALL: *Merger Control - The Persistence of an Illusion* (1982) 3 ECLR 347.

Bizottság.[95] Ebben tovább pontosította, hogy nemzetközi verseny hatása alatt iparpolitikát kell érteni, ugyanis a *'nemzetközi verseny hatása'*, mint értékelési szempont helyett a *'nemzetközi verseny'* került megfogalmazásra. Hasonló elmozdulást jelentett, hogy a kiemelt *közösségi célok* helyett értékelési szempont a még kevésbé szigorú *közösségi prioritások* lett. Míg az EGK céljai viszonylag egyértelműen meg voltak határozva az EGK Szerződésben, addig közösségi prioritás szinte bármi lehetett volna.

Újabb két és fél év elteltével további javaslat került az asztalra.[96] Miután ez a javaslat is elbukott a Tanácsban, az Európai Parlament azt indítványozta, hogy a Bizottság vonja vissza az eddigi javaslatait és kezdje újra a munkát, amelyet az utóbbi meg is tett.[97]

---

[95] Amended proposal for a Council Regulation on the control of concentrations between undertakings [1984] HL C 51 8. o.

[96] Amended proposal for a Council Regulation on the control of concentrations [1986] HL C 324 5. o..

[97] MONOPOLKOMMISSION: *Conception of a European merger control: special report in accordance with sect. 24 b, para. 5, sentence 4 GWB* (1989) 35 – 36. A Tanácsban a tagok az alábbi alapelvekben egyezetek meg: a) a nagy, közösségi jelentőségű, összefonódások felügyelet; b) kötelező előzetes bejelentés összefonódás szándéka esetén; c) a versenyre káros összefonódások

Az Európai Bizottság egyértelműen azon az állásponton volt, hogy a közösségi versenyjognak szüksége van fúziókontrollra vonatkozó szabályokra, anélkül ugyanis „béna", sőt a politikai nyomásgyakorlás eszközeként a Bizottság 86. cikk (1957) szélesebb körű alkalmazását fontolgatta.[98] Ezt támasztják alá *Peter Sutherland* versenypolitikai biztos későbbi megnyilatkozásai is, aki szerint, ha a jogalkotásban nem történik előrelépés, akkor más utakat kell keresnie a Bizottságnak a közösségi szintű fúziókontrollhoz[99], így pl. meg kell fontolnia a 85. cikk

---

megtiltása, azzal a lehetőséggel, hogy a 85. cikk (3) bekezdésbe (1957) foglalt szempontokat figyelembe lehessen venni; és d) szoros és folyamatos együttműködés a Bizottság és a tagállamok között az eljárás gyors lebonyolítása érdekében. Lásd MESTMÄCKER *Fusionskontrolle im Gemeinsamen Markt zwischen Wettbewerbspolitik und Industriepolitik* (1988) 352.

[98] Lásd CASPARI: *EEC Enforcement Policy and Practice an Official View* (1985) 54 Antitrust Law Journal 599 600 – 601.

[99] Idézi ELLAND *Merger Control by the EC Commission* (1987) 166. old. A 85. és 86. cikkek (1957) erőteljesebb alkalmazásáról szóló sajtóközlemény megjelent a Wirtschaft und Wettbewerb periodikában. Wirtschaft und Wettbewerb, 1987, 876. Lásd még *Merger control in the EEC: a survey of European competition laws* (1988) 285 – 286.

(1957) vagy a 86. cikk (1957) alkalmazását közös erőfölényes ügyekre.[100]

Miután a tagállamokban bekövetkezett politikai változások[101] ahhoz vezettek, hogy egyre inkább hasonlóan gondolkodtak a kormányok a fúziókontrollról[102], a pont, ahonnan számítva már inkább csak az volt kétséges, hogy mikor lesz tanácsi rendelet összefonódásokra, ahelyett, hogy lesz-e egyáltalán, a közkeletű nevén *Philip Morris ügy*[103] volt. A Bizottság akkori versenyügyekért felelős biztosa napirenden tartotta a 85. cikk (1957) alkalmazásának lehetőségét már az Európai Bíróság

---

[100] *Merger control in the EEC: a survey of European competition laws* (1988) 286 – 287.

[101] A tagállamokban a kormányok egyre inkább elmozdultak a *dirigista* piacszervezéstől és elkezdték a deregulációt.

[102] Lásd bővebben SCHWARTZ *Politics as Usual: The History of European Community Merger Control* (1993) 625 – 638.

[103] C-142/84. és C-156/84. sz. ügy *British-American Tobacco Company Ltd és R. J. Reynolds Industries Inc. kontra az Európai Közösségek Bizottsága* [EBHT 1987. 04487. o.] (továbbiakban: Philip Morris (C-142/84. és C-156/84. sz. egyesített ügyek)).

ítélete előtt is.[104] Így nem volt meglepő, hogy az 1982-ben és 1984-ben induló egyesített ügyekben a Bizottság a kezdeti elutasító álláspontja ellenére a 85. és 86. cikkeket (1957) alkalmazta egy hagyományosan összefonódásként értékelhető helyzetre. A bizottsági döntést helyeslő ítélet hatását jól mutatja, hogy két héten belül a Tanács bíztatta a Bizottságot, hogy folytassa a munkáját, valamint Franciaország és az Egyesült Királyság sem kívánta ellenezni a fúziós rendelet megszületését.[105]

Az Európai Bíróság előtt a *British-American Tobacco Company Ltd.* és a *R. J. Reynolds Industries Inc.* támadta meg az Európai Bizottság egy határozatát. A benyújtott kérelmek a Philip Morris és a Rembrandt által megkötött megállapodások ellen irányultak, amelyek értelmében az előbbi vállalkozás 350 millió USD-ért megvásárolt az utóbbi vállalkozástól a *Rothmans Tobacco (Holding) Ltd.* (a továbbiakban: „Rothmans Holdings") befektetési társaság tőkéjében 50%-os részesedést; a Rothmans Holdings a Rembrandt 100%-os tulajdonában

---

[104] *Merger control in the EEC: a survey of European competition laws* (1988) 286.

[105] KORAH *The control of mergers under the EEC competition law* (1987).

álló leányvállalat volt, és a *Rothmans International plc* (a továbbiakban: "Rothmans International") tőkéjében olyan részesedéssel rendelkezett, amely elegendő volt ez utóbbi társaság – a Közösség piacán, és különösen a Benelux államokban jelentős cigarettagyártó cég – ellenőrzésére. Többek között a felperesek által benyújtott kérelmeket követően a Bizottság kifogásközlést juttatott el a Philip Morris-hoz és a Rembrandt-hoz, amelyben megállapította, hogy az 1981-es megállapodások egyszerre sértik a Szerződés 85. és 86. cikkét (1957). A Bizottsággal folytatott tárgyalásokat követően a Philip Morris és a Rembrandt – a Bizottság kifogásait szem előtt tartva – e megállapodásokat végül új megállapodásokkal helyettesítették. Ez utóbbi megállapodásokra (a továbbiakban: az 1984-es megállapodások) vonatkoznak a Bizottság megtámadott határozatai.

Az ügyet jelentősége miatt érdemes részletesebben elemezni.[106] Az Európai Bizottság hosszas vizsgálódás után elsősorban a

---

[106] Az ügy részletes elemzésére lásd pl. FINE: *Mergers and joint ventures in Europe : the law and policy of the EEC* (1989) 10 – 22. és 34 – 37.; KORAH *The control of mergers under the EEC competition law* (1987) 245 – 249., FINE: *The Philip Morris judgment: does Article 85 now extend to mergers?* (1987) 8 ECLR 333 333 – 343.; MARTIN: *Merger Control by the Commission under Article 85? The Philip Morris Case* (1988) 9 Business Law Review 27 27 – 29.,

versenykorlátozó megállapodás aspektusára koncentrálva megállapította, hogy a Philip Morris és a Rembrandt 1981-es megállapodásukkal megsértették a 85. cikk (1) bekezdését (1957), és megállapodásuk nem mentesülhetett a 85. cikk (3) bekezdése (1957) alapján a tilalom alól, ugyanakkor az 1984-es módosított megállapodás vonatkozásában végül nem talált kifogásolni valót. Ezzel az 1966-os Memorandum egyik nyitva hagyott kérdését tisztázta a Bizottság; az Európai Bíróság megfogalmazásában: *„a szóban forgó ügyek lényegében azt a kérdést vetik fel, hogy egy versenytárs vállalkozás tőkéjében való kisebbségi részesedés megszerzése beleütközik-e a Szerződés 85. és 86. cikkébe, és ha igen, milyen körülmények között."*[107].

A Bíróság megerősítette a Bizottság értelmezését amikor is kimondta, hogy: *„[a]z a tény, hogy valamely vállalkozás egy versenytárs vállalkozás tőkéjében részt vesz, önmagában véve ugyan nem valósít meg versenykorlátozó magatartást, egy ilyen részesedésszerzés azonban alkalmas lehet arra, hogy az érintett vállalkozások üzleti*

KORAH – LASOK: *Philip Morris and its Aftermath – Merger Control?* (1988) 25 CMLR 333, 333 – 368.

[107] *Philip Morris (C-142/84. és C-156/84. sz. egyesített ügyek)* 30. pont.

magatartását oly módon befolyásolja, hogy az korlátozza vagy torzítja a versenyt azon a piacon, amelyen e két vállalkozás üzleti tevékenységét kifejti."[108]

A Bíróság azáltal, hogy a legtöbb kérdésben a Bizottságnak adott igazat, *Mancini* főtanácsnokkal szembehelyezkedett[109], aki ellentétes tartalmú indítványt tett.[110]

---

[108] *Ibid* 37. pont. Az Európai Bíróság részletesebb iránymutatást is adott, így: „*Az a tény, hogy valamely vállalkozás egy versenytárs vállalkozás tőkéjében részt vesz, önmagában véve ugyan nem valósít meg versenykorlátozó magatartást, egy ilyen részesedésszerzés azonban alkalmas lehet arra, hogy az érintett vállalkozások üzleti magatartását oly módon befolyásolja, hogy az korlátozza vagy torzítja a versenyt azon a piacon, amelyen e két vállalkozás üzleti tevékenységét kifejti.*" (38. pont) „*Ez valósulhat meg abban az esetben is, ha a megállapodás a befektető vállalkozás számára lehetővé teszi helyzetének későbbi megerősítését azáltal, hogy megszerzi a másik vállalkozás feletti tényleges ellenőrzést. Nem csak a megállapodás tényleges hatásait kell figyelembe venni, hanem a potenciális hatásait is, és annak a lehetőségét, hogy a megállapodást egy hosszú távú terv keretében kötötték.*" (39. pont)

[109] A szakirodalmi álláspont szerint a Főtanácsnok indítványa tükrözte jobban a jog aktuális állását. Lásd pl. FINE *The Philip Morris judgment: does Article 85 now extend to mergers?* (1987) 341., FINE: *Mergers and joint ventures in Europe : the law and policy of the EEC* (1989) 18 – 19.

[110] 142/84. és 156/84. sz. ügy *Mancini főtanácsnok indítványa:British-American Tobacco Company Ltd és R. J. Reynolds Industries Inc. kontra az*

Az ítélet nyilvánvalóvá tette a tagállamok számára, ha nem sikerül elfogadni egy közösségi szabályozást a koncentrációkra, akkor az Európai Bizottság és az Európai Bíróság akár a tisztán koncentratív összefonódásokra is alkalmazni fogja a rendelkezésére álló eszközöket[111]. A kialakult helyzet reális értékelése azonban feltehetőleg az, hogy a 85. cikk (1957) *általános* alkalmazása összefonódások ellenőrzésére nem volt valószínű, mivel egyrészt hiányzott a *"jogi eszköztár"* mellőle, számos nem kívánatos hatással járt volna, valamint a Bizottságnak is túl nagy terhet jelentett volna az akkori szabályok alapján[112].

Európai Közösségek Bizottsága [EBHT 1987. 04487. o.] (továbbiakban: Főtanácsnoki indítvány: Philip Morris-ügy (142/84. és 156/84. sz. egyesített ügyek))..

[111] MONOPOLKOMMISSION: *Conception of a European merger control: special report in accordance with sect. 24 b, para. 5, sentence 4 GWB* (1989) 30.; *Merger control in the EEC: a survey of European competition laws* (1988) 285 – 290.

[112] Ezen az állásponton volt a Bizottság is, amikor a fúziós rendelet javaslatát a 87. és 235. cikkekre (1957) alapozta. Erre azért volt szükség mivel a Bizottság szerint is a rendelkezésre álló eszközök nem elegendőek egy átfogó koncentráció ellenőrzésre. (Lásd 1973-as javaslat preambulumának 8. bekezdése és 1988. április 25-i javaslat preambulumának 11. és 12. bekezdései).

Mint utaltunk rá a *Philip Morris ítélet* katalizátorként hatott a Fúziós Rendelet előkészítésére, ugyanis az akár a Bíróság által a Tanácsnak küldött jelzésként is értékelhető. Az a tény, hogy szinte bármely tranzakciót az Európai Bizottság a 85. cikk (1957) alapján megvizsgálhat és adott esetben ahhoz a semmisség jogkövetkezménye kapcsolódhat, olyan bizonytalansági tényezőt jelentett, amely a hezitáló államokat is beállította a sorba[113]. *Sutherland* versenyügyi biztos az ügyet kommentálva kifejtette, hogy az *"segíteni fogja a Bizottságot a fúziós politika kialakításában"*[114] és ezekben az években *"erős nyomást fejtett*

Lásd még MESTMÄCKER *Fusionskontrolle im Gemeinsamen Markt zwischen Wettbewerbspolitik und Industriepolitik* (1988) 355. és 365 – 373. Érdemes utalni arra, hogy a szerző a 235. cikk (1957) alkalmazásának szükségességét erőteljesen megkérdőjelezi. Álláspontja szerint a *Philip Morris ügy* óta a 87. cikk (1957) elegendő alapot ad a jogalkotásra.

[113] Érdemes visszautalni arra, hogy pontosan ez volt az egyik legjelentősebb oka, amiért korábban az 1966-os Memorandum elvetette a 85. cikk (1957) alkalmazását.

[114] Idézi MARTIN *Merger Control by the Commission under Article 85? The Philip Morris Case* (1988) 29. Vö. még: *"A Bizottság biztosnak tűnik abban, hogy teljes mértékben kihasználja az ezáltal megnyíló lehetőségeket."* *Merger control in the EEC: a survey of European competition laws* (1988) 225.

ki"[115]. Kifejtette, ha nem lesz politikai elkötelezettség a rendelet elfogadására, akkor az Európai Bizottság visszavonja javaslatát és az EGK Szerződés rendelkezéseit fogja alkalmazni.[116] A nyomás a tagállami kormányokra más oldalról is erősödött, nevezetesen az üzleti világ oldaláról. Brittan szavaival élve, az üzleti világ *„nem akart egy sor próbaper agóniájával szembesülni, a Szerződés határainak keresése közben. Az üzleti világnak jobb dolga is akadt, mint kísérleti állat legyen [...]"*[117]. Az Európai Bizottság két közzé nem tett javaslat után[118], 1988

---

[115] *Merger control in the EEC: a survey of European competition laws* (1988), 211. és 285 – 286.

[116] Idézi: ibid 285. Ez a lehetőség egyébként folyamatosan "a levegőben lógott", és már az első tervezet bevezetésekor többen is jósolták, hogy annak sikertelensége esetén szükségből az Európai Bizottság a meglévő eszköztárat lesz kénytelen alkalmazni. Lásd pl. SMITH: *Control of Concentrations in the European Economic Community: Evolving Restrictions on the Urge to Merge* (1974) 19 Villanova Law Review 420 438.

[117] BRITTAN: *Competition policy and merger control in the Single European Market*. (Grotius, Cambridge, 1991) 31.

[118] A két közzé nem tett javaslat dátumai: 1987. július 9. és 1988. január 11. Továbbá az 1988 áprilisában közzétett javaslat után is voltak még közzé nem tett javaslatok, így 1988. június 25-én és 1989. március 30-án. Lásd: KOCH: *Fundamentals of European Merger Control*. 1909. 95. lj.

áprilisában előterjesztette újabb módosított javaslatát a fúziós rendeletre.[119] Ennek preambulumában kifejezetten hivatkozott arra, hogy a 85. és 86. cikk (1957) alkalmazandó a piacon a versenyben strukturális változást előidéző magatartásokra. A Bizottság és a Tanács szoros együttműködése következtében az alábbi kérdésekben teljes volt az egyetértés: a) a nagy méretű közösségi jelentőségű koncentrációkat ellenőrizni kell; b) a tervezett összefonódásokat kötelezően előre be kellett jelenteni; c) a versenykorlátozó összefonódásokat meg kell tiltani, de lehetőséget kell adni egy a 85. cikk (3) bekezdése (1957) szerinti elvekre alapuló mentesítési lehetőségre; és d) az eljárás gyorsaságát biztosítandó, szorosan együtt kell működnie a Bizottságnak és a tagállamoknak[120]. Ezt az áprilisi előterjesztést azonban hamarosan ismét meg kellett változtatni, így

---

[119] Amended proposal for a Council Regulation (EEC) on the control of concentrations between undertakings. *COM(88) 97 final*, OJ 19.5.88 C 130/4. A javaslatot 1988. április 25-én terjesztette a Tanács elé a Bizottság.

[120] MESTMÄCKER: *Merger Control in the Common Market: Bewteen Competition Policy and Industrial Policy*. In HAWK: Annual Proceedings of the Fordham Corporate Law Institute - Antitrust and Trade Policies in International Trade. (Fordham Corporate Law Institute, New York, 1989) 20 – 25.

1988 júliusában[121] és novemberében is készült egy további előterjesztés[122]. A tagállamok ellenvetése két alapvető kérdésre volt osztható. Egyrészt a hatáskör átruházás mértéke, másrészt az alkalmazandó fúziós teszt volt a vita tárgya. *Sutherland*, a versenyügyekért felelős biztos erős elvi támogatást kapott a német adminisztrációtól, akik ideológiai alapon egy kizárólagos versenytesztet támogattak.[123] Ezen az elvi alapon álltak az Egyesült Királyság képviselői is.[124]

---

[121] Vö. RUPPELT: *Die Verordnungsentwurf für einei europäische Fusionskontrolle im EG-Ministerrat* (1989) WuW 187 189 – 191.

[122] A javaslatok összevetésére lásd MONOPOLKOMMISSION: *Conception of a European merger control: special report in accordance with sect. 24 b, para. 5, sentence 4 GWB* (1989) 36 – 45. oldalak és RUPPELT *Die Verordnungsentwurf für einei europäische Fusionskontrolle im EG-Ministerrat* (1989).

[123] Lásd SCHWARTZ *Politics as Usual: The History of European Community Merger Control* (1993) 645 – 646. Lásd még: MONOPOLKOMMISSION: *Die Wettbewerbsordnung erweitern: Hauptgutachten 1986/87.* (Nomos, Baden-Baden, 1988) 16.

[124] Az akkori Director General of Fair Trading az 1988-as éves jelentésében aggodalmának adott hangot, ugyanis a korábbi tervezett szabályozás, mint utaltunk rá, lehetőséget adott az iparpolitikai szempontok figyelembevételére. Idézi és összegzi: WEATHERILL: *The Changing Law and Practice of UK and*

Az 1987 és 1989 közötti két év a rendelettervezet vonatkozásában rendkívül eseménydús volt. Annak ellenére, hogy a Tanács az 1987. november 30-i ülésén zöld lámpát adott a fúziós rendelet elfogadásának[125], az mégsem ment akadályok nélkül.[126] A kompromisszum hiányát tükrözi a német Monopolkommission javaslatról készült jelentésének előszava is: *„Még számos alapvető kérdésben meg kell egyezni"*, írja 1989 júniusában[127]. Ugyanakkor állásfoglalása szerint a *„közösségi fúziókontroll szabályozás alapvető*

EEC Merger Control (1991) 11 Oxford Journal of Legal Studies 520. 539 – 540.

[125] SCHÖDERMEIER: *Auf dem Weg zur europäischen Fusionskontrolle* (1988) WuW 185 193.

[126] Az 1988. december 19-i javaslat többek között Németország számára elfogadhatatlan volt továbbra is, mivel nem kizárólag versenyszempontokat tükrözött egy összefonódás értékelése során alkalmazandó fúziós teszt. Lásd JANICKI: *Perspektiven der Fusionskontrolle im gemeinsamen Binnenmarkt* (1989) ibid193 193 – 194. További javaslat volt még: Amended Proposal for a Council Regulation (EEC) on the Control of Concentrations Between Undertakings [1989] HL C 22 14. o.

[127] A tagállamok legfontosabb fenntartásaira lásd MONOPOLKOMMISSION: *Conception of a European merger control: special report in accordance with sect. 24 b, para. 5, sentence 4 GWB* (1989) 46 – 47.

feltétele a belső piacból eredően várt előnyök megvalósításának"[128].

Mint már utaltunk rá, a jogfejlődés szempontjából talán a legjelentősebb eltérés a tagállamok álláspontjai között az alkalmazandó fúziós teszt kapcsán volt.[129] Míg Németország és az Egyesült Királyság tisztán verseny alapú tesztet részesített előnyben, addig a többi tagállam és a Gazdasági és Szociális Bizottság[130] a nemzetközi versenyképességet és az ipar- és szociálpolitikai szempontok figyelembevételét is szükségesnek ítélete. Az államok 1988 végére felismerték, hogy nem fognak tudni egy minden

---

[128] Ibid 16. A Monopolkommission ezt többek között már egy évvel korábban is hangsúlyozta. Lásd MONOPOLKOMMISSION: *Die Wettbewerbsordnung erweitern: Hauptgutachten 1986/87* (1988) 15.

[129] Nem csitultak ugyanakkor a korábbi ellenvetések sem, így Olaszország – korábban Franciaország is – gyakran fenntartásait fejezte ki az előzetes bejelentési kötelezettség kapcsán. Olaszországnak továbbá az állami vállalkozásokra vonatkozó hatály és a hatáskörmegosztás kapcsán is fenntartásai voltak. Utóbbi tekintetében az Egyesült Királyság és Franciaország is sokáig ellenezte a javasolt rendszert. Lásd bővebben *Merger control in the EEC: a survey of European competition laws* (1988) 280 – 282.

[130] Opinion of the Economic and Social Committee on the Amended Proposal for a Council Regulation (EEC) on the Control of Concentrations Between Undertakings [1988] HL C 208 11. o.

szempontot összeegyeztető szövegben megállapodni, amely ahhoz vezetett, hogy a nagyobb tagállamok Olaszország kivételével a közösségi léptékhez szükséges kritériumot kezdték el minél magasabbra tornászni, míg a kisebb tagállamok igyekeztek azt alacsonyan tartani.[131] 1989 januárjában hivatalba lépett az új versenypolitikai biztos, *Sir Leon Brittan*. 1988 márciusában kompromisszumos javaslattal állt elő, amely azonban továbbra sem jelentett kielégítő megoldást a tagállamok számára. 1989 második félévében Franciaország átvette az elnökséget az EGK-ban és egyik kifejezett célkitűzése a rendelet elfogadása volt.[132]

Ilyen helyzetben 1989. december 21-én, az első tervezet után 16 évvel a Tanács végül egyhangúlag elfogadta a *4064/89/EGK sz. tanácsi*

---

[131] Lásd pl. DORSEY: *The European Community Merger Regulation: Questions Answered, Uncertainties Remain* (1993) 8 Tulane European & Civil Law Forum 95 102 – 103.

[132] SCHWARTZ *Politics as Usual: The History of European Community Merger Control* (1993) 651 – 652.

rendeletet[133], közkeletű nevén Fúziós Rendeletet (1989).[134] *Sir Leon Brittan* emelkedetten *"a nagy európai évnek"* jellemezte 1989-et, amely során *"az Európai Közösség tizenkét nemzete megerősítették elkötelezettségüket a verseny mellett, mint amely a gazdasági élet vezérelve, valamint bizalmukat az Európai Bizottságban, mint politikaformáló és jogérvényesítő szervben"*[135]. A megoldás *"a francia elnökség által javasolt átfogó kompromisszum eredménye volt"*[136]. Még 1989. november 9-én is, a német kormány attól tette függővé támogatását, hogy az általa képviselt alapvető fontosságú elemek megtalálhatók lesznek-e a rendeletben, így a versenyszempontok

---

[133] a Tanács 4064/89/EGK rendelete (1989. december 21.) a vállalkozások közötti összefonódások ellenőrzéséről HL [1989] L 395 1-12. o.. A rendelet korabeli fogadtatására lásd pl. JANICKI: *EG-Fusionskontrolle auf dem Weg zur praktischen Umsetzung* (1990) WuW 195 195 – 205.

[134] a Tanács 4064/89/EGK rendelete (1989. december 21.) a vállalkozások közötti összefonódások ellenőrzéséről HL [2004] HL L magyar különkiadás fejezet 08 kötet 01 31-42. o.

[135] BRITTAN: *Competition policy and merger control in the Single European Market* (1991) 32 – 33.

[136] JANICKI *EG-Fusionskontrolle auf dem Weg zur praktischen Umsetzung* (1990)

kizárólagossága, a preventív beavatkozás lehetősége és a szubszidiaritás elvének gyakorlati megvalósulása.[137] A Fúziós Rendelet (1989) gyakorlatilag a német követeléseket messzemenően tükrözte. Bár Spanyolországnak tett engedményként a rendelet ún. *spanyolklauzulája* az EGK Szerződés 2. cikkére, valamint a gazdasági és technikai fejlődésre is utalt, az új szabályozás az ún. *erőfölény teszten* alapult[138], szemben az 1973-as tervezetben szereplő, a *hatékony verseny akadályozásával* szemben.

---

[137] A delegációk álláspontjáról lásd részletesebben: ibid 195 – 196. oldalak, a hatályos német joggal való összevetésre uo. 196 – 205.

[138] Az erőfölény teszt bevezetése, mint javaslat, az 1988 áprilisi rendelet javaslatban szerepelt először, ugyanakkor ekkor még továbbra is lehetőség volt iparpolitikai beavatkozásra az EGK Szerződés egyéb céljai vagy a 85. cikk (3) bekezdésébe (1957) foglalt célok elérése érdekében, amely lényegesen nem változott még a 1989. januári javaslatban sem. Érdemes megjegyezni, hogy az éppen regnáló versenyügyi biztos, Sir Leon Brittan, akként nyilatkozott még 1991-ben, hogy nem hiszi, hogy a tanács egy színtiszta erőfölény tesztet kívánt bevezetni. Lásd BRITTAN: *Competition policy and merger control in the Single European Market* (1991) 36 – 37.

Az alapvetően duális, föderalista jellegű európai fúziókontroll kezdetektől *"magában hordozta a saját tönkretételének magvait"[139]*. A Fúziós Rendelet végső változatában bár a versenyszempontú értékelés került ki győztesen, egy ideig még megmaradt a bizonytalanság és a bizalmatlanság, hogy iparpolitikai szempontok milyen mértékben játszhatnak szerepet az összefonódások értékelése során. Ennek egyik oka volt, hogy bár az ún. fúziós teszt az erőfölény teszt lett, annak kibontására szolgáló további rendelkezés utalt a *"műszaki és gazdasági fejlődésre"*. Mindenestre a versenyügyekért felelős brit biztos az iparpolitikai beavatkozás lehetőségét határozottan cáfolta a kezdetektől fogva.[140] Végül az 1990-es években egyértelműen a versenyszempontú elemzés került ki győztesen néhány kisebb

---

[139] AXINN – GLICK: *Dual Enforcement of Merger Law in the EEC: Lessons from the American Experience.* In HAWK: 1992 and EEC/US competition and trade law. (Transnational, Ardsley on Hudson, 1990) 549.

[140] Lásd bővebben BRITTAN: *Competition policy and merger control in the Single European Market* (1991) 35 – 36. és 47 – 48. oldalak, valamint BRITTAN: *Competition Policy in the European Community: What's New in the Old World* (1990-1991) 14 World Comp 5 és BRITTAN: *European competition policy: keeping the playing-field level.* (Published by Brassey's for CEPS;, London ; New York, 1992) 39.

malőrrel, amely megakadályozta azt, hogy a tagállamok iparpolitikai okokból negligálják vagy aláássák a központosított fúziókontroll működését. Megjegyzendő, hogy az iparpolitikai szempontok a fúziókontroll eljárás során szinte biztosan nem kerülnek hangsúlyozásra még akkor sem, ha esetleg *de facto* szerepet is játszanak egy ügy eldöntésénél.

A fúziós teszt

I. A fúziós teszt fogalma

1. Bevezetés

Egy fúziókontrollt kialakító szabályozás részleteinek meghatározásakor el kell dönteni, hogy mi legyen az ún. fúziós teszt.[141] Ez kizárólag versenyszempontokon nyugodjon, vagy más szempontot is (pl. munkanélküliség, regionális politika vagy külföldi/tengerentúli felvásárlások) figyelembe vegyünk alkalmazása során? Érdemes abból kiindulnunk, hogy egy modern szabályozási elveknek megfelelő fúziókontroll szabályozás központi eleme egy versenyteszt, amelyet jogalkotói szándéktól függően kiegészíthetnek egyéb szempontok figyelembevételének kötelezettségével, vagy lehetőségével.

2. A fúziós tesztek tartalma

---

[141] A fúziós teszt alatt lényegében azon feltételrendszert kell érteni, amely alapján eldönthető, hogy egy összefonódás engedélyezhető-e vagy sem.

Az *International Competition Network* keretében a versenyhatóságok részletesen elemezték a fúziós tesztek legfontosabb lehetséges elemeit. A verseny és egyéb közcélok közötti különbségtétel után a nem versenyalapú közcélokat két csoportra osztották. Vannak az általánosan alkalmazható (pl. regionális foglalkoztatáspolitika, külföldi befolyásszerzés korlátozása, nemzeti bajnokok teremtése vagy faji megkülönböztetés felszámolása) és a meghatározott szektorokra alkalmazható (pl. hadipar, média vagy közszolgáltatások)[142] közcélok. A nemzeti bajnokok teremtésének kivételével ezek tipikusan szélesebb körű beavatkozást jelentenek, mint a tisztán versenyalapú beavatkozás. Míg a kizárólag versenyalapú teszt esetén a versenyhatóságok tipikusan képesek ellátni a piaci verseny általános felügyeletét, egyéb közpolitikai célok figyelembevétele a fúziós eljárás során nehezen megoldható kérdéseket vet fel.[143]

---

[142] OFFICE OF FAIR TRADING: The Analytical Framework for Merger Control. International Competition Network, First Annual Conference (Naples, Italy: 2002). 3.

[143] Ibid 8 és 14. Ezt mi sem szemlélteti jobban, mint az, hogy míg a versenyszempontokat a hivatkozott forrás bemutatja, addig a nem

Az ICN mellett a 32 országot tömörítő *OECD* és tagjai is rendszeresen készítenek tanulmányokat a fúziókontroll működéséről. A fúziós teszttel 2002-ben és 2009-ben is kifejezetten foglalkoztak.[144] Mindkét jelentés központi témája volt annak vizsgálata, hogy a versenytesztek bizonyos fajtái között van-e érdemi különbség, és ha igen, akkor az miben ragadható meg. A modern szakirodalom három versenyteszt típust különböztet meg: az erőfölény tesztet, a verseny lényeges csökkenése tesztet (SLC) és a hatásos verseny lényeges csökkentése tesztet (SIEC). Ez utóbbi valójában az első kettő „hibrid" változata. Az OECD jelentése 2002-ben arra a következtetésre jutott, hogy az erőfölény teszt és az SLC teszt gyakorlati alkalmazása között nincs lényegi különbség. Ez igaz még akkor is, hogy ha egyes esetekben eltérő eredményre vezettek a gyakorlatban. Az eltérések oka ugyanis más tényezőkre vezethetőek vissza, mint pl. eltérő versenyiskolákra, politikai vagy személyes befolyásra, az érintett piacok eltérő

---

versenyszempontokat és jelentőségüket szinte csak kérdés formájában veti fel a dokumentum.

[144] OECD *Substantive Criteria used for Merger Assessment* (2002) és OECD *Standard for Merger Review* (2009).

meghatározására.[145] Ugyanakkor két szempontból érdekes különbségekhez vezethet a két teszt: a *spill-over* hatások és a jogbiztonság vonatkozásában.[146] Ami a SIEC tesztet illeti, azt elsősorban az SLC teszthez tartják hasonlónak, így az *„SLC családba tartozik"*[147] az OECD jelentés szerint. Később kifejtett okok miatt, azonban nem feltétlenül kell egyetérteni ezzel a megállapítással. A 2009-es jelentés már nem fogalmazott olyan egyértelműen az SLC és az erőfölény teszt alkalmazásának azonos eredménye tekintetében. Az eltérés egyrészt a közös gazdasági erőfölény el- vagy el nem ismerésében van. Utóbbi esetben ugyanis az erőfölény teszt hatóköre korlátozottabb. A másik eltérés pedig az ún. nem összejátszó oligopóliumok esete.[148]

A továbbiakban azt vizsgáljuk, miként alakult az új fúziós teszt az Európai Unióban: hogyan viszonyult az a két nagy típushoz, illetve, hogy

---

[145] OECD *Substantive Criteria used for Merger Assessment* (2002) 20.

[146] Lásd még ibid 21.

[147] OECD *Standard for Merger Review* (2009) 7.

[148] Ibid 7 – 8.

az alkalmazás során figyelembe vehetőek-e egyéb közpolitikai célok, és ha igen, akkor mennyiben?

II. A fúziós teszt az Európai Unióban

3. A fúziós teszt eredete az Európai Unióban

Az európai uniós fúziókontroll eredetéről szóló fejezetben részletesen kifejtettük a régi fúziós rendelet történeti előzményeit. A történeti fejlődés egyik központi eleme volt, hogy a tagállamok nem tudtak egymással megegyezni, mi legyen a fúziós teszt tartalma, lényege. A tagállamok többsége olyan tesztet részesített volna előnyben, amelyben lehetőség nyílik az akkor még EGK szélesebb körű beavatkozására, mint pusztán a versenyszempontok. Az egyik leginkább nyilvánvaló és szembetűnő elem az érvek között az iparpolitikai beavatkozás szükségessége volt. Az iparpolitikai szempontok figyelembe nem vétele két irányba is hathat. Egyrészt a tagállamokban nem jöhetnek létre olyan összefonódások, amelyek a Fúziós Rendelet alapján a versenyre károsak, másrészt az Európai Bizottság sem vehet figyelembe tág értelemben vett uniós iparpolitikai szempontokat.

Az 1973-as javaslatban az Európai Bizottság kifejezetten lehetőséget adott volna iparpolitikai szempontok figyelembevételére. A javaslat szövege szerint azon *„összefonódások, amelyek nélkülözhetetlenek a Közösség egy alapvető céljának megvalósításához, mentesíthetők a közös piaccal való összeegyeztethetetlenség alól".*[149] E szerint a fúziós teszt központi eleme a hatásos verseny megőrzése lett volna, azzal, hogy figyelembe vehetőek egyéb célok, mint pl. ipar-, fejlesztés-, szociális vagy regionális politika[150]. Bátran kijelenthető, hogy az első javaslat a modern versenyjog szerinti egyik versenyteszt alá sem tartozott. A kompromisszumképtelenség e kérdésben még pár hónappal a Fúziós Rendelet (1989) elfogadása előtt is fennállt. Rövid idő alatt *Delors* bizottsági elnök és a francia elnökség alatt azonban megállapodásra jutottak a tagállamok: a versenytesztet tették középpontba és elfogadták a rendeletet.

A Fúziós Rendelet (1989) elfogadásakor az ún. *erőfölény teszt* került megfogalmazásra a rendeletben. Ezzel megszűnt a bizonytalan helyzet,

---

[149] '1973-as javaslat' 7 és 1. cikk (3) bekezdés.

[150] Ibid 1. cikk (3) bekezdés.

amelyet az Európai Bíróság *Continental Can*[151] és *Philip Morris*[152] ítéletei okoztak. A rendelet 2. cikk (2) – (3) bekezdései kimondták, hogy *"[v]alamely összefonódást, amely nem hoz létre, vagy nem erősít meg olyan erőfölényt, amelynek következményeként a közös piacon vagy annak egy jelentős részén a hatékony verseny jelentősen korlátozódna, a közös piaccal összeegyeztethetőnek kell nyilvánítani"*, ugyanakkor *"[v]alamely összefonódást, amely olyan erőfölényt hoz létre vagy erősít meg, amelynek következményeként a közös piacon vagy annak egy jelentős részén a hatékony verseny jelentősen korlátozódna, a közös piaccal összeegyeztethetetlennek kell nyilvánítani"*.

Érdemes megemlíteni, hogy jó ideig bizonytalan volt, hogy valóban erőfölény tesztről van-e szó, vagy külön jelentőséggel bír a Fúziós Rendelet (1989) 2. cikkében a *"hatásos verseny"* korlátozására történő utalás.[153] Először az 1988. áprilisi tervezet tartalmazta az erőfölény

---

[151] Continental Can (C-6/72)

[152] Philip Morris (C-142/84. és C-156/84. sz. egyesített ügyek).

[153] Lásd bővebben KRIMPHOVE: *Europäische Fusionskontrolle* (1992) 279 – 281.

tesztet. Míg a fúziós rendelet 1988. áprilisi tervezete[154] kizárólag az erőfölény tesztre utalt, addig a júliusi már tartalmazta a versenyre gyakorolt hatásra történő utalást, sőt a novemberi tervezet egyenesen elhagyta az erőfölényre utalást.[155] Az elfogadott szöveg végül a fentebb idézett rendelkezést tartalmazta. A bizonytalanságot az okozta, hogy éppen az iparpolitikai és kizárólagos versenyszempontokat képviselők közötti küzdelemben született a rendelet[156], így nem lehetett tudni, hogy a rendelet szövege a jogalkotók szándéka szerint hogyan értelmezendő. Mint korábban utaltunk rá, az ESZAK Szerződés az erőfölény tesztet alkalmazta, továbbá az Európai Bíróság a *Continental Can* ítéletében[157] a gazdasági erőfölénnyel való visszaélésre irányadó 82. cikk (1957) alapján marasztalhatónak ítélt egy, a rendelet

---

[154] Amended proposal for a Council Regulation (EEC) on the control of concentrations between undertakings [1988] HL C 130 4. o.. A javaslatot 1988. április 25-én terjesztette a Tanács elé a Bizottság.

[155] Lásd bővebben KRIMPHOVE: *Europäische Fusionskontrolle* (1992) 280.

[156] Lásd fentebb. Vö. még LANGEHEINE: *Substantive Review under the EEC Merger Regulation*. In HAWK: Annual Proceedings of the Fordham Corporate Law Institute - International Mergers and Joint Ventures. (Transnational Juris Publications, New York, 1991) 497 – 500.

[157] Continental Can (C-6/72).

értelmében vett összefonódást. Az Európai Bizottság jogi szolgálatának képviselője jelentőséget tulajdonított a két pillérnek és inkább egy komplexebb versenyteszt mellett foglalt állást. A *„hatásos verseny akadályozására"* történő utalást önálló, kvalifikáló elemként felfogva, de nem iparpolitikai értelemben, hanem versenyszempontú elemzés részeként.[158] Brittan versenypolitikai biztos úgy foglalt állást, hogy a fúziós teszt több, mint egy egyszerű *erőfölény teszt*.[159] Ezt a megközelítést a Törvényszék viszonylag rövid időn belül meg is erősítette, amikor is az *Air France kontra Bizottság* ügyben[160] kimondta,

---

[158] LANGEHEINE: *Substantive Review under the EEC Merger Regulation.* 482. és 484 – 486. Vö. még LEVER: *Substantive Review under the EEC Merger Regulation: A Private Perspective.* In HAWK: Annual Proceedings of the Corporate Law Institute - International Mergers and Joint Ventures. (Transnational Juris Publications, New York, 1991) 509 – 513. oldalak és VENIT: *The Evaluation of Concentrations under the Merger Control Regulation: The Nature of the Beast* (1990-1991) 14 Fordham International Law Journal 412 544 – 547.

[159] BRITTAN: *The Law and Policy of Merger Control in the EEC* (1990) 15 EL Rev 351 és BRITTAN: *Competition policy and merger control in the Single European Market* (1991) 36 – 38.

[160] T-3/93. sz. ügy *Société anonyme à participation ouvrière Compagnie nationale Air France kontra az Európai Közösségek Bizottsága* [EBHT 1994. II-00121. o.] (továbbiakban: Air France kontra Bizottság (T-3/93. sz. ügy)). 79. pont. Megerősítette: T-158/00. sz. ügy *Arbeitsgemeinschaft der öffentlich-*

hogy a rendelet 2. cikk (2) és (3) bekezdésének szövege alapján a két feltétel kumulatív feltétel, abban az értelemben, hogy ha nem jön létre vagy erősödik meg gazdasági erőfölény az összefonódás következményeként, akkor nem kell vizsgálnia a hatásos versenyre gyakorolt hatást.[161]

A fúziós teszt tartalmi követelményeit, valamint annak fejlődését az alábbiakban részletesen tárgyaljuk. Érdemes azonban utalni itt arra, hogy idővel az erőfölény teszt kellően rugalmasnak bizonyult, megkérdőjelezve, hogy szükséges volt-e a SIEC-tesztre történő váltás 2004-ben. Továbbá a gazdasági erőfölény fogalma az Európai Bíróság értelmezésében eleve lehetőséget adott arra, hogy azt egyfajta de facto *SLC tesztté* lehessen fejleszteni. Elegendő utalni a *Suiker Unie*[162],

---

rechtlichen Rundfunkanstalten der Bundesrepublik Deutschland (ARD) kontra az Európai Közösségek Bizottsága [EBHT 2003. II-03825. o.] (továbbiakban: ARD kontra Bizottság (T-158/00. sz. ügy)). 130. pont.

[161] Vö. még T-102/96. sz. ügy *Gencor Ltd kontra az Európai Közösségek Bizottsága* [EBHT 1999. II-00753 o.] (továbbiakban: Gencor kontra Bizottság (T-102/96. sz. ügy)). 170., 180. és 193. bekezdésekkel. Megerősítette ARD kontra Bizottság (T-158/00. sz. ügy) 130. pont.

[162] 40-73-48-73., 50-73., 54-73-56-73., 111-73., 113-73. és 114-73. sz. ügy *Coöperatieve Vereniging "Suiker Unie" UA és társai kontra az Európai*

a *United Brands*[163] és a *Michelin*[164] ügyekre, amelyek mindegyike lényegi elemeként fogta fel a gazdasági erőfölénynek, hogy az ilyen helyzetben lévő vállalkozás képes a hatásos versenyt korlátozni.

A jelenlegi SIEC teszt a Fúziós Rendelet 2. cikk (2) bekezdésében került megfogalmazásra: *„Azt az összefonódást, amely különösen erőfölény létrehozása vagy megerősítése következményeként a közös piacon vagy annak egy jelentős részén a hatékony versenyt nem akadályozná jelentősen, a közös piaccal összeegyeztethetőnek kell nyilvánítani."* A 2. cikk (3) bekezdése szerint pedig: *„Azt az összefonódást, amely különösen* [erőfölény] *létrehozása vagy megerősítése következményeként a közös piacon vagy annak egy jelentős részén a*

Közösségek Bizottsága [EBHT 1975. 01663. o.] (továbbiakban: Suiker Unie és mások kontra Bizottság (40-73-48-73., 50-73., 54-73-56-73., 111-73., 113-73. és 114-73. sz. egyesített ügyek)). 456 – 457. pontok.

[163] 27/76. sz. ügy *United Brands Company és United Brands Continental BV kontra Európai Közösségek Bizottsága* [EBHT 1978. 207. o.] (továbbiakban: United Brands (27/76. sz. ügy)). 65. pont.

[164] 100-103/80. sz. ügy *Musique Diffusion française és mások kontra Európai Közösségek Bizottsága* [EBHT 1983. 1825. o. o.] (továbbiakban: Musique Diffusion française (100-103/80. sz. egyesített ügyek)). 30. pont.

hatékony versenyt jelentősen akadályozná, a közös piaccal összeegyeztethetetlennek kell nyilvánítani."[165]

Mint látható, jogszabály szerkesztési szemszögből nézve annyi történt, hogy a „*két pillért*" megcserélték. Miért volt szükség a cserére?

---

[165] Megjegyzendő, hogy a hivatalos magyar fordításból az erőfölény szó kimaradt.

4. A fúziós teszt két pillére

4.1. Az erőfölény teszt

A Fúziós Rendeletbe (1989) foglalt erőfölény tesztben a két pillér szerepe eltérő volt, mint a ma hatályos SIEC teszt esetén. A régi rendelet elfogadása idején mind a verseny főigazgatóság, mind a versenypolitikai biztos önálló elemként fogta fel a két pillért. Utaltunk rá korábban, hogy a Törvényszék ezt a megközelítést rövid időn belül jóváhagyta, illetve későbbiekben meg is erősítette[166]. A Törvényszék egyik utolsó ítélete a régi rendelet alapján ezt részletesen is kifejtette az alábbiak szerint: *„A 4064/89 rendelet 2. cikkének (3) bekezdése értelmében azon összefonódást, amely olyan erőfölényt hoz létre, vagy erősít meg, amely következésképpen a hatékony versenyt jelentősen korlátozza a közös piacon, vagy annak jelentős részén, a közös piaccal összeegyeztethetetlennek kell nyilvánítani. Ezzel ellentétben a Bizottság köteles a hivatkozott rendelet hatálya alá tartozó összefonódást a közös piaccal összeegyeztethetőnek nyilvánítani, ha a*

---

[166] Air France kontra Bizottság (T-3/93. sz. ügy) 79. pont. Megerősítette ARD kontra Bizottság (T-158/00. sz. ügy) 130. pont.

fenti rendelkezés által meghatározott két feltétel nem valósul meg. Erőfölény létrejötte vagy megerősödése hiányában az összefonódást tehát engedélyezni kell, anélkül, hogy szükséges lenne annak a tényleges versenyre gyakorolt hatását vizsgálni".[167]

A korábbi joggyakorlat alapján elvileg lehetőség adódott arra, hogy egy gazdasági erőfölényben lévő vállalkozás összefonódását egy másik vállalkozással engedélyezze az Európai Bizottság, akkor is, ha az gazdasági erőfölényt hozna létre vagy erősítene meg, amennyiben a hatásos verseny ezáltal mégsem sérült volna. A *Tetra Laval* ügyben a Törvényszék azonban valamelyest másként fogalmazott, hiszen ott azt mondta ki, hogy a gazdasági erőfölény létrehozása esetén az vizsgálandó, hogy az összefonódás következtében a *"megmaradó verseny jelentősen gyengülne-e"*?[168]

---

[167] T-177/04. sz. ügy *easyJet Airline Co. Ltd kontra az Európai Közösségek Bizottság* [EBHT 2006. II-01931. o.] (továbbiakban: easyJet (T-177/04. sz. ügy)). 45. pont. Lásd még T-5/02. sz. ügy *Tetra Laval BV kontra Európai Bizottság* [EBHT 2002. II-04381. o.] (továbbiakban: Tetra Laval I. (T-5/02. sz. ügy)). 120, 146. és 285. pontok.

[168] Tetra Laval I. (T-5/02. sz. ügy) 285. pont.

Arra a helyzetre, amikor gazdasági erőfölény jön létre, de az mégis engedélyezhető lehetett, maga az Európai Bizottság adott példát, amikor egy korai ügyben kifejtette, *"egy olyan összefonódás, amely gazdasági erőfölényt hoz létre, mégis összeegyeztethető lehet a közös piaccal, [...] ha szilárd bizonyítékok szólnak amellett, hogy ez a helyzet csak időleges és rövid időn belül erodálódna a hatásos piacralépés valószínűsége miatt"*.[169]

Mint említettük, a Törvényszék az elé kerülő ügyek közül néhányban önálló elemként kezelte a két pillért.[170] A második pillér azonban

---

[169] IV/M.053. sz. ügy (1991. október 2.) *Aerospatiale-Alenia/de Havilland* [1991] L 334 42-61 53. bekezdés. Lásd még IV/M.222. sz. ügy (1992. november 12.) *Mannesmann/Hoesch* [1993] L 114 34-48 112 – 114. bekezdések.

[170] T-2/93. sz. ügy *Société anonyme à participation ouvrière Compagnie nationale Air France kontra az Európai Közösségek Bizottsága* [EBHT 1994. II-00323. o.] (továbbiakban: Air France kontra Bizottság (T-2/93. sz. ügy)). 79. pont, T-290/94. sz. ügy *Kaysersberg SA kontra az Európai Közösségek Bizottsága* [EBHT 1997. II-02137. o.] (továbbiakban: Kayserberg kontra Bizottság (T-290/94. sz. ügy)). 19. pont, T-310/01. sz. ügy *Schneider Electric SA kontra az Európai Közösségek Bizottsága* [EBHT 2002. II-04071. o.] (továbbiakban: Schneider Electric kontra Bizottság (T-310/01. sz. ügy)). 321. és 383. pontok. Megerősítette ARD kontra Bizottság (T-158/00. sz. ügy) 130.

tulajdonképpen *"teljes mértékben irreleváns volt a bizottsági gyakorlatban"*.[171] Ez vélhetően nem véletlen. Az Európai Bizottság a két korai esetet[172] leszámítva szinte kivétel nélkül minden esetben vélelmezte a második pillér teljesülését, *"automatikusan feltételezvén"*[173] azt.

Az 1989-es rendeletet megvizsgálva láthatjuk, hogy a preambulumban a hatásos verseny korlátozásának megakadályozása jó néhányszor szerepel, ugyanakkor az erőfölény létrehozatalára vagy megerősítésére utalás egyetlen egyszer sem. A fúziós teszt központi eleme mégis a gazdasági erőfölény létrehozása vagy megerősítése lett, a második pillér a gyakorlatban teljesen jelentéktelen volt. Ez a tény korántsem

---

pont, General Electric (T-210/01. sz. ügy) 87. pont, easyJet (T-177/04. sz. ügy) 45. pont.

[171] Lásd bővebben HIRSCH, et al. (szerk.): *Competition Law: European Community Practice and Procedure – Article-by-Article Commentary*. (Sweet & Maxwell, London, 2008) 1981 – 1982.

[172] Aerospatiale-Alenia/de Havilland (IV/M.053. sz. ügy) 53. bekezdés. Lásd még Mannesmann/Hoesch 112 – 114. bekezdések.

[173] HIRSCH, et al. (szerk.): *Competition Law: European Community Practice and Procedure – Article-by-Article Commentary*. 1981.

meglepő, ha arra gondolunk, hogy az uniós jogban mit értünk *gazdasági erőfölény* alatt. Az egyik első, ezzel foglalkozó ítéletében az Európai Bíróság úgy fogalmazott, hogy akkor beszélhetünk gazdasági erőfölényről, ha a vállalkozásnak lehetősége van arra, hogy „*megakadályozza a* [hatásos] *verseny fenntartását az érintett piac egy jelentős részén*".[174] Magából a gazdasági erőfölény fogalmából ered tehát a hatásos verseny korlátozásának képessége. Mindezt a fúziós tesztre vetítve arra juthatunk, hogy a gazdasági erőfölény megléte esetén a vállalkozásnak automatikusan megvan a képessége arra, hogy a hatásos versenyt korlátozza. A gazdasági erőfölény ilyen megközelítését az Európai Bíróság számtalan esetben jóváhyagta, elegendő, ha a rendszeresen megerősített *United Brands* ügyre[175] gondolunk. Az ítélet 65. pontjában az alábbiakat mondta ki a bíróság: az *„erőfölény az adott vállalkozás olyan gazdasági hatalmi helyzetét jelenti, amelyben az a szóban forgó piacon a* [hatásos] *piaci versenyt jelentősen korlátozhatja, méghozzá azáltal, hogy módjában áll a többi*

---

[174] 78-70. sz. ügy *Deutsche Grammophon Gesellschaft mbH kontra Metro-SB-Großmärkte GmbH & Co. KG* [EBHT 1971. 00487. o.] (továbbiakban: Deutsche Grammophon kontra Metro (78-70. sz. ügy)). 17. pont.

[175] United Brands (27/76. sz. ügy).

versenytárstól, az ügyfelektől és végső soron a fogyasztóktól érzékelhető függetlenséggel eljárni".[176] Itt két fontos tényezőre kell felhívni a figyelmet. Az idézett passzusból elsősorban a mondat második felét szokták hangsúlyozni, de jelen esetben éppen a mondat első része érdekes. Az Európai Bíróság itt is azt mondta ki, hogy azáltal tudja egy vállalkozás korlátozni a hatásos piaci versenyt, hogy a piac más szereplőitől függetlenül tud viselkedni. A másik fontos tényező, hogy éppen az első Európai Bíróság elé került fúziós ügyben mondták ezt ki a bírák. A fúziós teszt gazdasági erőfölény fogalma pedig megegyezik a gazdasági erőfölénnyel való visszaélést tiltó EUMSZ 102.

---

[176] Megerősítette pl. 102/77. sz. ügy *Hoffmann-La Roche & Co. AG kontra Centrafarm Vertriebsgesellschaft Pharmazeutischer Erzeugnisse mbH* [EBHT 1978. 01139. o.] (továbbiakban: Hoffmann-La Roche kontra Centrafarm (102/77. sz. ügy)). 38. pont, C-322/81. sz. ügy *NV Nederlandsche Banden Industrie Michelin kontra az Európai Közösségek Bizottsága* [EBHT 1983. 03461. o.] (továbbiakban: Michelin (C-322/81)). 30. pont, T-30/89. sz. ügy *Hilti AG kontra az Európai Közösségek Bizottsága* [EBHT 1991. II.1439. o.] (továbbiakban: Hilti kontra Bizottság (T-30/89. sz. ügy)). 90. pont, vagy a fúziós ügyek közül a Gencor kontra Bizottság (T-102/96. sz. ügy) 200. pont, T-210/01. sz. ügy *General Electric Company kontra az Európai Közösségek Bizottsága* [EBHT 2005. II-05575. o.] (továbbiakban: GE kontra Bizottság (T-210/01. sz. ügy)). 85. pont.

cikke szerinti fogalommal.[177] Ez némileg ellentmondani látszik a fentebb hivatkozott bírósági esetjognak.

Ami a bizottsági határozatokat illeti, a *de Havilland*[178] és a *Mannesmann*[179] ügyekben is azon az alapon hagyta jóvá az Európai Bizottság a két tranzakciót, hogy a későbbi hatásos belépés valószínűsége miatt a felek nem lesznek olyan helyzetben, hogy a gazdasági erőfölényük ellenére meg kellene tiltani az összefonódást. Ez azonban téves alkalmazása volt a jognak.[180] Az Európai Bíróság már a *United Brands* ügyben[181] azt mondta ki, hogy a belépési korlátok a

---

[177] Vö. Gencor kontra Bizottság (T-102/96. sz. ügy) 200. pont, GE/Honeywell (COMP/M.2220. sz. ügy) 85. pont és T-87/05. sz. ügy *Energias de Portugal, SA kontra az Európai Közösségek Bizottsága* [EBHT 2005. 03745. o.] (továbbiakban: EDP ítélet (T-87/05)). 48. pont.

[178] Aerospatiale-Alenia/de Havilland (IV/M.053. sz. ügy).

[179] Mannesmann/Hoesch.

[180] Az Európai Bizottság e tekintetben nyilvánvalóan elsősorban közgazdasági érvek figyelembevételével jutott erre a következtetésre. A bizonyítható piacra lépés lehet olyan, amely ellensúlyozza a káros hatásokat. A legalább szerencsétlen fogalmazásnak elsősorban elvi jelentősége van, a leírtak okán.

[181] United Brands (27/76. sz. ügy).

gazdasági erőfölény fennálltának a meghatározó elemei[182], azaz a gazdasági erőfölény fennállása részeként kell elemezni, nem pedig azt követően, mint ellensúlyozó tényezőt. Az *Airtours* ítéletben[183] a Törvényszék kimondta, hogy *"amikor a Bizottság a [...] rendelet alkalmazása céljából megvizsgál egy esetleges [...] erőfölényes helyzetet, meg kell állapítania, hogy az összefonódás közvetlen és azonnali hatása-e az olyan jellegű helyzet kialakítása vagy megerősítése, amely jelentősen és tartósan korlátozná a versenyt az érintett piacon. [...] Amennyiben a tényleges versenyt nem éri jelentős módosulás, az összefonódást jóvá kell hagyni"*.[184]

---

[182] Ibid 67. és 122. pontok.

[183] T-342/99. sz. ügy *Airtours plc kontra az Európai Közösségek Bizottsága* [EBHT 2002. II-02585. o.] (továbbiakban: Airtours (T-342/99. sz. ügy)).

[184] Ibid 58. pont, megerősítette Tetra Laval I. (T-5/02. sz. ügy) 153. pont és EDP ítélet (T-87/05) 124. pont. Az összefonódást követő időszak kapcsán a közvetlen és azonnali hatás gyakorlatilag 2 – 3 éves időtartamot jelent indokolt esetektől eltekintve. Vö. LINDSAY – BERRIDGE: *The EC Merger Regulation: Substantive Issues*. (Thomson Reuters, London, 2009) 80 – 82. és Iránymutatás a vállalkozások közötti összefonódások ellenőrzéséről szóló tanácsi rendelet szerint a horizontális összefonódások értékeléséről [2004] HL HU.ES fejezet 08 kötet 03 10. o. 68 – 75. bekezdések.

A kérdés egyértelmű megítélését nehezítette a Törvényszék egyes ítéleteiben megtalálható megfogalmazás. Látható, hogy a bíróság többször is kiemeli, hogy a fúziós tesztnek két pillére volt, és nem volt elegendő csak a gazdasági erőfölény létrejöttét, vagy megerősítését bizonyítani. Az egyik felfogás szerint a második pillér lehetőséget adott arra, hogy amennyiben gazdasági erőfölény jött volna létre, akkor is engedélyezni lehessen egy összefonódást, amennyiben a piacon kellő ellensúlyok érvényesülnek. Ilyenek pl. a vevői erő, vagy ha az összefonódás a fogyasztóknak kedvező hatékonyság javulással jár. Ezt a megközelítést azonban a fúziós teszt gyakorlati alkalmazása nem támasztja alá. Mint említettük, a gazdasági erőfölény létrejöttének vagy megerősödésének bizonyítását követően a joggyakorlat automatikusan vélelmezte, hogy ezáltal a hatásos verseny korlátozódik. Felmerül tehát, hogy miként adható a joggyakorlattal konzisztens értelmezés a fúziós teszt második pillérének?

Elsőként vizsgáljuk meg a Fúziós Rendelet (1989) szövegét. A rendelet 2. cikk (2) és (3) bekezdései szerint, amennyiben egy összefonódás olyan gazdasági erőfölényt hoz létre vagy erősít meg, *amelynek következményeként* a közös piacon, vagy annak egy jelentős részén a hatásos verseny jelentősen korlátozódna, akkor ezt meg kell tiltani, ellenkező estben pedig engedélyezni kell. A két pillér összekapcsolásához az okozati összefüggés és a fúziókontrollban is megjelenő *de minimis* elv nyújt konzisztens alapot. Különösen, mivel e kérdésben a Törvényszékkel ellentétben az Európai Bíróság kellő iránymutatást adott az ítéleteiben.

Egyik legjelentősebb fúziós ítéletében az Európai Bíróság a Fúziós Rendelet (1989) kérdéses cikkéből levezetve mondta ki, hogy „[...] *amennyiben egy összefonódás nem hoz létre vagy nem erősít meg olyan erőfölényt, amely az érintett piacon fennálló versenyt jelentősen érintené, úgy azt a közös piaccal összeegyeztethetőnek kell nyilvánítani*".[185] Ezen feltételek[186] hangsúlyozása lehetőséget biztosít arra, hogy csak abban az esetben legyen megtiltható egy összefonódás, amennyiben az okozza a versenyszerkezet sérülését, azaz annak

---

[185] C-68/94. és C-30/95. sz. ügy *Francia Köztársaság és Société commerciale des potasses et de l'azote (SCPA) és Entreprise minière et chimique (EMC) kontra az Európai Közösségek Bizottsága* [EBHT 1998. I-1375. o.] (továbbiakban: Kali és Salz (C-68/94. és C-30/95. sz. egyesített ügyek)). 110. pont.

[186] Okozati összefüggés és jelentős érintettség/hatás.

következményeként korlátozódna jelentősen a hatásos verseny.[187] A Törvényszék a *General Electric* ítéletében kiemelte, hogy *„a de minimis megerősítést lefedi a 4064/89 rendelet 2. cikkének tágabb második feltétele, amely arra utal, hogy az erőfölényes helyzet létrejöttének vagy megerősödésének a hatékony verseny jelentős korlátozódását kell eredményeznie a közös piacon vagy annak jelentős részén"*.[188] Hasonló megközelítést olvashatunk ki a Törvényszék *Airtours* ítéletéből is, amelyben kifejtette, hogy *„[a]mikor a Bizottság a 4064/89 rendelet alkalmazása céljából megvizsgál egy esetleges [...] erőfölényes helyzetet, meg kell állapítania, hogy az összefonódás közvetlen és azonnali hatása-e az olyan jellegű helyzet kialakítása vagy megerősítése, amely jelentősen és tartósan korlátozná a versenyt az érintett piacon [...]. Amennyiben a tényleges versenyt nem éri jelentős módosulás, az összefonódást jóvá kell hagyni".*[189] Ez a gondolat a Fúziós Rendelet (1989) elfogadását követően már felmerült egyes

---

[187] Vö. Kali és Salz (C-68/94. és C-30/95. sz. egyesített ügyek) 114 – 116. pontok.

[188] General Electric (T-210/01. sz. ügy) 543. pont.

[189] Airtours (T-342/99. sz. ügy) 58. és 82 pontok.

szerzőkben[190] és a megközelítés teljes mértékben konzisztens azzal a joggyakorlattal is, miszerint a gazdasági erőfölény fogalma magában foglalja a hatásos verseny korlátozásának képességét. Ennek fényében egyet kell értenünk *Mestmäcker* szavaival, aki joggal veti fel kritikaként, hogy a két pillér különválasztása során a Törvényszék *„nem foglalt állást abban, hogy a régi jog szerint* [ilyenkor] *a gazdasági erőfölény egyik fogalmi eleméről van szó"*.[191] Ez a fejtegetés azonban mára részben jelentőségét vesztette, hiszen a jogalkotó 2004-ben, elfogadva a SIEC tesztet átfogalmazta a fúziós tesztet.

---

[190] Lásd pl. EHLERMANN: *Die europäische Fusionskontrolle - erste Erfahrungen* (1991) WuW 535 543.

[191] MESTMÄCKER – SCHWEITZER: *Europäisches Wettbewerbsrecht*. (C.H. Beck, München, 2004) §25, 10. szj.

4.2. A SIEC teszt

4.2.1. A SIEC teszt közvetlen előzménye, a „fúziós reform"[192]

Az Európai Bizottság 2001 végén a Fúziós Rendelet (1989) záró rendelkezési szerint ún. zöld könyv kibocsátásával a rendelet felülvizsgálatába kezdett.[193] Ebben a fúziós teszttel 11 bekezdésen keresztül foglalkozik, amelynek jelen szempontból legfontosabb megállapításai akként összegezhetők, hogy a gazdasági erőfölény teszt kellően rugalmas volt, s ha van is ún. *rés* a rendszeren, akkor azzal az Európai Bizottság még a gyakorlatban nem találkozott.[194] Elérkezettnek látta azonban az időt, hogy vitát nyisson a fúziós tesztről is.[195] A

---

[192] Részleteiben lásd még STROHM: *Economic Analysis of the Concept of "Significant Impediment to Effective Competition"*. In HIRSCH, et al.: Competition Law: European Community Practice and Procedure. (Sweet & Maxwell, London, 2008) 394 – 399.

[193] *Green Paper on the Review of Council Regulation (EEC) No 4064/89*, COM(2001) 745/6, 2001. december 11.

[194] Lásd bővebben ibid 159 – 169. bekezdések.

[195] A zöld könyvre széles körből érkeztek észrevételek, amelyek annak számos aspektusát górcső alá vették. Elérhetőek itt: http://ec.europa.eu/competition/consultations/2002_council_regulation/index.html (Utolsó letöltés: 2011. február 14.)

konzultációt követően a pro és kontra érvek „*finom egyensúlya*"[196] volt megfigyelhető. A vélemények berékezését követően sokáig nyoma sem volt annak, hogy a fúziós teszt esetleg megváltozna.[197] A DG COMP főigazgatója 2003 februárjában egyenesen úgy fogalmazott, hogy az erőfölény teszttel kapcsolatos negatívumok inkább elméletiek, mint valósak, sőt az az összefonódások összes versenyre káros hatásainak kezelésére alkalmas.[198] Ekkor úgy tűnt, hogy legfeljebb a rés miatti aggodalmak eloszlatására és a helyzet tisztázásra egy új bekezdés és preambulum bekezdés kerül a rendeletbe.[199] A jogalkotásban résztvevő két szerv is a fúziós teszt megtartása mellett foglalt állást.[200]

---

[196] SPEECH/02/252 MONTI: *Review of the EC Merger Regulation - Roadmap for the reform project*. Brüsszel, 2002. június 4.

[197] Lásd pl. LOWE: *The substantive standard for merger control, and the treatment of efficiencies in merger analysis: an EU perspective*. New York, 2002. október 30. vagy LOWE: *Review of the EC Merger Regulation*. Brüsszel, 2002. november 8.

[198] LOWE: *Review of the EC Merger Regulation*, 2002. november 8. (Brüsszel).

[199] Ibid

[200] Opinion of the Economic and Social Committee on the "Green Paper on the Review of Council Regulation (EEC) No 4064/89 [2002] HL C 241 130-139. o. 3.2. fejezet és *Report on the Commission Green Paper on the review of*

Ugyanakkor az Európai Parlament a résre utaló megfogalmazásokat 2004 márciusában törölte az Európai Bizottság javaslatából.[201] Ezt követően a Tanács 2004. november 27-én egyhangúlag egy módosított rendeletet fogadott el, amelyben már a SIEC teszt szerepelt. A felülvizsgálat során Németország, Olaszország, Ausztria és Luxemburg az erőfölény teszt mellett kardoskodott, az Egyesült Királyság és Írország pedig az SLC teszt mellett.[202] A rendelet kihirdetésével és hatályba lépésével pedig egy új fúziós teszt jött lére, a SIEC teszt.

Council Regulation (EEC) No 4064/89 (COM(2001) 745, C5-0159/2002 – 2002/2067(COS), 2002. június 4.

[201] *European Parliament legislative resolution on the proposal for a Council regulation on the control of concentrations between undertakings: The EC Merger Regulation (COM(2002) 711*, C5-0005/2003 — 2002/0296(CNS), 2003. október 9.

[202] BÖGE: *Reform der Europäischen Fusionskontrolle* (2004) WuW 138 143. Lásd még VICKERS: *How to reform the EC merger test?* Brüsszel, 2002.

4.2.2. Erőfölény teszt, SLC teszt és SIEC teszt

A SIEC tesztet gyakran az SLC teszttel azonosítják, azonban ez több okból is leegyszerűsített megközelítés.

Amennyiben a rendelet szövegét vesszük alapul egyértelmű, hogy az SLC teszthez képest többletelemet tartalmaz. Az Egyesült Államokban[203] a fúziókontroll alapjául szolgáló Clayton Act-ben az SLC teszt alapján tilos egy olyan összefonódás, amelynek hatása a *„verseny jelentős csökkentése vagy monopólium létrehozásának elősegítése"*.[204] Ehhez képest a SIEC teszt kimondja, hogy azt *„az összefonódást, amely különösen* [gazdasági erőfölény] *létrehozása vagy megerősítése következményeként a közös piacon vagy annak egy jelentős részén a hatékony versenyt jelentősen akadályozná, a közös piaccal összeegyeztethetetlennek kell nyilvánítani"*. A SIEC teszt esetén az

---

[203] Szinte azonos tartalmú megfogalmazásra lásd még pl. Málta vagy Egyesült Királyság fúziós tesztjét.

[204] Clayton Act, 15 U.S.C. § 18 (2000).

összefonódásnak nem kell csökkentenie a versenyt, hanem elegendő, ha akadályozza a hatásos versenyt.[205]

A SIEC teszt esetében kifejezetten szerepel a hatásos versenyre utalás, szemben az SLC teszttel. A hatásos versenyre utalás kapcsán két dolgot kell kiemelni. Az első, hogy a rendelet hivatalos magyar fordítása hatékony versenyre utal, azonban a rendelet célját és más nyelvi változatait jobban tükrözné a hatásos versenyként történő fordítás. Az angol szövegben *„effective"*, a németben a *„wirksam"* szerepel, amely egyértelműen nem a hatékonyságra[206] utal, hanem a hatásosságra. A hatásos verseny tartalma ugyanakkor tisztázatlan és homályos.[207] A hatásos verseny kifejezést az Európai Bíróság már a *United Brands* ítéletben[208] többször is használta, így példának okáért a gazdasági erőfölény fogalmát is ezzel magyarázta, amikor kimondta, hogy az

---

[205] Lásd bővebben ugyanezen fejezetet alább.

[206] Angol: efficient; német: effizient.

[207] Lásd még HIRSCH, et al. (szerk.): *Competition Law: European Community Practice and Procedure – Article-by-Article Commentary.* 1987 és LINDSAY – BERRIDGE: *The EC Merger Regulation: Substantive Issues* (2009) 51.

[208] United Brands (27/76. sz. ügy).

"erőfölény az adott vállalkozás olyan gazdasági hatalmi helyzetét jelenti, amelyben az a szóban forgó piacon a hatásos piaci versenyt jelentősen korlátozhatja, méghozzá azáltal, hogy módjában áll a többi versenytárstól, az ügyfelektől és végső soron a fogyasztóktól nagymértékben függetlenül képes eljárni".[209] Amennyiben a gazdasági erőfölényt a hatásos verseny korlátozásának képességével teljesen azonosként fogjuk fel, akkor a Fúziós Rendeletben található SIEC teszt értelmetlen, hiszen az a hatásos verseny korlátozásának egyik példájaként hozza a gazdasági erőfölényt. Egy alternatív, és az ítélettel összhangban lévő értelmezés szerint, gazdasági erőfölény megléte esetében egy vállalkozás képes a hatásos versenyt jelentősen akadályozni, de ugyanez a hatás elképzelhető más esetekben is, azaz a gazdasági erőfölényt el nem érő piaci hatalom esetén is. Bishop és Walker hosszasan elemzik a hatásos verseny fogalmának lehetséges értelmezését, és arra a következtetésre jutnak, hogy valójában ahhoz, hogy meglássuk, hatásos-e a verseny egy piacon, elemezni kell a piac szerkezetét és a piaci szereplők magatartását, valamint, hogy a

---

[209] Ibid 65. pont.

versenyhatósági beavatkozás növelni tudja-e a fogyasztói jólétet, figyelembe véve annak statikus és dinamikus oldalát is.[210]

Itt arra kell felhívni a figyelmet, hogy az Európai Bíróság egyik legújabb ítéletében kimondta, hogy a versenyszabályok alkalmazása során nem a fogyasztói jólét növelése áll a középpontban, hanem egy hármas cél: a versenytársak és a fogyasztók érdekeinek védelme és a piac szerkezetének, ezáltal magának a versenynek a védelme. Az Európai Bíróság szó szerint az alábbiakat fogalmazta meg: „[...] *a Bíróság úgy ítélte meg, hogy az EK 81. cikk – a Szerződésben foglalt egyéb versenyjogi szabályokkal azonos módon – nem csupán a versenytársak vagy a fogyasztók érdekeinek, hanem a piac szerkezetének, ezáltal pedig magának a versenynek a védelmére is irányul.*"[211] Ha valaki ezt az

---

[210] Lásd bővebben BISHOP – WALKER: *The Economics of EC Competition Law: Concepts, Application and Measurement.* (Sweet & Maxwell, London, 2010) 15 – 50.

[211] C-501/06 P, C-513/06 P, C-515/06 P és C-519/06 P. sz. ügy *GlaxoSmithKline Services Unlimited kontra az Európai Közösségek Bizottsága (C-501/06 P) és Az Európai Közösségek Bizottsága kontra GlaxoSmithKline Services Unlimited (C-513/06 P) és European Association of Euro Pharmaceutical Companies (EAEPC) kontra az Európai Közösségek Bizottsága (C-515/06 P) és Asociación de exportadores españoles de productos farmacéuticos (Aseprofar) kontra az Európai Közösségek Bizottsága* [EBHT

ítéletet elszigetelt döntésnek tekintené, akkor elegendő utalni arra, hogy az Európai Bíróság a *T-Mobile* ítéletében[212] már korábban megfogalmazta ugyanezt az elvet.[213] Hovatovább azt is kifejtette – az uniós versenyszabályokra általánosan is vonatkoztathatóan –, hogy a versenyszabályok alkalmazásának célja nem függhet annak megállapításától, hogy az adott magatartás kapcsolatban áll-e a fogyasztói árakkal.[214] Ez tehát felveti a kérdést, hogy a manapság az Európai Bizottság által is *„szent tehénként"* kezelt hosszú távú fogyasztói jólétmaximalizálás-e a versenyszabályok célja, vagy más szempontok is kellő hangsúllyal kell, hogy szerepeljenek?[215] A

2009. I-09291. o.] (továbbiakban: GlaxoSmithKline (C-501/06 P, C-513/06 P, C-515/06 P és C-519/06 P. sz. egyesített ügyek)). 63. pont.

[212] C-8/08. sz. ügy *T-Mobile Netherlands BV, KPN Mobile NV, Orange Nederland NV és Vodafone Libertel NV kontra Raad van bestuur van de Nederlandse Mededingingsautoriteit* [EBHT 2009. I-04529. o.] (továbbiakban: T-Mobile (C-8/08. sz. ügy)).

[213] Ibid 38. pont.

[214] Ibid 39. pont.

[215] Ez természetesen felveti azt a kérdést, hogy a jelenlegi versenypolitika, amely kizárólag a hosszú távú fogyasztói jólét növelést célozza meg, mennyiben igényel apró finomhangolást.

disszertációm szempontjából itt elegendő arra utalni, hogy az Európai Bíróság számos ítéletében foglalkozott a versenyszabályok céljával, pontosabban céljaival, és a joggyakorlathoz a fentebb idézett két ítélet megfelelően alkalmazkodik. Így példának okáért az EUMSZ 102. cikkel kapcsolatosan az Európai Bíróság elnöke végzésében hangsúlyozta, hogy a versenytársak érdekét a hatásos verseny fenntartása iránt az Európai Bizottságnak figyelembe kell vennie.[216]

A SIEC teszt részleteit a későbbiekben elemezzük, itt arra hívtuk fel fentebb a figyelmet, hogy úgy tűnik az SLC teszthez képest a hatásos verseny követelménye miatt az SIEC teszt többlet elemet tartalmaz.[217]

---

[216] C-481/01. P. (R.). sz. ügy *A Bíróság elnökének végzése: NDC Health GmbH & Co. KG et NDC Health Corporation kontra az Európai Közösségek Bizottsága és IMS Health Inc.* [EBHT 2002. I-03401. o.] (továbbiakban: NDC Health (C-481/01. P. (R.) ügy)). 84 – 85. pontok.

[217] Az SLC teszt alapján az Egyesült Államokban a cél a piaci hatalom és így az árak tartósan versenyárak fölé emelésének megakadályozása a cél. Lásd Horizontal Merger Guidelines (1992, revised 1997). Ez a megközelítés a Horizontal Merger Guidelines 2010-ben felülvizsgálat alatt lévő új tervezetében már cizelláltabb, és az Európai Bíróság megközelítéséhez hasonlóan komplexebben kezeli a piaci hatalom kérdését. Vö. Horizontal Merger Guidelines (Review) (2010).

A fentebb kifejtettek összegzéseként tehát megállapítható, hogy a hatásos verseny nem azonosítható a hatékony versennyel, ugyanakkor az előbbi körvonalai nem teljesen tisztázottak. A legújabb jogfejlődés arra utal, hogy az Európai Bíróság reagál azon felvetésekre, miszerint a modern versenypolitika célja egyedül a fogyasztói jólét növelése lenne. Az uniós intézmény szerint a versenypolitika célja összetettebb célokat követ.

A két teszt közötti további különbség a gyakorlatban, hogy a SIEC teszt alapján az is tiltott, amikor az összefonódás következtében harmadik fél piaci hatalma nő. Nem gyakori jelenség, de mind az Európai Bizottság[218], mind pedig az Európai Bíróság szerint[219] megtiltható egy összefonódás, ha harmadik fél esetében erősíti meg, vagy hozza létre a gazdasági erőfölényt, vagy *mutatis mutandis* jelentősen akadályozza a hatásos versenyt.

---

[218] IV/M.1383. sz. ügy (1999. december 29.) *Exxon/Mobil* [2004] L 103 1-136 225 – 229. bekezdések és Horizontális iránymutatás (2004) 2. lj.

[219] Kali és Salz (C-68/94. és C-30/95. sz. egyesített ügyek) 171. pont.

Ami az erőfölény tesztet illeti, az SIEC teszt ahhoz képest bizonyosan többlet tartalommal bír, ha a nyelvtani értelmezést vesszük alapul. A két pillér megcserélésével a gazdasági erőfölény létrehozatala vagy megerősítése a hatásos verseny jelentős akadályozásának egyik alesete lett. Maga a rendelet is hangsúlyozza a 25. preambulum bekezdésben, hogy a 2. cikk (2) és (3) bekezdésében található hatásos verseny jelentős akadályozása fogalmat úgy kell értelmezni, *„mint amely az erőfölény fogalmán túl csak az összefonódásnak azon vállalkozások nem egyeztetett magatartásából eredő versenyellenes hatásaira terjed ki, amelyek nem rendelkeznének erőfölényes helyzettel az érintett piacon".* E tekintetben a korábbi joggyakorlatot egyértelműen irányadónak kell tekinteni.[220] A többlet elemet tehát azon összefonódások tilalma jelenti, amelyek nem gazdasági erőfölény létrehozása vagy megerősítése által akadályozzák jelentősen a hatásos versenyt.

---

[220] Tanács 139/2004/EK rendelete (2004. január 20.) a vállalkozások közötti összefonódások ellenőrzéséről HL [2004] HU.ES fejezet 08 kötet 03 40. o. 26. preambulumbekezdés.

Fel kell hívni a figyelmet arra, hogy a szakirodalomban nem kellően hangsúlyozott, hogy a SIEC csak lefelé nyitott, felfelé nem. Míg elképzelhető, hogy egy gazdasági erőfölényt létre nem hozó összefonódást megtiltsanak azon az alapon, hogy az jelentősen akadályozza a hatásos versenyt, addig az nem lehetséges, hogy egy gazdasági erőfölényt létrehozó összefonódást engedélyezzenek. Ennek azért van különösebb jelentősége, mivel az SLC teszt mintájának számító egyesült államokbeli szabályozásban, illetve a gyakorlatban magasabb a gazdasági erőfölénynek megfeleltethető monopolizáció tűréshatára a piaci hatalom vonatkozásában. Az SLC teszttel párhuzamot vonók szintén gyakran megfeledkezni látszanak arról, hogy ehhez hasonlóan a hatékonyságjavulásra történő hivatkozás sem jelentheti azt, hogy egy gazdasági erőfölényt létrehozó vagy megerősítő összefonódást engedélyezzenek (szemben az SLC teszttel). Ennek figyelembe vételére vagy a gazdasági erőfölény fogalmi körében, vagy pedig a hatásos verseny fogalmi körében van lehetőség.

A fúziós felülvizsgálat kapcsán megszámlálhatatlan mennyiségű kommentár született, melyek egyik csoportja amellett foglalt állást, hogy a fúziós rendeletben nincs ún. „rés", a másik csoport pedig határozottan amellett foglalt állást, hogy van.

4.2.3. Az ún. „rés"

A szakirodalom öt olyan helyzetet azonosított, amelyeket a gazdasági erőfölény teszt nem biztos, hogy megfelelően tudott kezelni.[221]

Az első eset, amennyiben differenciált termékpiacon[222] közeli versenytársak közötti összefonódásról van szó, azaz a piac egyik szegmensén erős a helyzetük. Ez helyes piacmeghatározás esetén a gazdasági erőfölény teszt alapján is kezelhető volt. Az Európai Bizottság számos differenciált termékpiacot érintő ügyben járt el, amely joggyakorlat nem vetett fel tényleges problémát.

A második eset, amikor egy piacon háromról kettőre csökken a piaci szereplők száma, de az összefonódásban nem részes fél jelentős mértékben piacvezető és nem valószínű, hogy közös gazdasági erőfölény jönne létre. Itt a klasszikus érv, hogy mivel a második legnagyobb szereplő nem lehet gazdasági erőfölényben, hanem az mindig a piacvezető, így az összefonódás nem tiltható meg. Valójában

---

[221] Lásd részletesebben pl. LINDSAY – BERRIDGE: *The EC Merger Regulation: Substantive Issues* (2009) 46 – 49.

[222] Differenciált termékpiacokról akkor beszélünk, ha a termékek nem teljes mértékben helyettesítői egymásnak.

ezzel szemben legalább két érv felhozható. Az egyik, hogy – mint fentebb láthattuk – egy összefonódás akkor is megtiltható, ha azáltal egy harmadik fél kerül gazdasági erőfölénybe, vagy így erősödik a már meglévő gazdasági erőfölénye. A második érv, miszerint az Európai Bíróság kifejezetten sosem mondta ki, hogy csak a legnagyobb vállalkozás lehet egy érintett piacon gazdasági erőfölényben. Többször hivatkoztunk már a gazdasági erőfölény fogalmára, amelynek központi eleme a nagymértékű független viselkedés képessége. Ez azonban a piac második szereplőjére is igaz lehet, anélkül, hogy közös gazdasági erőfölényben lennének.[223] Példának okáért a *Hoffman-La Roche* ügyben[224] az Európai Bíróság a *United Brands* ügyben hozott ítéletét

---

[223] A Fúziós Rendelet maga is 25 %-os piaci részesedés felett már valószínűnek tartja, hogy gazdasági erőfölény jöjjön létre, hiszen csak az alatt fogalmazza meg azt, hogy azok „*az összefonódások, amelyek az érintett vállalkozások korlátozott piaci részesedése miatt feltehetőleg nem akadályozzák a hatékony versenyt, a közös piaccal összeegyeztethetőnek vélelmezhetők. A Szerződés 81. és 82. cikkének sérelme nélkül ezt jelzi különösen, ha az érintett vállalkozások piaci részesedése nem haladja meg a 25 %-ot a közös piacon, illetve annak egy jelentős részén.*" Fúziós Rendelet (2004) 32. preambulumbekezdés; ezzel tartalmilag egyezően Fúziós Rendelet (1989) 14. preambulumbekezdés.

[224] 85/76. sz. ügy *Hoffmann-La Roche & Co. AG kontra az Európai Közösségek Bizottsága* [EBHT 1979. 00461. o.] (továbbiakban: Hoffmann-La Roche (85/76. sz. ügy))..

megerősítve kiemelte, hogy „*még egy adott piacon fennálló, akár élénk verseny sem zárja ki, hogy ugyanezen a piacon erőfölény álljon fenn, amely helyzet elsősorban azzal jellemezhető, hogy lehetővé teszi a vállalkozás számára, hogy olyan magatartást folytasson, amely piaci stratégiájában nincs tekintettel e versenyre, anélkül azonban, hogy ebből kár érné.*"[225] Ha megvizsgáljuk mit ért az Európai Bizottság nem egyeztetett hatás alatt, amely az állítólagos rés miatt került megfogalmazásra, akkor tartalmilag nem sok különbséget tudunk felfedezni. A nem egyeztetett hatások az Európai Bizottság horizontális iránymutatása szerint olyan hatások, amelyek *„fontos versenykényszereket iktatnak ki egy vagy több vállalkozás tekintetében, aminek következtében ezek a vállalkozások megnövekedett piaci erővel rendelkeznek anélkül, hogy magatartásuk egyeztetéséhez folyamodnának*".[226]

A harmadik eset, amikor az összefonódásban résztvevőknek alacsony a piaci részesedése az összes eladáshoz vagy kapacitáshoz viszonyítva, de

---

[225] Ibid 70. pont. Ezt megerősítette pl. GE kontra Bizottság (T-210/01. sz. ügy) 117. pont.

[226] Horizontális iránymutatás (2004) 22. bekezdés.

a versenytársak kibocsátása korlátozott. A gazdasági erőfölény fogalma, illetve az erőfölény teszt ezt a helyzetet is lefedi. A kérdés ugyanis a nagymértékű független viselkedés kérdése, amelynek oka végeredményben közömbös.[227] A *Sun Chemicals* ügyben[228] a Törvényszék hangsúlyozta, hogy a vevők *"arra vonatkozó lehetősége, hogy megrendeléseik jelentős részét áttehetik alternatív szállítókra, tekinthető olyan fenyegetésnek, amely elég jelentős veszteségeket okozhat az összefonódás eredményeképpen létrejövő vállalkozás számára ahhoz, hogy ez visszatartsa őt az ilyen stratégia folytatásától"*.[229] Ha tehát van szabad kapacitás, akkor a nagymértékű

---

[227] Lásd még „[a] *többletkapacitás fennállása a piacon – fontossága ellenére – kizárólag olyan kiegészítő tényező a versenyelemzésben, amely relativizálja az összefonódásban részes feleknek az összefonódás utáni helyzetét.*" T-151/05. sz. ügy *Nederlandse Vakbond Varkenshouders (NVV), Marius Schep és Nederlandse Bond van Handelaren in Vee (NBHV) kontra az Európai Közösségek Bizottsága* [EBHT 2009. II-01219. o.] (továbbiakban: NVV és NBHV kontra Bizottság (T-151/05. sz. ügy)). 155. pont.

[228] T-282/06. sz. ügy *Sun Chemical Group BV, Siegwerk Druckfarben AG és Flint Group Germany GmbH kontra az Európai Közösségek Bizottsága* [EBHT 2007. II-02149. o.] (továbbiakban: Sun Chemicals kontra Bizottság (T-282/06. sz. ügy)).

[229] Ibid 171. pont.

független viselkedés nem lehetséges, ellenkező esetben viszont igen, tehát a gazdasági erőfölény fennállhat. Ugyanez igaz azon negyedik esetre is, amikor alacsony piaci részesedés mellett az összefonódásban résztvevők képesek *mindent vagy semmit* ajánlatot tenni a kevés számú nagy vevő részére.

Végezetül az ötödik, szakirodalomban gyakran tárgyalt eset, amikor egy ún. saját útját járó vállalkozást[230] vásárol fel egy vállalkozás. Ez utóbbi helyzet esetén a felek aktuális piaci helyzete nem tükrözi a piac várható fejlődését kellő mértékben, így egy saját útját járó vállalkozás felvásárlása a strukturális mutatókhoz képest jelentősebb hatással lehet a piacon folyó versenyre. Ezt a kérdést az érintett piac helyes meghatározása szintén kezelni tudja. Önmagában az a tény, hogy egy jelentős fejlődési potenciállal rendelkező vállalkozás összeolvad egy másikkal, nem alapozhatja meg a beavatkozást, hanem ehhez az is szükséges, hogy jelentős piaci hatalommal bírjon az új entitás. Ezt pedig a fentebbieknek megfelelően lefedi a gazdasági erőfölény fogalma.

---

[230] Maverick firm.

A fentebbi eszmefuttatással arra kívántunk rávilágítani, hogy a legtöbb érv, miszerint rés lett volna az erőfölény tesztben nem, vagy alig állja meg a helyét. Monti szavaival *„az erőfölény teszt nem valami megváltoztathatatlan és abszolút mérce, amelyhez egy összefonódás jövőbeli hatása mérhető. Az egy erősen szofisztikált eszköz, amely megköveteli, hogy megértsük a verseny dinamikáját és azonosítsuk az érintett piacok kulcsfontosságú versenytényezőit".*[231] A leírtak tanulsága szerint az alábbi tényezők együttes fennállása vezethetett volna ahhoz, hogy elméletileg az erőfölény teszt csak nehezen legyen alkalmazható: nem közös erőfölényről van szó, ahol az összefonódó vállalkozás nem a legnagyobb vállalkozás lenne és az összefonódó vállalkozások termékei olyan differenciált termékpiacon vannak, amelyen azok egymás közeli helyettesítői, valamint nincs kellő ellensúlyozó tényező. Ebben az esetben is nem másról van szó ugyanakkor, mint a tartós áremelés képességének vizsgálatáról, azaz, hogy közgazdasági értelemben van-e piaci hatalma egy vállalkozásnak. Ez pedig az európai uniós versenyjogban szinte megfeleltethető a

---

[231] SPEECH/00/311 MONTI: *The main challenges for a new decade of EC Merger Control.* Brüsszel, 2000. szeptember 15.

gazdasági erőfölény fogalmának. A Törvényszék szerint a fúziós rendelet a 101. és 102. cikkektől eltérően „*arra hivatott, hogy valamennyi közösségi léptékű összefonódásra alkalmazást nyerjen, amennyiben a Közösségben a versenyre gyakorolt hatásuk miatt fennáll a veszélye annak, hogy összeegyeztethetetlenek a Szerződés által elérni kívánt torzítatlan versenyszerkezettel*".[232] Elméletileg tehát nem volt elképzelhető olyan helyzet az erőfölény teszt alatt sem, amely torzítja a versenyt és mégsem fogja fel az erőfölény teszt. Az ne zavarjon meg senkit, hogy jelen esetben versenyszerkezet torzításáról szólt a Törvényszék, hiszen a SIEC tesztbe foglalt akadályozás kifejezés, illetve maga a teszt is ennek megnyilvánulása.[233]

4.2.4. A váltás értékelése

Összességében megkérdőjelezhetőnek tartom az erőfölény tesztről történő átállás szükségességét. A mai napig nem volt olyan ügy, amely esetén egyértelmű lenne, hogy az erőfölény teszt alapján nem, de a SIEC teszt alapján megtiltható lett volna. A számos eset, amelyet a rés

---

[232] Kali és Salz (C-68/94. és C-30/95. sz. egyesített ügyek) 170. pont.

[233] Fúziós Rendelet (2004) 2. és 6 – 7. preambulumbekezdései.

kapcsán hivatkoznak[234], egyike sem olyan, amely az erőfölény teszt alapján ne lett volna adott esetben megtiltható. Ugyanakkor a szükségesség és a célszerűség nem feltétlenül esik egybe, jelen esetben ugyanis kimondható, hogy bár vélhetően az erőfölény teszt is tudta volna kezelni a felvetett problémákat, mégis a váltás célszerűségi okból indokolt lehetett. Ezáltal ugyanis egyrészt nőtt a konvergencia az SLC tesztet használó joghatóságokkal legalább jogszabályszöveg szintjén is[235], másrészt a jogalkalmazók számára is teljesen világos, hogy a fúziós teszt akár az egyedüli erőfölényt létre nem hozó versenyre káros összefonódásokra is kiterjed.

---

[234] Ezek közül a legismertebbek: COMP/M.3686. sz. ügy (2005. március 30.) *Honeywell/Novar* [2005] C 104 20, COMP/M.4854. sz. ügy (2008. május 14.) *TomTom/Tele Atlas* [2008] C 237 8-13, COMP/M.3696. sz. ügy (2005. december 21.) *E.ON/MOL* [2005] L 253 20-28, COMP/M.4942. sz. ügy (2008. július 2.) *Nokia/Navteq* [2009] C 13 8-13, COMP/M.3216. sz. ügy (2004. október 26.) *Oracle/PeopleSoft* [2005] L 208 6 - 12., COMP/M.3916. sz. ügy (2006. április 26.) *T-Mobile Austria/tele.ring* [2007] L 88 44-46, COMP/M.3653. sz. ügy (2005. július 13.) *Siemens/VA Tech* [2006] L 353 19-35, COMP/M.5355. sz. ügy (2009. március 12.) *BASF/CIBA* [2009] C 122 5.

[235] Természetesen ezzel egy időben ez valamelyes távolodást is jelent az erőfölény tesztet alkalmazó államoktól.

Míg a váltást megelőzően a hatásos verseny jelentős akadályozása szükséges, de nem elégséges feltétel volt, addig a két pillér megcserélésével mindkét pillér elégséges feltétel, azaz bármelyik bizonyítása önmagában elegendő egy összefonódás megtiltásához. Ezzel lényegében egy érdemi pillére lett az új fúziós tesztnek, nevezetesen a hatásos verseny jelentős akadályozásának szempontja. Természetesen felmerül az a kérdés is, hogy szétválasztható-e ezt követően az erőfölény fogalma a hatásos verseny lényeges akadályozásától. Mint fentebb is hivatkoztunk rá, az Európai Bíróság akként fogalmazott, hogy akkor beszélhetünk gazdasági erőfölényről, ha a vállalkozásnak lehetősége van arra, hogy *„megakadályozza a* [hatásos] *verseny fenntartását az érintett piac egy jelentős részén"*.[236] A *United Brands* ítélet 65. pontjában az Európai Bíróság szintén az alábbiakat mondta ki: az *„erőfölény az adott vállalkozás olyan gazdasági hatalmi helyzetét jelenti, amelyben az a szóban forgó piacon a* [hatásos] *piaci versenyt jelentősen korlátozhatja, méghozzá azáltal, hogy módjában áll a többi versenytárstól, az ügyfelektől és végső soron*

---

[236] Deutsche Grammophon kontra Metro (78-70. sz. ügy) 17. pont.

a fogyasztóktól érzékelhető függetlenséggel eljárni".[237] Ezt a megközelítést pedig azóta folyamatosan alkalmazza a bíróság.

Ugyanakkor még várat magára az erőfölény fogalmának joggyakorlatban történő leválasztása a hatásos verseny jelentős akadályozásának fogalmáról. A nagy zűrzavar, a terminológiai és fogalmi káosz egyik okozója az Európai Bizottság. Példának okáért a fentebbiek fényében értelmezhetetlen Philip Lowe korábbi főigazgató kijelentése, miszerint „[a] *teszt nem értelmezhető akként, mint ami csökkenti a beavatkozási küszöböt. [... Az] összefonódások összeegyeztethetetlenségének mércéje ezért ugyan az marad, mint korábban* [...]". Ha ez így lenne, akkor az azt jelenti, hogy nem volt rés az erőfölény teszten és ekkor a változtatás értelme is megkérdőjeleződik. Ez továbbá ellentmond annak is, hogy a rendelet 25. preambulum bekezdése egyértelműen arra utal, hogy az erőfölény fogalmán túlmutató kérdésről van szó, azaz nem lehet a kettőt azonosan kezelni: *„A 2. cikk (2) és (3) bekezdésében található "hatékony*

---

[237] Megerősítette pl. Hoffmann-La Roche kontra Centrafarm (102/77. sz. ügy) 38. pont, Michelin (C-322/81) 30. pont, Hilti kontra Bizottság (T-30/89. sz. ügy) 90. pont, továbbá a fúziós ügyek közül a Gencor kontra Bizottság (T-102/96. sz. ügy) 200. pont, GE kontra Bizottság (T-210/01. sz. ügy) 85. pont.

verseny jelentős akadályozása" fogalmat úgy kell értelmezni, mint amely az erőfölény fogalmán túl csak az összefonódásnak azon vállalkozások nem egyeztetett magatartásából eredő versenyellenes hatásaira terjed ki, amelyek nem rendelkeznének erőfölényes helyzettel az érintett piacon."

Az új teszt kapcsán tehát arra a következtetésre lehet jutni, hogy az erőfölény teszthez képest új érdemi tesztről van szó, amely tágabb annál, ugyanakkor a gazdasági erőfölény a felső küszöb, amely fennállása esetén elkerülhetetlen egy összefonódás megtiltása.[238]

---

[238] Kivéve ez alól az elbukó vállalkozás esetét.

III. A piaci hatalom egyes kérdései

5. Bevezetés

A piaci hatalom a versenypolitika központi kérdése. A vállalkozások azon magatartásai, amelyek nem hoznak létre piaci hatalmat, vagy nem azzal történő visszaélések, ideális esetben a versenyjog megítélési körén kívül esnek.[239] A fúziókontroll esetében sincs ez másként, amennyiben azt az államok, vagy a mi esetünkben az Európai Unió, a rendeltetésüknek megfelelően alkalmazzák. Végső soron a fúziókontroll célja a modern versenyjogokban a fogyasztói jólét maximalizálása a versengő piaci szerkezet fenntartása útján[240], tehát annak megakadályozása, hogy olyan piaci hatalom jöjjön létre, amelyet

---

[239] Ez alól néhány kivételt ismerünk csak a versenyjogban, mint pl. a kőkemény horizontális versenykorlátozó összejátszásokat.

[240] Vö. ugyanakkor Airtours (T-342/99. sz. ügy) 106. pont: „[...] *az összefonódások közösségi szintű ellenőrzésének fő célja annak biztosítása, hogy a vállalkozások átszervezése révén ne alakulhassanak ki olyan gazdasági hatalmi pozíciók, amelyek jelentősen korlátozhatnák a közös piacon fennálló hatékony versenyt. A közösségi hatáskör tehát elsősorban azon alapul, hogy meg kell akadályozni olyan piaci szerkezet létrejöttét, amely erőfölény kialakulásához, illetve megerősödéséhez vezethet* [...]".

a jövőben a fogyasztói jólét kárára képes kiaknázni a létrejövő entitás. Aláhúzandó, hogy a cél nem a fogyasztói jólét maximalizálása, hanem a versengő piaci szerkezet fenntartása útján ennek elérése. Ez annál is inkább igaz, mivel különbséget kell tennünk a piaci hatalom és a piaci hatalommal való élés között. A kettő ugyanis bizonyos esetekben elválhat egymástól. A fúziókontroll inkább a piaci hatalom fogalma köré épül, a piaci hatalom nem kívánatos szintjének kialakulását hivatott megakadályozni. Ezzel szemben pl. az EUMSZ 102. cikke alapján a piaci hatalommal bizonyos értelemben párhuzamba állítható gazdasági erőfölény, s az azzal való visszaélés tiltott.

Az alábbiakban látni fogjuk, hogy az Európai Bíróság gyakorlatában mai napig nem a fogyasztói jólét maximalizálás jelenik meg a fúziókontroll céljaként, hanem a versengő piaci struktúra fenntartása.[241]

Ahhoz, hogy a fúziós teszt alkalmazása során felmerülő kérdéseket kellő alapossággal tárgyalni tudjuk, az alábbiakban be kell vezetnünk

---

[241] Lásd még pl. HERTFELDER: *Die consumer welfare im europäischen Wettbewerbsrecht - Eine Analyse der Rechtspraxis der Kommission und dir europäischen Gerichte.* (Nomos, Baden-Baden, 2010) 114 – 119.

néhány elméleti alapkérdést. A következőkben ezeket tárgyaljuk, mielőtt rátérünk a fúziós teszt gyakorlati alkalmazásának vizsgálatára.

6. A tökéletes verseny és a monopólium

Egy nagyon általánosító és találó megfogalmazás szerint a piaci hatalom képesség arra, hogy „*elkerüljük a tökéletes verseny buktatóit*".[242] Ennél hasznosabb az a megfogalmazás, hogy a piaci hatalom lényegében azt a képességet jelenti, hogy annak birtokosa képes tartósan és jövedelmezően a versenyár felett tartani az árat.[243] Ez azt is jelenti, hogy a piaci hatalommal való élés a kibocsátás csökkentéséhez vezet. Ezt könnyű belátni:

---

[242] FISHER: *Detecting Market Power*. In COLLINS, et al.: Issues in Competition Policy. (ABA Section of Antitrust Law, Chicago, 2008) 354.

[243] Lásd pl. CARLTON – PERLOFF: *Modern Industrial Organisation*. (Pearson Addison Wesley, 2005) 642 – 644. oldalak, LANDES – POSNER: *Market power in antitrust cases* (1981) 94 Harvard Law Review 937 937., MOTTA: *Competition Policy – Theory and Practice*. (Cambridge University Press, Cambridge, 2004) 40 – 41. és 115. Vö. Iránymutatás az EK-Szerződés 82. cikkének az erőfölényben lévő vállalkozások versenykorlátozó visszaélő magatartására történő alkalmazásával kapcsolatos bizottsági jogérvényesítési prioritásokról [2009] HL C 45 7 – 20. o. 11. bekezdés.

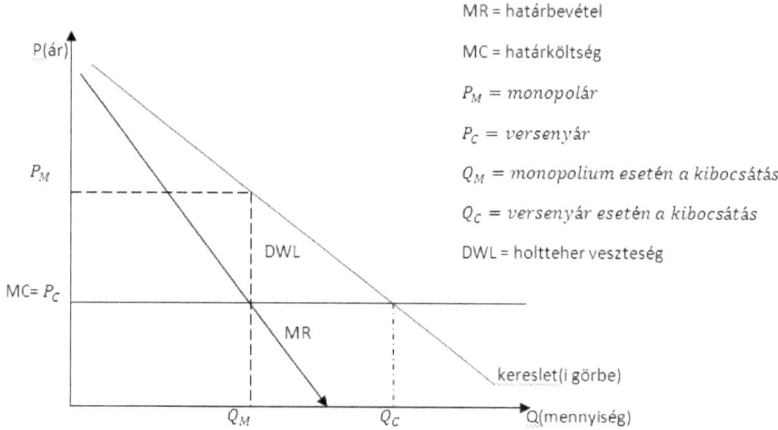

A fentebbi ábrán jól látható, hogy tökéletes verseny esetében a piaci ár megegyezik a határköltséggel.[244] Egy vállalkozás addig bővíti kibocsátását, amíg a határköltség meg nem egyezik az árral. Egy versenyző vállalkozás számára ugyanis a profitmaximalizálási pont ez.[245] Tökéletes verseny esetében a keresleti és a kínálati görbe

---

[244] A határköltség az a költség, ami egy további egység előállítása miatt merül fel.

[245] Ezt nem nehéz belátni. Egy versenyző vállalkozás nyeresége megegyezik a kibocsátási mennyiség és ár szorzata, valamint az összköltségének különbségével: . A vállalkozásnak mindaddig megéri bővítenie a kibocsátását, amíg a további egység eladásából származó bevétel meghaladja a további egység előállítása miatt viselt költséget. Ebben az esetben ugyanis minden

metszési pontja adja meg a versenyárat, amely ebben az esetben történetesen megegyezik a vállalkozásunk határköltségével. A tökéletes verseny modellje azért jelentős viszonyítási alap, mert ilyenkor allokatív hatékonyságról beszélhetünk, azaz egy termelő sem a kibocsátás növelésével, sem a csökkentésével nem jár jobban, tehát a lehető legjobban használja fel a rendelkezésére álló erőforrásokat. A tökéletes verseny egy további pozitívuma, hogy ilyenkor a társadalmi jólét[246] a maximumon van.

A tökéletes versennyel a monopóliumot szokás szembeállítani. Ebben az esetben egy vállalkozás adja a piacon a teljes kibocsátást. A monopolista keresleti görbéje megegyezik a piaci keresleti görbével. Egy haszonmaximalizáló monopolista a kibocsátást (és így az árat) azon a szinten fogja meghatározni, ahol a határbevételi görbe[247] metszi a

---

egységen nyereséget ér el. Amikor az előállítás költsége és a termék ára megegyezik, akkor ott kell abbahagynia a termelést.

[246] A fogyasztói és a termelői többlet együttese.

[247] A fenti ábra geometriai görbékkel is lerajzolható lenne, azonban a jelen magyarázat szempontjából nem adna semmit a magyarázathoz, így egyenesekkel helyettesítettük a görbéket.

határköltség görbéjét, azaz amikor a határköltség egyenlő a határbevétellel (MC=MR).[248] Ebben az esetben a piacon érvényesülő ár a monopol ár lesz. Ahogyan már említettük, monopólium esetén a kibocsátás kisebb, mint tökéletes verseny esetében. Az alacsonyabb kibocsátás miatt azonban magasabb lesz az ár, a kibocsátás csökkentésével ugyanis a monopolista képes egy ideig növelni a nyereségét.[249] A monopóliumok elleni egyik kifogás éppen ez, nevezetesen, hogy csökken az allokatív hatékonyság, azaz kevesebbet termel, mint tökéletes verseny esetében termelnének a vállalkozások, és olyan fogyasztók nem jutnak hozzá a termékhez, akik a versenyár és

---

[248] Erre az esetre is igaz ugyanis, hogy mindaddig megéri a kibocsátását növelni, amíg a további egység eladásából származó bevétel meghaladja az előállításának költségeit. Lineáris kereslet esetében a határbevételi görbe éppen fele annyival esik, mint a keresleti görbe. Ennek formális levezetésére lásd pl. CARLTON – PERLOFF: *Modern Industrial Organisation* (2005) 90. 2. lj.

[249] Ezt azonban csak egy bizonyos pontig képes megtenni. Ennek oka szintén a fentebbiekben keresendő. A monopolista értelemszerűen csak addig tudja növelni a nyereségét, ameddig a határbevétele meghaladja a határköltségét. Tehát amíg a megtermelt egység ára magasabb, mint annak költsége.

a monopolár között hajlandók lettek volna még megvásárolni a kérdéses terméket. Ezt hívjuk fogyasztói jólét veszteségnek.[250]

A monopóliumoknak van további társadalmilag káros hatásuk, amelyet jóléti holtteher veszteségnek nevezünk (DWL a lenti ábrán). A holtteher veszteség az a veszteség, amely a társadalmat éri, mivel a monopólium kevesebbet termel, mint a tökéletes verseny esetén érvényesülő optimális szint. Érdemes itt hangsúlyozni, hogy jelen esetben a társadalmat ért veszteségről van szó. A fenti ábra grafikai egyszerűsítésével ez könnyen belátható.

---

[250] Tegyük fel, hogy egy termék versenyára 50 forint lenne, a monopolára pedig 100 forint. Ha egy fogyasztó rezervációs ára 70 forint, akkor az azt jelenti, hogy ő 70 forintot hajlandó lett volna fizetni a termékért. Versenyár esetében (ha csak egy ár érvényesül a piacon, mint a tökéletes verseny esetén), ő csak 50 forintot fizetett volna, azaz 20 forinttal kevesebbet, mint amennyit számára a termék megért. Ez a 20 forint az ő „nyeresége" lett volna (fogyasztói többlet). Ha viszont a monopolár (100 forint) érvényesül a piacon, akkor mivel számára csak 70 forintot ér meg a termék, azt nem fogja megvenni.

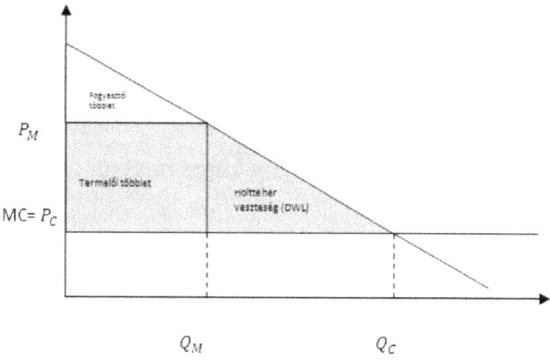

Mint fentebb láttuk, tökéletes verseny esetében az ár megegyezik a határköltséggel, a kibocsátás pedig a tökéletes verseny esetén érvényesülő kibocsátási mennyiség. Ebben az esetben a fogyasztói többlet azonos a teljes kínálati görbe[251] feletti résszel.[252] Ennek okát fent láttuk, nevezetesen, hogy a fogyasztók a rezervációs áruknál kevesebbet fizetnek, amely többletként jelenik meg náluk. Monopólium esetében azonban a rezervációs ár és a monopolár közötti hasznot csak azok élvezik, akik a monopolárnál is többet lettek volna hajlandóak fizetni a termékért. Ez az ábránkon a fogyasztói többlet háromszöge. A monopólium ugyanakkor a tökéletes versenyhelyzethez

---

[251] A kínálati görbe azonos az ábrán a határköltség görbével (MC).

[252] Az ábrán a holtteher veszteséget, a termelői többletet és a fogyasztói többletet is magába foglaló résszel.

képest ún. termelői többletre tesz szert, mivel monopolár és a versenyár közötti hasznot magáénak tudhatja. Az ábrán ezt mutatja a termelői többlet téglalap.[253] A társadalmat ugyanakkor éri egy olyan veszteség, amelyet sem a fogyasztók, sem a termelő nem kap meg. Ez a jóléti holtteher veszteség. A monopóliumok további káros hatással is járnak a társadalom számára, mint az X-hatékonyságvesztés, vagy a monopólium elérése érdekében párhuzamosan elpazarolt erőforrások elvesztése (járadékvadászat[254]).

---

[253] A termelői többlet az ábrán, mint ahogy pl. *Posner* is kifejti, a termelőhöz (monopolistához) kerülő jóléti transzfer valójában csak becsli a monopólium által a fogyasztóknak okozott veszteséget, ugyanis nem tartalmazza azokat a költségeket, amelyeket a monopólium potenciális áldozatai hoznak az 'életben maradásért', vagy pl. mivel nem tartalmazza azokat a jótékony hatásokat, amelyek a monopolizáció során a nem áralapú verseny előnyeiként jelennek meg. Lásd bővebben POSNER: *Antitrust Law*. (The University of Chicago Press, Chicago, 2001) 16 – 17.

[254] A „nagyon szélsőséges és provokatív" érv (MOTTA: *Competition Policy – Theory and Practice* (2004) 45.), miszerint a járadékvadászat teljes összege elvész a társadalom számára *Posner* egy nagy hatású tanulmányától eredeztethető: POSNER: *The Social Costs of Monopoly and Regulation* (1975) 83 The Journal of Political Economy 807, formális levezetésére Ibid. 812 – 815. Posner *Tullock* és *Becker* tanulmányaira hivatkozva szemléletesen fejti ki az érvét. A lopás annak ellenére, hogy nem jelent kibocsátás korlátozást, nem jelenti azt, hogy annak társadalmi költsége nulla lenne. A lopás lehetősége

ugyanis erőforrások ráfordítását jelenti a lopásra és az arra való védekezésre, amelyek társadalmi költségként jelentkeznek. Ibid. 808. Kritikájára lásd FISHER: *The Social Costs of Monopoly and Regulation: Posner Reconsidered* (1985) 93 The Journal of Political Economy , aki különösen *Posner* első feltételét kritizálja, miszerint a monopolhelyzet megszerzése maga egy verseny cselekmény, azaz a monopólium megszerzésének költségei pontosan megegyeznek, a monopolhelyzettől várható nyereséggel.

7. Oligopol piacszerkezetek

Fentebb értekeztünk monopolpiacokról és tökéletes verseny által jellemezhető piacokról.[255] A gyakorlatban azonban ilyen piacokkal elvétve találkozunk, utóbbival szinte sosem. Ezzel ellentétben viszont a versenyhatóságok gyakran azonosítanak olyan piacokat, ahol kevés szereplő van a termelői oldalon. Ezeket a piacokat szokás tág értelemben oligopol piacoknak nevezni. Oligopóliumról akkor beszélünk, amikor kevés számú vállalkozás van a piacon, amelyek önállóan határozzák meg üzleti magatartásukat, de tudatában vannak a többi vállalkozás jelenlétének és annak, hogy magatartásuk kölcsönösen meghatározhatja a másikét.[256] Az oligopóliumok esetében elmondható, hogy – ellentétben a monopóliummal – bár az egyes szereplők bírnak bizonyos mértékű piaci hatalommal, összejátszás hiányában mégsem tudják egyedül meghatározni a piaci árat. E megfontolásból eredően különbséget tehetünk kooperatív, más néven összejátszó és nem kooperatív oligopóliumok között.

---

[255] Lásd on page 106.

[256] CARLTON – PERLOFF: *Modern Industrial Organisation* (2005) 157.

Mielőtt rátérnénk az oligopóliumok tárgyalására, szükséges tisztázni egy alapvető terminológiai kérdést. 2004-ig az ún. gazdasági erőfölény teszt volt hatályban, valamint korábban az egyoldalú hatások fogalom nem jelent meg jogforrásokban vagy egyéb soft-law jellegű dokumentumokban. Az egyoldalú hatások terminológiai bevezetése nem jelenti ugyanakkor azt, hogy a gazdasági erőfölényt ne vizsgálnánk az uniós fúziókontrollban, ahogyan ezt korábban már világossá tettük. A gyakorlatban az összefonódások vizsgálatakor három alapvető helyzetet különböztetünk meg. Egyrészt az ún. egyoldalú hatásokon belül különbséget teszünk azon összefonódások között, amelyek gazdasági erőfölényt hoznak létre vagy erősítenek meg, másrészt azok között, amelyek oligopol piacokon lehetőséget adnak egyoldalú nem jelentéktelen áremelésre. A harmadik helyzet pedig, amikor oligopol piacon a piaci szereplők magatartása a többi szereplő magatartásától függ és magatartásukkal a többiek magatartását befolyásolni kívánják a vállalkozások.

Az oligopóliumok, illetve az így jellemezhető piacszerkezet tárgyalása a modern versenypolitika központi kérdése a fúziókontrollban. Ha elfogadjuk premisszának a korábbi állításunkat, miszerint a káros versenyhatással járó magatartás kifejtéséhez jelentős piaci hatalom szükséges, akkor az egyedüli piaci hatalom kifejtése mellett további szóba jöhető alternatíva, amikor kevés szereplő együttesen bír piaci hatalommal. Sokszereplős piacokon, egyedüli piaci hatalom hiányában, jellemzően tartós versenyprobléma nem állhat fenn a piacok megfelelő működése esetén.

A közgazdaságtan számos oligopólium modellt különböztet meg. Ezek közül jó néhány különösen fontos a témánk további tárgyalása szempontjából, így röviden ki kell térnünk rájuk az alábbiakban. Egy oligopol piac minden szereplője tudatában van a többi szereplő létezésének és azt is tudja, hogy bármilyen magatartása hatással van rájuk. Így amikor meghozza saját döntését, akkor figyelembe veszi, hogy a többi piaci szereplő milyen döntést hoz vagy hozhat meg (vele egyidőben, vagy arra válaszul). Ezt nevezzük stratégiai interakciónak. A legjellemzőbb oligopólium modellek a Cournot-, Bertand-, Edgeworth- és Stackelberg-modellek.

Az *Auguste Cournot*-ról elnevezett Cournot-modell lényege, hogy a piaci vállalkozások szimultán hozzák meg döntésüket a kibocsátásukra vonatkozóan. Ennek során a másik vállalkozás kibocsátásra vonatkozó döntését előre nem ismerik, hanem azt becsülniük kell. Ennek az eredménye, hogy a vállalkozások számára, ami igazán fontos a döntésük során az a legjobb válaszreakció a saját döntésükre.[257] Amikor minden vállalat a másik vállalat kibocsátására vonatkozó feltételezés mellett maximalizálja a nyereségét, és a feltételezések egyensúlyban vannak, akkor ún. Cournot-egyensúlyról[258] beszélünk. Ekkor a kibocsátás változtatásával egyik vállalkozás sem tud előnyhöz jutni.[259] A Cournot-modell szerint minél több vállalkozás van a piacon, annál alacsonyabb az ár, amely árcsökkentő hatás különösen az első néhány további vállalkozás esetén erőteljes.[260] A modell jelentőségét vizsgálatunk tárgyának szempontjából csökkenti, hogy e megfontolás

---

[257] A legjobb válasz (függvény) vagy reakció (függvény) a versenytársak magatartására vonatkozó adott vélekedések a vállalat számára legmagasabb nyereséget eredményező magatartását mutatja meg.

[258] A Cournot-egyensúlyt bővebben szokás Cournot-Nash egyensúlynak is hívni.

[259] Lásd bővebben VARIAN: *Mikorökonómia középfokon - Egy modern megközelítés*. (KJK-KERSZÖV, Budapest, 2004) 499 – 504., CARLTON – PERLOFF: *Modern Industrial Organisation* (2005) 161 – 170.

[260] Lásd CARLTON – PERLOFF: *Modern Industrial Organisation* (2005) 170.

szerint a vállalkozások közötti összefonódások nem nyereségesek[261], ez azonban nem tükrözi vissza a való életben megfigyelhető folyamatokat. Egy további fontos meglátás, hogy mivel egy összefonódás minden vállalkozás kibocsátására hatással van, így ha a fogyasztói jólét

---

[261] Nyilvánvaló kivétel az a helyzet, amikor az összefonódás után monopólium jön létre. A Cournot-modell szerint ugyanis az ár és a kibocsátás a piacon jelen lévő vállalkozások számának megfelelően valahol a monopol ár/kibocsátás és a versenyár/kibocsátás között helyezkedik el. Ennél logikailag következik, hogy a monopolár magasabb profitot eredményez. Az állítás levezetésére Cournot eredeti példáját felhasználva, de annál szélesebb körre is alkalmazhatóan lásd SALANT, et al.: *Losses from Horizontal Merger: The Effects of an Exogenous Change in Industry Structure on Cournot-Nash Equilibrium* (1983) 98 The Quarterly Journal of Economics 185. Carlton és Perloff összefoglaló következtetési egy Cournot-modell szerinti összefonódásokra az alábbiak: 1) Egy (a fúziókat megelőzően) legalább három vállalatból álló iparágban, amennyiben csupán két vállalat lép egymással fúzióra, együttes profitjuk csökkenni fog. 2) Nagyobb számú vállalat fúziója növel*het*i a fúzió következtében adódó együttes veszteséget. 3) Ha a vállalatok fúziója (a fúziót megelőzően) adott számú vállalat mellett összességében veszteségeket okoz, akkor a kevesebb vállalat által végrehajtott fúzió is veszteségekhez vezet. ... 4) Ha a vállalatok 80 százalékánál kevesebb lép fúzióra, a fúzió összességében veszteséges lesz. 5) Ha egy iparág vállalatainak adott (100 százaléknál kisebb) hányada fúzióra lép, létezik az iparágnak egy olyan kezdeti mérete (kevesebb vállalat), amely mellett a fúzió veszteséget eredményez. CARLTON – PERLOFF: *Modern piacelmélet.* (Panem, Budapest, 2003) 197 – 198. (Újabb kiadás: CARLTON – PERLOFF: *Modern Industrial Organisation* (2005) 171).

növelésében érdekelt versenypolitikát folytatunk, akkor az átlagos kibocsátásra gyakorolt tiszta hatás az, ami számunka és a fogyasztók szempontjából érdekes.[262]

A *Joseph Bertand*-ról elnevezett Bertrand-modell[263] lényegileg jobban tükrözi a való világban játszódó folyamatokat, ugyanis a modell szerint a vállalkozások – a Cournot-modellel ellentétben – nem a kibocsátást határozzák meg, hanem amikor döntenek, az árat határozzák meg. A modell szerint a homogén terméket gyártó vállalkozások annak alapján hozzák meg a döntésüket az árról, hogy megbecsülik a többi vállalkozás magatartását. A Bertrand-modell esetében minden vállalkozás arra törekszik, hogy a másik vállalkozásnál alacsonyabb árat határozzon meg, és tudatában van annak, hogy a másik is így cselekszik. A tökéletes verseny modellt alkalmazva (a vevők a legalacsonyabb árat választják), a Bertrand-egyensúly esetében a vállalkozások nem tesznek szert

---

[262] Lásd még FARRELL – SHAPIRO: *Horizontal Mergers: An Equilibrium Analysis* (1990) 80 The American Economic Review 114 – 116.

[263] Lásd pl. CARLTON – PERLOFF: *Modern Industrial Organisation* (2005) 171 – 174., VARIAN: *Mikroökonómia középfokon - Egy modern megközelítés* (2004) 504 – 505., PEPALL, et al.: *Piacelmélet - Modern megközelítés gyakorlati alkalmazásokkal.* (HVG-ORAC, Budapest, 2008) 322 – 328.

nyereségre, és egyikük sem tudja növelni azt sem az ár emelésével, sem annak csökkentésével. Ez pedig megegyezik a versenyárral, vagy másként nevezve a határköltséggel. A Bertrand-modell esetében is erős feltételekkel találkozunk: 1) A termékek homogének; 2) nincsenek kapacitáskorlátok; és 3) a vállalkozások egyszer hozhatnak döntést az árról (szimultán ármegállapítás). Ezek az erős feltételezések ugyanakkor korlátozzák a modell gyakorlati alkalmazhatóságát ebben az elemi formájában.

Mivel tehát a Cournot- és Bertrand modellek „erős" feltételezéseken alapulnak, így idővel azokat a szakirodalomban továbbfejlesztették, finomították. A *Francis Edgeworth*-ről elnevezett Edgeworth-modell lényege, hogy bevezeti az elemzésbe a kapacitáskorlát jelentőségét.[264] A Bertand-modell esetében, ahol az árat szimultán határozzák meg a vállalkozások, a versenyár lesz az egyensúlyi helyzet, amelytől senki nem kíván eltérni. Ha azonban kapacitáskorlátok vannak, akkor a

---

[264] Lásd bővebben CARLTON – PERLOFF: *Modern Industrial Organisation* (2005) 174 – 176. Lásd még PEPALL, et al.: *Piacelmélet - Modern megközelítés gyakorlati alkalmazásokkal* (2008) 329 – 332.

modell szerint nincs egy statikus egyensúlyi ár.[265] A kapacitáskorlát bevezetésével így ez a modell jobban tükrözi a valós gazdasági eseményeket.

Említést kell tennünk még a *Heinrich von Stackelberg*-ről elnevezett Stackelberg-modellről.[266] Ez a modell a való világban történő folyamatokat jobban tükröző dinamizmust visz a fentebbi modellekbe. A Stackelberg-modell esetében ugyanis a Cournot-modellhez hasonlóan mennyiségről döntenek a vállalkozások, azonban nem szimultán, hanem egymás után, de csak egyszer. Éppen ezért vezető-követő modellnek is szokás nevezni, ugyanis az a vállalat, amely először lép (vezető) meghatározza a saját kibocsátását (figyelembe véve a versenytársak várható reakciót), amely viszont meghatározza a versenytársak (követő) válaszreakcióját is a kibocsátásuk tekintetében. A saját kibocsátását pedig a teljes kibocsátásra vetített vállalati magatartások alapján fogja úgy meghatározni, hogy az számára a

---

[265] Ha egy vállalat képes kiszolgálni az egész piacot, akkor létezik ilyen.

[266] Lásd bővebben pl. PEPALL, et al.: *Piacelmélet - Modern megközelítés gyakorlati alkalmazásokkal* (2008) 349 – 352., CARLTON – PERLOFF: *Modern Industrial Organisation* (2005) 176 – 180.

legmagasabb nyereséggel járjon (profitmaximalizálás). Ha a versenyt a piacon a Stackelberg-modell jellemzi, akkor a vezető többet termel, a követő kevesebbet, mint a Cournot-modell esetében. Az összkibocsátás több, mint a Cournot-modell esetében, de kevesebb, mint (tökéletes) verseny esetén.

Az értekezés jelen részében végezetül egy további fogalmat kell bevezetnünk, nevezetesen a *Nash-egyensúlyt*. A korábban röviden ismertetett modellek statikus modellek voltak, és minden vállalat csak egyszer dönthetett a kibocsátás vagy az ár mértékéről. Erre tekintettel a várakozásaik alapján határozták meg a magatartásukat. A valós élet ennél bonyolultabb és időkontinuumban zajlik, azaz a vállalatoknak lehetőségük van tanulni és alkalmazkodni a versenytársak magatartásához. A játékelmélet lényege azon a felismerésen alapszik, hogy a vállalatok üzleti döntései hatással vannak a többi vállalat üzleti magatartására és viszont, tehát azt figyelembe kell venni. Ezzel eddig a fentebb kifejtettekhez képest nem mondtunk sok újat. A játékelmélet[267] idővel – *Neumann János* és *Osker Morgenstern* kutatásain alapulva – számos területen, így a versenyjogban is alkalmazást nyert. Léteznek kooperatív játékok és nem kooperatív játékok aszerint, hogy a játékosok közötti egyezségek kikényszeríthetőek-e (kooperatív) vagy sem (nem kooperatív). A fúziókontroll szempontjából a nem kooperatív játékok elmélete érdekes, mivel a kooperatív játékok esetében, azaz ha pl. versenykorlátozó megállapodást kötnének, vagy összehangolt magatartást folytatnának a vállalkozások, akkor azt az EUMSZ 101. cikke megfelelő mértékben kezeli.[268] A játékelméletben a *Nash-egyensúly* központi szerepet játszik. Akkor beszélünk Nash-egyensúlyról, ha a játékosok (vállalatok) egyikének sem éri meg eltérni magatartásától az összes többi játékos adott magatartása mellett. Másként megfogalmazva: egyik játékosnak sem éri meg egyoldalúan

---

[267] Maga az a kifejezés, hogy játékelmélet nem takar mást, mint „*a racionális szereplők stratégiai interakcióinak elemzését*". MÉSZÁROS: *Játékelmélet*. (Gondolat Kiadó, Budapest, 2005) 1.

[268] Ez nem jelenti azt, hogy ne lenne jelentősége a kooperatív játékelméletnek, hiszen az illegális megállapodások kötésének valószínűsége is nőhet egy összefonódás következtében.

eltérni a stratégiájától. Az imént írtakat alkalmazva a fentebb kifejtettekre, a következő megállapítások tehetők. A Bertrand-modellben a Nash-egyensúly a tökéletes verseny esetében érvényesülő mennyiséggel és árral egyezik meg. Árverseny alapú oligopóliumok esetében, ha termékmegkülönböztetés van, a Nash-egyensúly azon árak sorozata, amely esetében egyetlen vállalatnak sem éri meg módosítani az árát mindaddig, amíg a többi vállalat tartja magát a saját árához. A Cournot-modellben ugyanez úgy néz ki, hogy a Nash-egyensúly az a pont, ahol egyetlen vállalatnak sem éri meg megváltoztatni a kibocsátását, a többi vállalat kibocsátásról szóló döntése mellett.

Fentebb kifejtettünk néhány alapvető modellt. Egy további fontos jellemző, amellyel a versenytényezők jelentőségét körül lehet határolni, a kérdéses termékekre vonatkozik, nevezetesen, hogy a termékek homogének vagy differenciáltak? Az eddigi modellek esetében abból indultunk ki, hogy a termékek homogének, azaz egymásnak tökéletes helyettesítői.[269] A vállalkozások azonban a piacon

---

[269] Vö. CARLTON – PERLOFF: *Modern Industrial Organisation* (2005) 158. és 206–214.

a termékeiket tipikusan igyekeznek a versenytársak termékeitől megkülönböztetni. Ezt nevezzük *termékdifferenciálásnak.*[270] A termékek megkülönböztetése eredhet magából a terméknek a tulajdonságaiból, jellemzőiből, de lehet pusztán annak eredménye, hogy a fogyasztók azt hiszik, hogy két vagy több termék egymástól eltérő. Ennek az az eredménye, hogy a termék keresleti görbéje kevésbé rugalmas[271], mint homogén termékek esetében. Ahogy *Porter* utal rá, *„a termékmegkülönböztetés korlát az új belépők számára, mert arra kényszeríti őket, hogy nagy összegeket fordítsanak a már kialakult fogyasztói hűség megtörésére".*[272] Amennyiben termékdifferenciálás megfigyelhető a piacon, akkor az adott piacon folyó versenyt szokás *monopolisztikus versenynek* nevezni, mivel egyesíti a monopolisztikus

---

[270] A homogén termékek esetében a standard kiindulási statikus oligopolium modell a Cournot-modell, míg a differenciált termékek esetében a Bertrand.

[271] Olyan piacon, ahol differenciált termékek vannak, egy vállalkozás kereslete az egyes versenytársak önálló kínálatától függ, míg homogén termékek esetében az összes versenytárs együttes kínálatától. Lásd bővebben CARLTON – PERLOFF: *Modern Industrial Organisation* (2005) 203 – 205.

[272] PORTER: *Versenystratégia*. (Akadémiai Kiadó Zrt., Budapest, 2006) 34.

és a versenyző piacok bizonyos elemeit.[273] Mint Varian megállapítja, a *„monopolisztikus verseny minden bizonnyal az iparági struktúrák legelterjedtebb formája".*[274] A monopolisztikus verseny egyik jellemzője, hogy a piacra belépés szabad[275], és minden vállalkozás lefelé lejtő keresleti görbével találkozik.[276] A monopolisztikus versenynek két alapvető formáját különböztetjük meg. A fogyasztói képviseleti

---

[273] Lásd bővebben pl. VARIAN: *Mikorökonómia középfokon - Egy modern megközelítés* (2004) 470., CARLTON – PERLOFF: *Modern Industrial Organisation* (2005) 200 – 234. vagy SCHWALBE – ZIMMER: *Law and Economics in European Merger Control.* (Oxford University Press, Oxford, 2009) 24 – 26.

[274] VARIAN: *Mikorökonómia középfokon - Egy modern megközelítés* (2004) 470.

[275] A tárgyalt oligopolisztikus modelleknél a feltételezésünk szerint a belépés a piacra nem volt lehetséges. Lásd CARLTON – PERLOFF: *Modern Industrial Organisation* (2005) 158. A szabad piacra lépésnek az egyik következménye, hogy mindaddig amíg nyereség érhető el a piacon, addig új piacra lépők jelennek meg, azaz hosszú távon a határbevétel egyenlő a határköltséggel homogén termékek esetében, ha nincsenek állandó költségek.

[276] Lásd bővebben ibid 200. Minél inkább érvényesül a termékdifferenciálás, annál meredekebben lejt a keresleti görbe.

modellt[277] és a térbeli modellt.[278] Az előbbi esetében minden vállalkozás egyaránt verseng miden fogyasztóért (pl. éttermek), az utóbbi esetében pedig a fogyasztók bizonyos jellemzőkkel bíró termékeket (tulajdonság vagy közelség) részesítenek előnyben, és a vállalkozások ennek tükrében versenyeznek a fogyasztókért.[279] A kettő közötti lényegi eltérés a fogyasztói görbe tekintetében van. Az előbbi esetében a vállalkozások ármeghatározása, árváltoztatása hatással van minden más vállalkozásra, míg az utóbbi esetében nem feltétlenül (pl. a távoli helyettesítőkre nem).

A monopolisztikus verseny esetében kapacitásfölösleg van a piacon. Kevesebb vállalkozás esetén azok hatékonyabbak lennének, de csökkenne a termékválaszték.[280] A termékdifferenciálás által jellemzett

---

[277] Lásd bővebben ibid 206 – 220.

[278] Lásd bővebben ibid 220 – 230.

[279] Minél közelebb vannak a termékek egymáshoz (térben vagy jellemzőikben), annál közelebbi helyettesítői egymásnak.

[280] Lásd pl. VARIAN: *Mikorökonómia középfokon - Egy modern megközelítés* (2004) 472. és CARLTON – PERLOFF: *Modern Industrial Organisation* (2005) 213., 215. és 218 – 219.

piacon a piacra lépés két okból is a fogyasztók javára válhat. Egyrészt csökkentheti az árat, másrészt növelheti a választékot.[281] A kérdés egy-egy piac esetében az, hogy mi a társadalmi optimum az ár és a termékválaszték (valamint a piaci szereplők számának) helyes aránya tekintetében. A versenypolitikában az egyik legfontosabb cél az árverseny biztosítása, de az Európai Bíróság több ítéletében is kifejtette, hogy „[b]*ár az árakon alapuló verseny olyan fontos, hogy soha nem lehet megszüntetni, nem jelenti azonban a verseny egyetlen hatékony formáját, amelynek minden körülmények között abszolút elsőbbséget kell biztosítani*"[282].

---

[281] Lásd CARLTON – PERLOFF: *Modern Industrial Organisation* (2005) 201. Lásd még BISHOP – WALKER: *The Economics of EC Competition Law: Concepts, Application and Measurement* (2010) 40 – 41. és 85 – 87. Ilyenkor a termékdifferenciálással ellentétes folyamatot figyelhetünk meg. A termékdifferenciálás hatása az, hogy az eladó képes lesz csökkenteni a rá nehezedő versenynyomást. Amennyiben új piacra lépő jelenik meg, akkor az a már piacon lévő márkákhoz képest új alternatívát jelent. A legnagyobb versenynyomást arra a termékre fog gyakorolni, amelyhez a legközelebb helyezkedik el, ugyanis azon termék fogyasztói lesznek leginkább hajlandók váltani.

[282] 26-76. sz. ügy *Metro SB-Großmärkte GmbH & Co. KG kontra Európai Közösségek Bizottsága* [EBHT 1977. 01875. o.] (továbbiakban: Metró ítélet (26-76. sz. ügy)). 21. pont. Lásd még C-198/01. sz. ügy *Consorzio Industrie*

A termékdifferenciálásnak két fajtáját különböztetjük meg. Létezik ún. horizontális termékdifferenciálás, amikor a vállalkozások a különböző fogyasztói ízlésekre válaszolva széles termékválasztékot kínálnak és ún. vertikális termékdifferenciálás, amikor pedig a fogyasztók eltérő fizetési hajlandóságára reagálnak különböző minőségű termékek árusításával.

Fiammiferi (CIF) kontra Autorità Garante della Concorrenza e del Mercato [EBHT 2003. I-08055. o.] (továbbiakban: CIF (C-198/01. sz. ügy)). 68. pont és T-168/01. sz. ügy *GlaxoSmithKline Services Unlimited kontra az Európai Közösségek Bizottsága* [EBHT 2006. II-02969. o.] (továbbiakban: GlaxoSmithKlein kontra Bizottság (T-168/01. sz. ügy)). 109. pont.

8. A piaci hatalom megítélése

A valós élet kivételesen ritkán tükrözi vissza a tökéletes verseny, vagy a monopólium által jellemzett elméleti modelleket. Ennél lényegesen gyakoribbak az olyan több szereplős piacok[283], ahol minden piaci szereplőnek van valamilyen mértékű piaci hatalma.[284] A piaci ár így, hacsak nem érvényesül valamilyen különleges körülmény[285], valahol a versenyár és a monopolár között lesz. Amennyiben a versenyfolyamat jól működik, akkor az korrigálja az egyes vállalkozások egyéni piaci hatalmát, így a társadalom számára nem jelent különösebb aggodalomra okot adó körülményt. Elképzelhető azonban, hogy egy vállalkozás önmaga jelentős piaci hatalomra tesz szert, vagy pedig a vállalkozások közösen tesznek szert jelentős piaci hatalomra. Érdemes itt felhívni a figyelmet arra, hogy monopolár nem csak egy vállalkozás esetén érhető el, hanem úgy is, hogy több vállalkozás a fentebbi elvek szerint megállapodik a monopolár alkalmazásában és a

---

[283] Egyes vonatkozó modelleket később fejtünk ki részletesen.

[284] Lásd pl. termékdifferenciálás kérdését később.

[285] Mint pl. egy jelentős piaci hatalommal rendelkező vállalkozás kiszorító árazást alkalmaz, amely miatt a versenyár alá megy a piaci ár.

monopolhasznon pedig osztoznak. A fentebbiek miatt a versenyjog nemcsak az egyedüli, hanem a közös jelentős piaci hatalom ellen is fellép. Amikor egyedüli jelentős piaci hatalom jönne létre egy összefonódás következtében, akkor azt egyoldalú vagy nem egyeztetett hatásoknak nevezzük, amikor több vállalkozás közös jelentős piaci hatalma jönne létre, amellyel való élés a piac többi szereplőjének magatartásától függ, akkor azt egyeztetett hatásnak hívjuk.

Minden vállalkozás bír valamilyen szintű piaci hatalommal, hiszen a mérce a tökéletes verseny esetén érvényesülő (verseny)ár, amely a valóságban szinte sosem fordul elő. *Landes és Posner* szavaival, *„a piaci hatalom tényét és annak mértékét meg kell különböztetni"*.[286] A piaci hatalomnak így jelentősnek és tartósnak kell lennie ahhoz, hogy a versenypolitika látókörébe kerüljön. Ugyanez az elv érvényesül a

---

[286] LANDES – POSNER *Market power in antitrust cases* (1981) 939.

minőség csökkentése esetére. Matematikai képlettel a piaci hatalom mérésére elméletben leginkább az ún. Lerner-indexet használjuk.[287]

$$L = \frac{p - MC}{p}$$

[L=Lerner-index; p=ár; MC=határköltség[288]]

Ha az ár egyenlő a határköltséggel, akkor a vállalkozásnak nincs piaci ereje. Ugyanakkor minél nagyobb az ár és a határköltség közötti különbség, annál nagyobb a vállalkozás piaci ereje. A Lerner-index

---

[287] A Lerner-indexet *Lerner* fejtette ki 1934-ben: LERNER: *The concept of monopoly and the measurement of monopoly power* (1934) The Review of Economic Studies 157.

[288] A határköltség az a költség, ami egy további egység előállítása miatt merül fel. Gyakran a versenyárat a rövidtávú határköltséggel azonosítják. Ebből az következik, amit fentebb is írtunk, hogy a piaci hatalom a szabály és nem pedig a kivétel. Ebből eredően szükség van a jelentős piaci erő meghatározására. Vö. BISHOP – WALKER: *Economics of E.C. Competition Law: Concepts, Application and Measurement.* (Sweet and Maxwell, London, 2002) 42 – 44. oldalak és 2. fejezet.

alkalmazásának legnagyobb problémája a versenyjog számára, hogy a határköltség gyakorlatilag meghatározhatatlan, mérhetetlen. A képlet azonban egy másik koncepcióhoz is felhasználható, nevezetesen a keresleti rugalmassághoz. A keresleti rugalmasság azt mutatja meg, hogy hogyan változik a kereslet az ár változására.

A keresleti rugalmasság a Lerner-index alapján az alábbiak szerint írható le:

$$L = -\frac{1}{\epsilon}$$

[= keresleti rugalmasság]

A fentebbiek alapján látható, hogy minél nagyobb a keresleti rugalmasság a vállalkozás(ok) terméke kapcsán, annál közelebb lesz az ár a versenyárhoz. Ha a keresleti rugalmasság végtelen, akkor a Lerner-index nulla lesz, tehát az ár a versenyár lesz.[289] Fontos különbséget tenni a termékre vonatkoztatott keresleti árrugalmasság és a vállalkozásra vonatkoztatott piaci keresleti rugalmasság között. Az

---

[289] Ezt nem különösebben nehéz belátni. Ha bármilyen apró áremelésre reakcióként a fogyasztók azonnal más termékre/más vállalkozáshoz pártolnak, akkor az áremelési képesség teljes mértékben hiányzik.

előbbi azt mutatja meg, hogy mi történik, ha más termékek árának változatlansága mellett megváltozik a kérdéses termék ára. Az utóbbi azonban magába foglalja azt is, hogy hogyan változik a kereslet amiatt, hogy a kérdéses termék árváltozása miatt megváltozott a kereslet más termékek iránt is, amely miatt azok ára is változik.[290] Ha a kereslet rugalmatlan (<1), akkor az azt jelenti, hogy a vállalkozásnak megéri árat emelni, ha rugalmas (>1), akkor nem. A keresleti rugalmasság abban is eligazítást ad, hogy az áremelés hatására hogyan változik a keresett mennyiség. A vállalati keresleti rugalmasság mérése azonban a Lerner-indexhez hasonlóan nehézségekbe ütközik.[291] Éppen ezért a versenyjog különböző technikákat alkalmaz arra, hogy a piaci hatalmat mérje. Ideális esetben a versenyár ismeretében könnyű dolga van (lenne) a

---

[290] A Lerner-index és a keresleti rugalmasság kapcsán lásd bővebben KERBER – SCHWALBE: *Economic Principles of Competition Law*. In HIRSCH, et al.: Competition Law: European Community Practice and Procedure. (Sweet & Maxwell, London, 2008) 257 – 261.

[291] Lásd még VAN DEN BERGH – CAMESASCA: *European Competition Law and Economics: A Comparative Perspective*. (Sweet and Maxwell, London, 2006) 110 – 111.

versenyjogot alkalmazó hatóságoknak, a versenyárat a gyakorlatban azonban nagyon ritkán ismerjük.

A piaci hatalom mérhető közvetlenül és közvetve. Ha ismernénk a keresleti rugalmasságot, amellyel egy vállalkozás szembesül, akkor a Lerner-index felhasználásával közvetlenül tudnánk mérni a piaci hatalmat és nem kellene az érintett piac meghatározásával és a *„piaci részesedésekkel foglalkoznunk"*.[292] Az összefonódások esetében egyre gyakoribb a piaci hatalom közvetlen megközelítő mérése, mégis túlnyomórészt a közvetett eszközöket használjuk a mindennapi gyakorlatban.

---

[292] LANDES – POSNER *Market power in antitrust cases* (1981) 962.

9. A piaci hatalom közvetett mérése

9.1. Bevezető – a piaci részesedések

A piaci hatalom közvetett mérésének alapjául a versenyjogban elsősorban az érintett piac szolgál, pontosabban az érintett piacon fennálló piaci részesedés. Az úgymond hagyományos megközelítés szerint az alábbi módszertant követi a versenyelemzés. Először meg kell határozni az érintett piaco(ka)t, majd kiszámolni a piaci részesedéseket[293] és aztán elvégezni a versenyelemzést, hogy vajon az összefonódás után felmerül-e várhatóan versenyprobléma, különösen figyelembe véve az összefonódás utáni piaci részesedéseket. Az érintett piac meghatározásának[294] módszertanát, elveit részletesen tárgyalja a szakirodalom[295], jelen fejezetben mi a piaci hatalomra

---

[293] Az Európai Bizottság a kezdetektől akként járt el, hogy első lépésként meghatározta az összefonódás előtti és utáni piaci részesedéseket. Lásd pl. LEHNER, et al.: *Evolution of mergers in the Community*. 63.

[294] Valójában az érintett piac fogalma a közgazdaságtanban kizárólag a versenyjoghoz kötődik, ugyanis maga a kérdés feltevése, hogy mi is az érintett piac, nem a legtalálóbb. Vö. FISHER: *Detecting Market Power*. 354 – 355.

[295] Lásd pl. MOTTA: *Competition Policy – Theory and Practice* (2004) 102 – 115., LINDSAY – BERRIDGE: *The EC Merger Regulation: Substantive Issues*

koncentrálunk. Annál is inkább, mivel a fúziós tesztet az érintett piacokon fennálló versenyhelyzet kapcsán alkalmazzuk, azaz az érintett piac ismerete előfeltétele a fúziós teszt alkalmazásának.[296] A piaci hatalom közvetett mérésére a versenyjogban többek között a piaci részesedések szolgálnak. A piaci részesedés az egészen elenyészőtől a 100%-os piaci részesedésig terjedhet. Paradox módon, mint látni fogjuk, még 100%-os piaci részesedés sem jelent feltétlen piaci hatalmat, nem jelenti azt, hogy közgazdasági értelemben véve monopóliumról beszélhetnénk. Ugyanakkor a rendkívül alacsony részesedés biztosan nem jelent versenyjogilag kifogásolható piaci

---

(2009) 4. fejezet, AREEDA – HOVENKAMP: *Fundamentals of antitrust law*. (Aspen Law & Business, New York, 2003) 147 – 156., CLARK – KHEMANI: *Market Definition and Assignment of Market Shares*. In A Framework for the Design and Implementation of Competition Law and Policy. (The International Bank for Reconstruction and Development/THE WORLD BANK and the Organisation for Economic Co-operation and Development, Paris, 1999) 10 – 18. vagy O'DONOGHUE – PADILLA: *The Law and Economics of Article 82 EC*. (Hart Publishing, Oxford and Portland, Oregon, 2006) 63 – 106.

[296] Esetleges kivételre lásd alább a piaci hatalom megközelítő közvetlen mérése c. fejezetben felsorolt és elemzett technikákat.

hatalmat.²⁹⁷ A piaci részesedések alkalmazása önmagában szinte törvényszerűen első és második fajú hibákhoz vezetnek. Többek között ez az oka annak, hogy a SIEC-teszt egyben azelőtt is megnyitotta az utat, hogy a versenykorlátozás mértékének meghatározása során radikálisabb közgazdasági eszközöket is igénybe vegyünk, mint a leegyszerűsítésen alapuló piaci részesdések, koncentrációs mutatók vagy nyereségességi ráták. A közgazdaságtan kiterjedtebb alkalmazásának térnyerése valamelyest korábban kezdődött, mint a SIEC teszt bevezetése, és nincs is szükségszerű összefüggés a mélyebb közgazdaságtani elemzések és az új versenyteszt között. Az Európai Unióban azonban az új tesztre váltás és a közgazdaságtudomány eredményeinek gyakoribb és kiterjedtebb felhasználása az egyes esetek elemzése során nagyjából egybe esett. Nem nehéz belátni, hogy a lefelé nyitott új teszt alkalmazása tágabb teret enged ennek a gondolkodási és elemzési módszernek, mint az EMUSZ 102. cikk és a fúziós rendelet körében az Európai Bíróság által az erőfölény teszt kapcsán kialakított elemzési keret. Azt, hogy mit értünk gazdasági

---

²⁹⁷ Lásd pl. 210/81. sz. ügy *Oswald Schmidt, agissant sous la dénomination Demo-Studio Schmidt, kontra az Európai Közösségek Bizottsága* [EBHT 1983. 03045. o.] (továbbiakban: Demo-Studio Schmidt (210/81. sz. ügy)). 21. pont.

erőfölény alatt, valamint, hogy ennek vizsgálatakor milyen szempontok elemzése szükséges jelentősen meghatározott az Európai Bíróság joggyakorlata által, és attól az Európai Bizottság jogszabályi felhatalmazás hiányában akkor sem térhetne el, ha akarna. Ugyanakkor a hatásos verseny lényeges akadályozása új lehetőséget teremtett a gazdasági erőfölénytől eltérő káros versenyhatások elemzésére, amely során – helyesen – már a legújabb módszertani eredményeket is felhasználta az Európai Bizottság. Az alábbiakban részletesen elemezzük majd ezen új módszereket.

Mint látni fogjuk, az új módszerek sem mentesek a hiányosságoktól, így szükséges a megfontolt alkalmazásuk, mindenkor figyelemmel azok korlátaira.

9.2. A Fúziós Rendeletben található piaci részesedések

A Fúziós Rendelet 26. preambulum bekezdése szerint „[a] *hatékony verseny jelentős akadályozása rendszerint erőfölény létrehozása vagy megerősítése következtében jön létre. Az európai bíróságok ítéleteiből és a Bizottságnak a 4064/89/EGK alapján hozott határozataiból kirajzolódó útmutatásra tekintettel, fenntartva ugyanakkor az összhangot a versenysérelemnek azokkal a kritériumaival, amelyeket a Bizottság és a Közösség bíróságai alkalmaztak akkor, amikor az összefonódás a közös piaccal való összeegyeztethetőségét vizsgálták, e rendelet ennek megfelelően állapítja meg azt az elvet, hogy a közösségi léptékű összefonódást, amely a hatékony versenyt jelentősen akadályozná a közös piacon vagy annak egy jelentős részén, különösen erőfölény létrehozásával vagy megerősítésével, a közös piaccal összeegyeztethetetlennek kell nyilvánítani*". Az idézet alapján egyértelmű, hogy az uniós bíróságok gazdasági erőfölénnyel kapcsolatos gyakorlata, valamint a Fúziós Rendelet (1989) alapján kialakult gyakorlat a hatályos rendelet alkalmazása során is iránymutatásként szolgál.

A Fúziós Rendelet egy explicit és egy implicit vélelemmel él a piaci részesedések vonatkozásában. A 32. preambulumbekezdés szerint „[a]*zok az összefonódások, amelyek az érintett vállalkozások korlátozott piaci részesedése miatt feltehetőleg nem akadályozzák a hatékony versenyt, a közös piaccal összeegyeztethetőnek vélelmezhetők. A Szerződés* [101. és102.] *cikkének sérelme nélkül ezt jelzi különösen, ha az érintett vállalkozások piaci részesedése nem haladja meg a 25 %-ot a közös piacon, illetve annak egy jelentős részén".* 25 %-os piaci részesedés alatt tehát gyakorlatilag vélelmezhető, hogy nem jön létre gazdasági erőfölény, továbbá nem akadályozza az összefonódás a hatásos versenyt.[298] Az Európai Bizottság ezt a 25%-os küszöböt a kezdetektől ilyen értelemben fogta

---

[298] Vö. Horizontális iránymutatás (2004) 18. bekezdés, 75/84. sz. ügy *Metro SB-Großmärkte GmbH & Co. KG kontra az Európai Közösségek Bizottsága* [EBHT 1986. 03021. o.] (továbbiakban: Metro (75/84. sz. ügy)). 85 – 86. bekezdések, Kali és Salz (C-68/94. és C-30/95. sz. egyesített ügyek) 177. bekezdés, Tetra Laval I. (T-5/02. sz. ügy) 232. bekezdés. Ennél valamelyest engedékenyebb megközelítést fogadott el 2009-ben a 82. cikk kapcsán az Európai Bizottság: Iránymutatás az EK-Szerződés 82. cikkének az erőfölényben lévő vállalkozások versenykorlátozó visszaélő magatartására történő alkalmazásával kapcsolatos bizottsági jogérvényesítési prioritásokról 14. bekezdés.

fel.²⁹⁹ Természetesen ez csak az egyedüli gazdasági erőfölényre irányadó, hiszen a közös gazdasági erőfölény esetében 25%-os piaci részesedés alatt is elképzelhető más piaci szereplőkkel együttesen a közös gazdasági erőfölény.³⁰⁰ Fontos továbbá kiemelni, hogy a Törvényszék szerint a 25%-os *„küszöb csupán tájékoztató jelleggel kerül említésre – mint ahogy ezt egyébként maga a* [rendelet] *is kimondja –, és a rendelet rendelkező részében egyáltalán nem szerepel".*³⁰¹

Az implicit vélelem a gazdasági erőfölény létrehozására történő utalásban található. Az uniós bíróságok viszonylag egységes gyakorlata szerint 50%-os piaci részesedés felett vélelmezhető a gazdasági

---

²⁹⁹ Lásd pl. LEHNER, et al.: *Evolution of mergers in the Community*. 56.

³⁰⁰ Vö. Gencor kontra Bizottság (T-102/96. sz. ügy) 134. és 135. bekezdéseivel.

³⁰¹ Ibid 135. bekezdés. Vö. még Kali és Salz (C-68/94. és C-30/95. sz. egyesített ügyek) 176. bekezdés és Tetra Laval I. (T-5/02. sz. ügy) 232. pont.

erőfölény fennállta.³⁰² Az *AKZO* ügyben³⁰³ az Európai Bíróság megdönthető vélelmet állított fel amellett, hogy 50%-os piaci részesedés felett gazdasági erőfölényben van a kérdéses vállalkozás, amikor is azt mondta a 60. pontban, hogy a *"piaci részesedésekkel kapcsolatosan a Bíróság megállapította [...], hogy különleges körülmények kivételével a rendkívül jelentős piaci részesedések önmagukban az erőfölény meglétét bizonyítják. Ez a helyzet a jelen esetben is megállapított 50%-os piaci részesedés esetén"*.

Ezt a felfogást a Fúziós Rendeletre is alkalmazhatóan rögzítette mind a Törvényszék³⁰⁴, mind az Európai Bizottság.³⁰⁵ 50%-os piaci részesedés

---

³⁰² Lásd pl. T-340/03. sz. ügy *France Télécom SA kontra az Európai Közösségek Bizottsága* [EBHT 2007. II-00107. o.] (továbbiakban: France Telecom (T-340/03. sz. ügy)). 100. bekezdés és ott hivatkozott bírósági gyakorlat.

³⁰³ C-62/86. sz. ügy *AKZO Chemie BV kontra az Európai Közösségek Bizottsága* [EBHT 1991. I-3359. o.] (továbbiakban: AKZO (C-62/86. sz. ügy)).

³⁰⁴ Pl. T-221/95. sz. ügy *Endemol Entertainment Holding BV kontra az Európai Közösségek Bizottsága* [EBHT 1999. II-01299. o.] (továbbiakban: Endemol (T-221/95. sz. ügy)). 134. pont és Gencor kontra Bizottság (T-102/96. sz. ügy) 205. pont, General Electric (T-210/01. sz. ügy) 115. pont.

³⁰⁵ Horizontális iránymutatás (2004) 17. bekezdés.

alatt azonban nem áll fenn hasonló a vélelem.³⁰⁶ Az Európai Bizottság azt a tényt, hogy a 25%-os piaci részesedési vélelemmel szemben a Fúziós Rendelet (1989) nem tartalmazott és nem tartalmaz pozitív vélelmet a gazdasági erőfölény létrejöttére, a kezdetektől úgy értelmezte, hogy ez széles mozgásteret biztosít számára. A gyakorlata az Európai Bíróság esetjogára épült.³⁰⁷

---

³⁰⁶ United Brands (27/76. sz. ügy) 108 – 109. pontok.

³⁰⁷ Lásd pl. LEHNER, et al.: *Evolution of mergers in the Community*. 56. és 62 – 63.

9.3. A piaci részesedések meghatározása

Bár első gondolatra egyszerűnek tűnhet a piaci részesedések meghatározása, mint látni fogjuk nem az. Akár az Európai Bíróság szavait is kölcsönözhetnénk a *United Brands* ügyből, amely szerint a piaci részesedések *"szükségszerűen csak megközelítőleges pontossággal"*[308] megadott százalékarányok. Minden, az érintett piacon részt vevő vállalkozáshoz hozzá kell rendelnünk elméletben egy piaci részesedést, amely a vállalkozás adott piacon betöltött relatív jelentőségét hivatott első lépésben jelezni.[309] Általában véve, minél több vállalkozás van jelen a piacon, a vállalkozások keresleti görbéje annál rugalmasabb. Ennek oka, hogy a vevőknek több választási lehetőség áll rendelkezésükre.[310] Mivel a versenyelemzés a fúziókontroll esetében jövőbe tekintő, így a piaci részesedéseknek az adott vállalkozás jövőben betöltött szerepét is jeleznie kell. Ezzel egyúttal arra is utalni kívánunk, hogy a piaci részesedések

---

[308] United Brands (27/76. sz. ügy) 108. bekezdés.

[309] Vö. Horizontális iránymutatás (2004) 14. bekezdés.

[310] BISHOP – WALKER: *Economics of E.C. Competition Law: Concepts, Application and Measurement* (2002) 52.

értékelésekor az érintett piacon még jelen nem lévő, de a kínálati helyettesíthetőség oldalán megjelenő vállalkozásokat is figyelembe kell venni. Az Európai Bizottság az 1997-ben közzétett érintett piacról szóló közleményben nyújt csekély segítséget a piaci részesedések meghatározásához.[311]

A Fúziós Rendelet (1989) elfogadásakor az érintett piac és a piaci részesedések meghatározása az Európai Bíróság esetjoga és az Európai Bizottság gyakorlata alapján történt[312], azonban az első években már jelentős mennyiségű tapasztalatra tett szert az Európai Bizottság[313], így végül a felhalmozott tapasztalat alapján tette közzé 1997-ben az

---

[311] A Bizottság közleménye a közösségi versenyjog alkalmazásában az érintett piac meghatározásáról [1997] HL C 372 5-13. o. 53 – 55. bekezdések.

[312] Lásd pl. VAN BAEL – BELLIS: *Competition law of the EEC*. (CCH Editions, Bicester, 1990) 59 – 66. és 69 – 70. Vö. még LEHNER, et al.: *Evolution of mergers in the Community*. 62 – 63.

[313] Lásd pl. az értekezést a fúziókontroll kapcsán az érintett piac meghatározásáról és a piaci részesedésekről itt: VAN BAEL – BELLIS: *Competition law of the European Community*. (CCH Europe, Bicester, Oxon., 1994) 437 – 451.

érintett piacról szóló közleményét, amellyel az átláthatóságot és kiszámíthatóságot kívánta erősíteni.[314]

Ami a piaci részesedéseket illeti, a közlemény három bekezdésben intézi el a kérdést. A piaci részesedés számításának alapja e szerint az érintett piacon végrehajtott mennyiség és érték alapján[315] kifejezett eladásaik, forgalmi adataik.[316] Ezen túlmenően a közlemény említi még a kapacitást, a pályázati piacokon szereplők számát, légi közlekedés esetében a flotta egységeinek a számát, valamint bizonyos ágazatok esetében (mint pl. bányászat) a meglévő tartalékokat.[317]

---

[314] EURÓPAI BIZOTTSÁG *XXVIIth Report on Competition Policy 1997* (1998) 20. és 27 – 28. Egyes szerzők szerint azonban a vélt jogbiztonság előnyeit, ha vannak ilyenek, akkor a közlemény ellentmondásaiból fakadó hátrányok meghaladják. VAN DEN BERGH: *The difficult perception of economic analysis in European competition law*. In CUCINOTTA, et al.: Post-Chicago Developments in Antitrust Law. (Edward Elgar, Cheltenham, UK, 2002) 47.

[315] Az értéket a megkülönböztetett termékek esetén tartotta elsősorban fontosnak az Európai Bizottság.

[316] Érintett piacról szóló közlemény (1997) 53. és 55. bekezdések.

[317] Ibid 54. bekezdés.

A piaci részesedések helyes meghatározása ennél bonyolultabb feladat. A piaci részesedések versenyjogban betöltött diadalútja az 1940-es évek közepén kezdődött, két Egyesült Államokban folyó bírósági üggyel.[318] Werden két alapvető kategóriára osztja a piaci részesdés alapjául szolgáló tényezőket: a) közös nevezők és b) egyebek.[319] A közös nevezőnek azokat a tényezőket hívja, amelyek minden termék esetében alkalmazható egységek, így a pénzben kifejezett bevétel[320], valamint a standardizált kibocsátási egységek, mint pl. súly, mennyiség, vagy hatékonysági egység.[321] A piaci részesedések számítása során alkalmazott és alkalmazható tényezőkről viszonylag részletes áttekintést ad Lindsay[322], elemezve azok előnyeit és hátrányait. Kiemelendő, hogy a piaci részesedések több módon is kiszámolhatók és

---

[318] Lásd bővebben WERDEN: *Assigning Market Shares* (2002) 70 Antitrust Law Journal 67 68 – 72.

[319] Ibid

[320] Lásd ibid 76 – 78.

[321] Lásd ibid 74 – 76.

[322] LINDSAY – BERRIDGE: *The EC Merger Regulation: Substantive Issues* (2009) 201 – 237.

az adott ügy egyedi körülményei alapján kiválasztható a legalkalmasabb piaci részesedést mutató tényező. Érdemes utalni pl. az új-zélandi Commerce Commission azon gyakorlatára, miszerint a különböző lehetséges módok alapján kiszámolt piaci részesedések közül a legmagasabbat adót veszi kiindulási alapnak, majd pedig a versenyelemzés során finomítja az eredményt.[323]

A fentebb említetthez képest egy további lényeges különbségtétel, hogy a piaci részesedéseket a piaci egyensúlyi helyzet (pl. bevétel, termelés), vagy a szerkezeti tényezők (pl. birtokolt eszközök, termelői kapacitás, tartalékok) alapján rendeljük a vállalkozásokhoz. Ennek igazi jelentősége az SVT-modellbe[324] helyezve van. A gyakorlatban a piaci egyensúlyi helyzetet meghatározó tényezők azok, amelyeket leginkább alkalmaznak, amelyek pedig a piaci teljesítményből eredő tényezők. A kettő módszer által adott eredmény között lényeges eltérés lehetséges, amelynek oka, hogy a strukturális tényezőkből eredő piaci részesedések alapján gyakorolt piaci hatalom könnyen

---

[323] *Mergers and Acquisitions Guidelines* 24. oldal, 5.2. pont.

[324] Lásd bővebben on page 169.

megváltoztathatja a teljesítmény alapján számolt részesedéseket.[325] Erre a piacok koncentrációjának mérésénél visszatérünk.

Érdemes kiemelni, hogy a mivel a fúziókontroll esetében jövőbe tekintő elemzésről van szó, így minden esetben alaposan megfontolandó a kapacitás alapján számolt piaci részesedés figyelembevétele, ugyanis ez legtöbb esetben viszonylag könnyen megfigyelhető, továbbá a kapacitásbővítés, és a kapacitások lekötöttsége a legtöbb esetben jó időre előre számolható.[326]

---

[325] Lásd bővebben WERDEN *Assigning Market Shares* (2002) 78 – 79.

[326] Lásd még ibid 88.

9.4. A piaci részesedések alakulása

Mint fentebb említettük, a piaci részesedések önmagukban csak jelzésértékűek, és más tényezőkkel együttesen célszerű csak végkövetkeztetéseket levonni a piaci hatalom vonatkozásában. Az azonban bizonyossággal állítható, hogy hacsak nincs tökéletes egyeztetés a piaci szereplők között, akkor a piaci részesedés növekedése a piaci hatalom növekedését is jelenti, igaz, azt ilyenkor továbbra sem tudjuk, hogy ezzel együtt milyen sebességgel növekszik a piaci hatalom.[327] Általában elmondható még, hogy amennyiben a vállalkozások között jelentős összejátszás zajlik a piacon, a piaci részesedés nem nő arányosan. Egy további alapvető meglátás, amely a fúziókontroll esetében jelentős, hogy a magas piaci részesedésekkel bíró vállalkozások esetében jelentős szinergiákat vagy

---

[327] Vö. NEVEN, et al.: *Merger in daylight : the economics and politics of European merger control.* (Centre for Economic Policy Research, London, 1993) 26 – 28.

méretgazdaságossági előnyöket kell ahhoz elérni, hogy csökkenjen az összefonódás után az ár.[328]

Az Európai Bizottság a kezdetektől tisztában volt azzal, hogy a piaci részesedések pusztán egy elemét jelentik a versenyelemzésnek, valamint a 100%-os piaci részesedés sem jelenti feltétlen azt, hogy egy vállalkozás automatikusan monopol hatalommal bírna.[329] Ugyanakkor azzal is tisztában volt, hogy az Európai Bíróság kialakított bizonyos szabályokat, mint pl. 80%-os piaci részesedés felett, további bizonyíték nélkül is feltételezhető a gazdasági erőfölény.[330] 1994-re az Európai

---

[328] FARRELL – SHAPIRO *Horizontal Mergers: An Equilibrium Analysis* (1990) 109., 112. és 114.

[329] Vö. JACQUEMIN, et al.: *Horizontal mergers and competition policy in the European Community*. (European Commission, Brussels, 1989) 46., LEHNER, et al.: *Key questions of Community merger control and their economic background*. 56 – 57. Lásd még IV/M.042. sz. ügy (1991. április 12.) *Alcatel/Telettra* [1991] L 122 48-55 38. bekezdés, Mannesmann/Hoesch 91. bekezdés, és IV/M.477. sz. ügy (1995. február 14.) *Mercedes-Benz/Kässbohrer* [1995] HL L 211 1 - 29 65. bekezdés.

[330] Az Európai Bizottság álláspontjára lásd JACQUEMIN, et al.: *Horizontal mergers and competition policy in the European Community* (1989) 48. és LEHNER, et al.: *Key questions of Community merger control and their economic background*. 56 – 58. Lásd az Európai Bíróság és a Törvényszék joggyakorlatára Hilti kontra Bizottság (T-30/89. sz. ügy) 92. pont, T-191/98, T-

Bizottság hangsúlyozta, hogy a piaci részesedések csak egy elemét képezik a versenyelemzésnek, és ami számít, az a végeredmény. Az érintett piac esetleg túl szűkre sikerült meghatározását ugyanis később lehet korrigálni a tágabb versenyhatások elemzése során.[331] Az Európai Bizottság gondolkodásában már a kezdetektől jelen vannak a piaci részesedések kapcsán iparágtól függő kvalifikáló tényezők is. Például a piaci részesedések mértékét annak megfelelően vette figyelembe az Európai Bizottság, hogy milyen iparágról van szó (dinamikus-e), a piaci részesedések mennyire stabilak vagy egyéb strukturális tényezők (mint

---

212/98-T-214/98. sz. ügy *Atlantic Container Line AB és társai kontra az Európai Közösségek Bizottsága* [EBHT 2003. II-3275. o.] (továbbiakban: Atlantic Container Line és mások kontra Bizottság (T-191/98, T-212/98-T-214/98. sz. egyesített ügyek)). 907. pont, T-342/07. sz. ügy *Ryanair Holdings plc kontra Európai Bizottság* [EBHT 2010. 00000. o.] (továbbiakban: Ryanair kontra Bizottság (T-342/07. sz. ügy)). 41., 54., 336. és 445. pontok és Suiker Unie és mások kontra Bizottság (40-73-48-73., 50-73., 54-73-56-73., 111-73., 113-73. és 114-73. sz. egyesített ügyek) 379., 381. és 382. pontok és Hoffmann-La Roche (85/76. sz. ügy) 60. pont.

[331] LEHNER, et al.: *Key questions of Community merger control and their economic background.* 58.

pl. méretgazdaságosság, pénzügyi források, költségelőnyök, etc.) mennyire fontosak.[332]

Az Európai Bizottság korai felfogása szerint az összefonódás utáni piaci részesedés csak abban az esetben segítenek a vizsgálat kimenetelének jelzésében, hogy ha az az érintett piacon 25% alatti a vizsgált vállalkozás esetében. Ekkor ugyanis a fentebb ismertetett vélelmet elég egyértelműen akként értelmezte, hogy nincs olyan körülmény, amely aggodalomra adna okot.[333] Ugyanakkor, mint a Bizottság kifejtette, 25%-os piaci részesedés felett nincs egyértelmű összefüggés a piaci részesedés és az eljárás kimenetele között.[334] Az egyik korai ügyben az *Alcatel* és a *Telettra* együttes piaci részesedése az összefonódás után nagy lett volna (81% és 83% két érintett piacon). Ebben a határozatban az Európai Bizottság kifejtette, hogy egy magas piaci részesedés

---

[332] Ibid 63.

[333] Ez a felfogás máig érvényesül. Lásd pl. COMP/M.4505. sz. ügy (2007. február 20.) *Freeport-McMoran Copper & Gold/Phelps Dodge Corporation* [2007] C 99 4 25. bekezdés, COMP/M.3779. sz. ügy (2005. június 24.) *Pernod Ricard/Allied Domecq* [2005] C 196 2 27. bekezdés.

[334] Lásd pl. LEHNER, et al.: *Key questions of Community merger control and their economic background..*

bármely piacon gazdasági erőfölényt jelezhet.[335] Ugyanakkor, példának okáért, szintén egy korai ügyben 90%-os piaci részesedés esetén is, annak ellenére, hogy egyértelműen gazdasági erőfölényben volt a régi-új entitás, kötelezettségvállalások nélkül engedélyezett egy összefonódást az Európai Bizottság, mivel az összefonódás nem növelte a piaci részesedést.[336] Egy másik korai esetben pedig az Európai Bizottság azért ítélte a magas piaci részesedéseket csak relatív jelentőségűnek, mivel az érintett piac egy erősen bővülő, modern technológiára épülő dinamikus piac volt.[337]

---

[335] Alcatel/Telettra 38. bekezdés. Lásd még IV/M.1439. sz. ügy (1999. október 13.) *Telia/Telenor* [2001] L 040 1-62 183 – 184. bekezdések, COMP/M.2187. sz. ügy (2001. október 17.) *CVC/Lenzing* [2004] HL L 82 20 - 72 137. bekezdés.

[336] IV/M.068. sz. ügy (1991. július 19.) *Tetra Pak/Alfa-Laval* [1991] L 290 35 4. pont. Volt azonban olyan eset is, amelyben kötelezettségvállalások mellett engedélyezett egy 2 – 1 összefonódást, azaz egy 100%-os piaci részesedést eredményező összefonást az Európai Bizottság. IV/M.157. sz. ügy (1992. október 5.) *Air France/Sabena* [1992] C 272 0. Lásd még a piaci részesedés növekedésének jelentéktelenségére a korai ügyek közül: IV/M.129. sz. ügy (1991. szeptember 2.) *Digital/Philips* [1991] C 235 0 19. bekezdés.

[337] Digital/Philips 18. bekezdés.

A közösségi fúziókontroll kezdeti időszakában a piaci részesedések mértéke tekintetében az Európai Bizottság az első kritikus pontot 40%-os összefonódás utáni piaci részesedésnél látta.[338] A második kritikus pontot pedig 60%-nál[339], de hangsúlyozta, hogy még e felett sem várható automatikus tiltó határozat.[340] Ez a mérték ugyanakkor értelemszerűen csak az egyedüli gazdasági erőfölényre volt igaz. A kezdeti 40-50% körüli piaci részesedések, mint kritikus mező, azonban idővel elolvadtak és az Európai Bizottság összefonódásos ügyekben néha már egészen alacsony piaci részesedés mellett is megállapított egyedüli gazdasági erőfölényt. Már ideje korán nyilvánvaló volt, hogy az 50%-os piaci részesedéssel kapcsolatos bírósági joggyakorlatban

---

[338] Vö. LEHNER, et al.: *Key questions of Community merger control and their economic background.* 63.

[339] 1994-ig a legmagasabb piaci részesedés, amikor kötelezettségvállalás nélkül engedélyezett az Európai Bizottság egy összefonódás 59% volt a British Airways/Dan Air ügyben (IV/M.278. sz. ügy (1993. február 17.) *British Airways/Dan Air* [1993] C 68 5).

[340] LEHNER, et al.: *Key questions of Community merger control and their economic background.* 63. Így pl. egy 100%-os piaci részesedést eredményező összefonódást is engedélyezett feltételekkel. Air France/Sabena (IV/M.157. sz. ügy).

rögzített vélelem nem jelent az 50%-os piaci részesedés alatt biztonságot. A *Varta/Bosch* összefonódásban Németországban és Spanyolországban jóval 50% alatti piaci részesedések esetében (44,3% és 44,5%) is kötelezettségvállalásokat „kellett" tenniük a vállalkozásoknak.[341]

A nagy vihart kavart *Aerospatiale-Alenia/de Havilland* ügyben[342] az Európai Bizottság 50%-nál alacsonyabb piaci részesedéshez képest jelentős növekedést – 30%-ról 50%-ra[343] és 46%-ról 64%-ra[344] - egyéb tényezőkkel együtt olyan mértékű piaci hatalom növekedésnek értékelt, amely a Fúziós Rendelet (1989) alatt az első tiltó határozathoz vezetett. Ennek fényében érthető, hogy az Európai Bizottság által elfogadott kötelezettségvállalásokban az érintett vállalkozások azt vállalták, hogy csökkentik a piaci részesedéseiket. Az Európai Bizottság ezen megközelítése jól tükrözi azt, hogy jelentősége van a relatív piaci

---

[341] IV/M.012. sz. ügy *Varta/Bosch* 1991. o.] (továbbiakban: Varta/Bosch). 32. bekezdés.

[342] Aerospatiale-Alenia/de Havilland (IV/M.053. sz. ügy).

[343] Ibid 29. bekezdés.

[344] Ibid 28. bekezdés.

részesedéseknek, továbbá a piaci részesedések változásának. Ennek tükröződése a joggyakorlatba a horizontális iránymutatással hivatalosan beemelt HHI mértékek. A horizontális iránymutatás alapján ugyanis az Európai Bizottság nagy hangsúlyt fektet a piaci részesedések, pontosabban a koncentráció mértékének növekedésére.[345] A piaci részesedések változásának tehát több szempontból is jelentősége van: a) alacsony piaci részesedés változás arra utalhat, hogy az összefonódás következtében nincs jelentős változás a piacon, így nem szükséges beavatkozni; b) a piaci részesedések jelentős növekedése jelentős piaci hatalom növekedésre utalhat; vagy például c) amennyiben a piaci részesedések növekedésével jelentősen nő a piac többi szereplőjéhez képest az összefonódás utáni vállalkozás piaci részesedése (relatív piaci részesedés), akkor ez is utalhat versenyproblémára.

Három ügyet kívánok még kiemelni a korai időszakból. A *Du Pont/ICI* ügyben[346] az összefonódás után a két vállalkozás együttes piaci

---

[345] Horizontális iránymutatás (2004) 15 – 16. bekezdések.

[346] IV/M.214. sz. ügy (1992. szeptember 30.) *Du Pont/ICI* [1993] L 7 13-24.

részesedése 43% lett volna[347], és az érintett vállalkozások piaci részesedése a határozatot megelőző időszakban folyamatosan csökkent. Ennek ellenére olyan kötelezettségvállalásokat hagyott jóvá az Európai Bizottság, amely miatt 38%-ra esett az együttes piaci részesedés viszonylag gyorsan, a tranzakció után[348]. Hasonló játszódott le a *Nestlé/Perrier* ügyben is.[349] Volt azonban olyan ügy is, amelyben 60%-ról 40%-ra esett a piaci részesedés a vállalások után.[350] Az Európai Bizottság által 1994-ben készített elemzésében áttekinti az általa hozott határozatokban az addigi összefonódási ügyekben az összefonódás előtti és utáni piaci részesedéseket.[351] Az Európai Bizottság egészen odáig ment, hogy a *Carrefour/Promodes* ügyben az

---

[347] Ibid 32. bekezdés.

[348] LEHNER, et al.: *Key questions of Community merger control and their economic background.* 64.

[349] IV/M.190. sz. ügy (1992. július 22.) *Nestlé/Perrier* [1992] L 356 1-31.

[350] IV/M.043. sz. ügy (1991. május 29.) *Magneti Marelli/CEAC* [1991] L 222 38-41.

[351] LEHNER, et al.: *Key questions of Community merger control and their economic background.* 64.

együttes piaci részesedés 30% alatti lett volna[352], de így is a gazdasági erőfölényt kifogásolta, holott helyes piacmeghatározás esetében a 30 %-os piaci részesedés mellett a gazdasági erőfölény fennállta nagyon kevéssé valószínű.

Az Európai Bizottság 2004-es Horizontális Iránymutatása kifejezetten foglalkozik a magas piaci részesedések és a piaci hatalom közötti összefüggéssel.[353] Eszerint a magas piaci részesedés és annak minél nagyobb növekedése, valamint a piaci hatalom között főszabályként egyenes összefüggés van.[354] Ez összhangban van a fentebb tett megállapításainkkal.

Érdemes hangsúlyozni, hogy a piaci részesedések megítélése alapvetően más lehet, attól függően, hogy egyeztetett vagy egyoldalú hatásokat várunk. 2004-ig az erőfölény teszt volt hatályban az EU-ban,

---

[352] IV/M.1684. sz. ügy (2000. január 25.) *Carrefour/Promodes* [2000] L 164 5.40. bekezdés. Vö. ugyanakkor IV/M.315. sz. ügy (1994. január 31.) *Mannesmann/Vallourec/Ilva* [1994] L 102 15-37., 51. bekezdés.

[353] Horizontális iránymutatás (2004) 27. bekezdés.

[354] Lásd még pl. COMP/M.4439. sz. ügy (2007. június 27.) *Ryanair/Aer Lingus* [2008] HL C 47 9-20 348 – 349. bekezdés.

és az egyeztetett hatások doktrínája tulajdonképpen a közös gazdasági erőfölénynek felelt meg. Más lehet tehát a megítélése egy 30%-os összefonódás utáni piaci részesedésnek, attól függően, hogy közös gazdasági erőfölény létrehozásáról vagy egyedüliről, illetve nem egyeztetett hatásról van-e szó.

A Horizontális Iránymutatás a Fúziós Rendelethez hasonlóan szintén kiemeli, hogy a 25%-os piaci részesedés alatt feltehetőleg nem várható horizontális versenyaggály.[355]

Az Európai Bíróság és a Törvényszék ítélkezési gyakorlata konzisztens a piaci részesedésekhez kapcsolódó vélelmek kapcsán. Az általános megítélés szerint *"az erőfölény több tényezőből is adódhat, amelyek elkülönítve nem lennének feltétlenül döntőek, de e tényezők között egy nagymértékű piaci részesedés megléte különösen fontos jel"*.[356]

---

[355] Horizontális iránymutatás (2004) 18. bekezdés. Lásd még pl. Pernod Ricard/Allied Domecq (COMP/M.3779. sz. ügy) 27. bekezdés.

[356] Hoffmann-La Roche (85/76. sz. ügy) 39. bekezdés. Lásd még 247/86. sz. ügy *Société alsacienne et lorraine de télécommunications et d'électronique (Alsatel) v SA Novasam* [EBHT 1988. 05987. o.] (továbbiakban: Alsatel kontra Novasam (247/86. sz. ügy)). 19. bekezdés, C-250/92. sz. ügy *Gøttrup-Klim és társai Grovvareforeninger kontra Dansk Landbrugs Grovvareselskab AmbA* [EBHT 1994. I-5641. o.] (továbbiakban: Gøttrup-Klim (C-250/92. sz. ügy)).

Továbbá *"a jelentős piaci részesedés birtoklása, mint az erőfölény meglétét bizonyító elem, nem egy változatlan tényező, jelentése a piacok szerkezetétől függően piacról piacra változik, különösen a termelés, a kínálat és a kereslet vonatkozásában".*[357] Valamint, *"[...] bár a piaci részesedések jelentősége eltérő lehet az egyes piacokon, joggal lehet arra következtetni, hogy kivételes körülményektől eltekintve, a rendkívül jelentős piaci részesedések önmagukban az erőfölény meglétét bizonyítják".*[358]

---

47. pont, T-24/93. sz. ügy *Compagnie maritime belge transports SA és Compagnie maritime belge SA, Dafra-Lines A/S, Deutsche Afrika-Linien GmbH & Co. és Nedlloyd Lijnen BV kontra az Európai Közösségek Bizottsága* [EBHT 1996. II-1207. o.] (továbbiakban: Compagnie maritime belge (T-24/93. sz. ügy)). 76. pont.

[357] Hoffmann-La Roche (85/76. sz. ügy) 40. pont. Lásd még Gencor kontra Bizottság (T-102/96. sz. ügy) 201. pont.

[358] Hoffmann-La Roche (85/76. sz. ügy) 41. és 133. pontok. Lásd még AKZO (C-62/86. sz. ügy) 60. pont., Hilti kontra Bizottság (T-30/89. sz. ügy) 91. pont, T-83/91. sz. ügy *Tetra Pak International SA kontra az Európai Közösségek Bizottsága* [EBHT 1994. II-00755. o.] (továbbiakban: Tetra Pak I. (T-83/91. sz. ügy)). 109. pont, Compagnie maritime belge (T-24/93. sz. ügy) 76. pont, Gencor kontra Bizottság (T-102/96. sz. ügy) 201. és 205. pontok.

A Fúziós Rendelet által kijelölt határokat figyelembe véve az Európai Bíróság az alábbi megállapításokat tette a piaci részesedések meghatározott értéke és a gazdasági erőfölény közötti összefüggés vonatkozásában. Amióta az *Akzo kontra Bizottság*[359] ügyben az Európai Bíróság kimondta, hogy 50%-os piaci részesedés felett vélelmezni kell a gazdasági erőfölényt, azóta tartja magát ehhez a doktrínához.[360]

Érdekes a bíróságok hozzáállása az 50% alatti piaci részesedések esetében. A Törvényszék a *BaByliss kontra Bizottság* ügyben kimondta, hogy 40% feletti piaci részesedés esetében nem gazdasági erőfölény jön létre az összefonódás által, hanem az már eleve fennáll[361], kivéve, ha a versenytárs vállalkozások elég nagy piaci részesedéssel rendelkeznek ahhoz, hogy tényleges ellenerőként szerepeljenek. Ehhez képest a *Sun Chemicals kontra Bizottság* ügyben a Törvényszék azt

---

[359] AKZO (C-62/86. sz. ügy) 60. pont.

[360] Lásd pl. Endemol (T-221/95. sz. ügy) 134. pont és Gencor kontra Bizottság (T-102/96. sz. ügy) 205. pont, General Electric (T-210/01. sz. ügy) 115. pont, easyJet (T-177/04. sz. ügy) 174. pont, France Telecom (T-340/03. sz. ügy) 100. pont.

[361] T-114/02. sz. ügy *BaByliss SA kontra az Európai Közösségek Bizottsága* [EBHT 2003. II-01279. o.] (továbbiakban: Babyliss (T-114/02)). 318. pont.

mondta, hogy *"a piaci részesedések elemzése önmagában nem igazolta volna az erőfölény meglétét, mivel az összefonódás eredményeképpen létrejövő vállalkozás a piacnak csak [40-50]%-ával rendelkezett"*.[362] A Törvényszék a *BaByliss* ügyre történő hivatkozást egyrészt azzal hárította el, hogy ott a kérdés nem arra irányult, hogy a 40%-ot meghaladó piaci részesedés valószínűleg erőfölényhez vezet-e, hanem hogy a Bizottság, miután megállapította az adott küszöbértéket, egyéb tényezőket figyelembe vett-e.[363] Másodsorban egy korábbi ítéletét idézte fel, melyben úgy döntött, hogy az Európai Bizottság jogosan vélte úgy, hogy az adott ügyben 43,2%-os piaci részesedés elegendő alap ahhoz, hogy kimondja, gazdasági erőfölény jön létre.[364] Az bizonyos, hogy 40% alatt a Törvényszék nem tartja realisztikusnak az egyedüli gazdasági erőfölény fennállását a piaci részesedések alapján.[365] A Millennium évében a Törvényszék elé került ügyben a

---

[362] Sun Chemicals kontra Bizottság (T-282/06. sz. ügy) 135. pont.

[363] Ibid 136. pont.

[364] Ibid 136. pont. Az idézett ügy: Kayserberg kontra Bizottság (T-290/94. sz. ügy) 179. pont.

[365] Vö. Tetra Laval I. (T-5/02. sz. ügy) 232. pont, T-374/00. sz. ügy *Verband der freien Rohrwerke eV, Eisen- und Metallwerke Ferndorf GmbH és Rudolf*

bíróság kifejtette, az a tény, hogy az összefonódásban résztvevő felek közösen 30,5%-os piaci részesedéssel bírnak, nem jelenti önmagában, hogy az összefonódás gazdasági erőfölényt hoz létre, vagy erősít meg.[366]

Az Európai Bíróság vagy a Törvényszék 50%-os piaci részesedés felett az alábbi megállapításokat tette. Ha egy vállalkozás egyedül van az érintett piacon, akkor de facto monopolhelyzetben, és így gazdasági erőfölényben van.[367] Hasonlóan különösebb kvalifikáció nélkül

---

Flender GmbH & Co. KG kontra az Európai Közösségek Bizottsága [EBHT 2003. II-2275. o.] (továbbiakban: Verband der freien Rohrwerke és mások kontra Bizottság (T-374/00. sz. ügy)). 112. pont és Gøttrup-Klim (C-250/92. sz. ügy) 48. pont. A felső határát a Törvényszék diszkrecionális jogkörének az Európai Bíróság joggyakorlata adja. Utóbbi, mint említettük 50% felett vélelmezi a gazdasági erőfölény fennállását. 40 – 45% között viszont szükségesnek tart további elemeket, tehát az abszolút piaci részesedés önmagában nem feltétlen elegendő. Lásd United Brands (27/76. sz. ügy) 108 – 109. pontok.

[366] Verband der freien Rohrwerke és mások kontra Bizottság (T-374/00. sz. ügy) 112. pont.

[367] C-7/97. sz. ügy *Oscar Bronner GmbH & Co. KG kontra Mediaprint Zeitungs- und Zeitschriftenverlag GmbH & Co. KG, Mediaprint Zeitungsvertriebsgesellschaft mbH & Co. KG és Mediaprint Anzeigengesellschaft mbH & Co. KG.* [EBHT 1998. I 07791 o.] (továbbiakban:

gazdasági erőfölénynek ítélt az Európai Bíróság 93%-os piaci részesedést[368], 85%-os piaci részesedést[369] és 60 – 70%-os piaci részesedést.[370] A Törvényszék szintén nem tétovázott a gazdasági erőfölényt megállapítani 90% feletti piaci részesedésnél[371], 89%-nál[372]

Oscar Bronner GmbH & Co KG kontra Mediaprint (C-7/97) [1998] EBHT I-07791). 35. pont, 22/78. sz. ügy *Hugin Kassaregister AB és Hugin Cash Registers Ltd kontra az Európai Közösségek Bizottsága* [EBHT 1979. 01869. o.] (továbbiakban: Hugin kontra Bizottság (22/78. sz. ügy)). 10. pont, Hoffmann-La Roche (85/76. sz. ügy) 67. pont. Lásd még Ryanair kontra Bizottság (T-342/07. sz. ügy) 384. és 445. pontok.

[368] Hoffmann-La Roche (85/76. sz. ügy) 67. pont.

[369] Suiker Unie és mások kontra Bizottság (40-73-48-73., 50-73., 54-73-56-73., 111-73., 113-73. és 114-73. sz. egyesített ügyek) 379 – 382. pontok.

[370] Vö. Hoffmann-La Roche (85/76. sz. ügy) 60. pont.

[371] T-228/97. sz. ügy *Irish Sugar plc kontra az Európai Közösségek Bizottsága* [EBHT 1999. II-02969. o.] (továbbiakban: Irish Sugar kontra Bizottság (T-228/97. sz. ügy)). 71. pont, Tetra Pak I. (T-83/91. sz. ügy) 109. pont. Utóbbi esetnél azért felidézte a 'különleges körülményekre' történő hivatkozási lehetőséget.

[372] T-65/98. sz. ügy *Van den Bergh Foods Ltd kontra az Európai Közösségek Bizottsága* [EBHT 2003. II-4653. o.] (továbbiakban: Van den Bergh Foods kontra Bizottság (T-65/98. sz. ügy)). 90. pont.

és 70 – 80% között[373]. Irányadónak tekintve az Európai Bíróság jogértelmezését, 60 – 70%-os piaci részesedés olyan nagy, hogy az bizonyítja a gazdasági erőfölény fennállását. A *Hoffmann-La Roche* ügyben azonban kvalifikáló tényező volt, hogy a soron következő versenytárs piaci részesedése nem érte el a 10%-ot sem.[374]

Ami az alsó határt illeti, az Európai Bíróság kimondta, hogy *„egy piaci szereplő egy adott termék piacán csak akkor tud erőfölényre szert tenni, ha sikerül elérnie, hogy e piacon olyan részesedéssel rendelkezzen, amely lefedi a piac nagy részét".*[375] Ennek megfelelően a Törvényszék kimondta: világos, hogy a 10 – 20% közötti piaci részesedés túlságosan alacsony ahhoz, hogy gazdasági erőfölény legyen az érintett piacon.[376] Ennek megállapításához segítségül hívta magát a Fúziós Rendelet (1989) 25%-os vélelemre vonatkozó preambulum bekezdését. Érdemes

---

[373] Hilti kontra Bizottság (T-30/89. sz. ügy) 92. pont, Atlantic Container Line és mások kontra Bizottság (T-191/98, T-212/98-T-214/98. sz. egyesített ügyek) 906 – 907. pontok.

[374] Hoffmann-La Roche (85/76. sz. ügy) 60. pont.

[375] United Brands (27/76. sz. ügy) 107. pont.

[376] Tetra Laval I. (T-5/02. sz. ügy) 232. pont.

azonban ismét felidéznünk, hogy a Törvényszék azt is kimondta, hogy a 25%-os *"küszöb csupán tájékoztató jelleggel kerül említésre – mint ahogy ezt egyébként maga a [rendelet] is kimondja –, és a rendelet rendelkező részében egyáltalán nem szerepel"*.[377] Ami az Európai Bíróságot illeti, bár a *Metro* ítéleteiben 5 – 10 % közötti piaci részesedésekre is azt mondta, hogy *"különleges körülmények kivételével az ilyen csekély piaci részesedések [...] kizárják az erőfölény létezését [...]"*[378], nem valószínű, hogy 10% alatti piaci részesedése alatt meg lehetne ma már állapítani egyedüli gazdasági erőfölény fennállását vagy a hatásos verseny jelentős akadályozását.

Itt szeretnénk még emlékeztetni arra, hogy a gazdasági erőfölény fogalma a 102. cikk alapján indult ügyeknél és a fúziós rendelet vonatkozásában azonos értelemmel bír, így amíg az Európai Bíróság

---

[377] Gencor kontra Bizottság (T-102/96. sz. ügy) 135. pont. Vö. még Kali és Salz (C-68/94. és C-30/95. sz. egyesített ügyek) 176. pont és Tetra Laval I. (T-5/02. sz. ügy) 232. pont.

[378] Metró ítélet (26-76. sz. ügy) 17. pont és Metro (75/84. sz. ügy) 84 – 85. pontok.

nem változtat korábbi joggyakorlatán,[379] addig nincs értelme eltérően kezelni a két szabályozás esetén ugyan azt a fogalmat.

---

[379] Lásd bővebben 177. lábjegyzet.

9.5. Az SVT-modell és a piaci koncentráció

A piaci koncentráció ismerete az érintett piacon hasznosabb, mint a piaci részesedések önmagukban, azonban logikailag az utóbbiból számítható ki az előbbi. A piaci koncentráció mérésének és gyakorlati alkalmazásának jelentőségét az ún. harvardi-iskola által előszeretettel *SVT-modellként* illusztrált koncepcióban, melynek alapelemeit Mason és Bain fejlesztették ki, értelmezhetjük. Az SVT-modell a *struktúra-viselkedés-teljesítmény* hármas koncepcióján alapul, miszerint egy piac szerkezete, struktúrája meghatározza a piacon szereplő vállalkozások viselkedését, amely pedig a piac teljesítményét. Scherer nagy hatású könyvében az alábbi tényezőket ismerteti az SVT-modell keretei között.[380]

---

[380] SCHERER: *Industrial market structure and economic performance*. (Rand McNally, Chicago, 1980) 4.

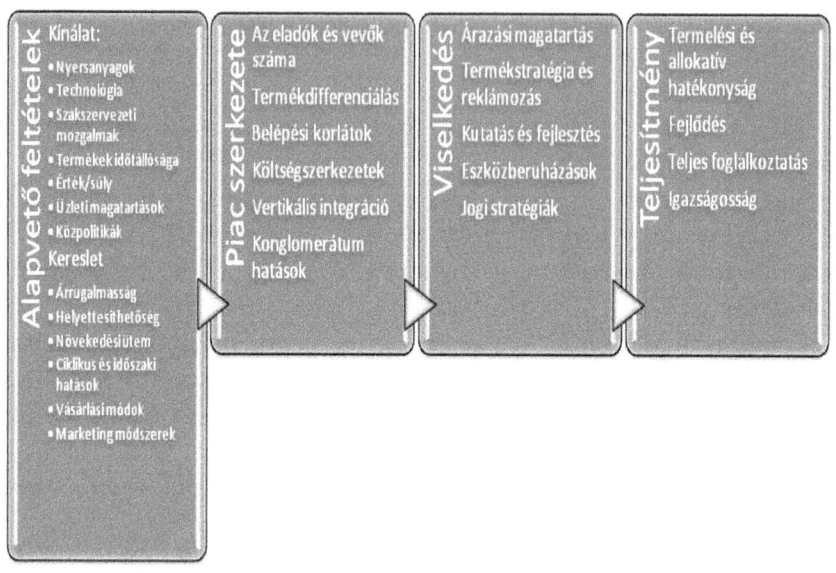

Az ábrán érdemes felhívni a figyelmet a logikai kapcsolatra, azaz az egyes tényezők befolyásolják a soron következőt, amelynek a jelentősége ott mutatkozik meg, hogy a felfogás képviselői szerint a piaci szerkezetéből így lehetséges következtetni a piac teljesítményére. Bár az SVT-modell egyes alapjai már megkérdőjeleződtek, a modern versenyjogi elemzéseknek még mindig alapvető elemét képezi[381]. Sőt, a fúziókontroll létének ez a modell az alapja[382]. Carlton és Perloff

---

[381] Lásd még BISHOP – WALKER: *The Economics of EC Competition Law: Concepts, Application and Measurement* (2010) 67 – 70.

[382] Vö. LINDSAY – BERRIDGE: *The EC Merger Regulation: Substantive Issues* (2009) 11., különösen 56. lábjegyzetben hivatkozott szakirodalom.

szintén alapvető jelentőségű könyvükben Schererhez képest komplexebben mutatják be az SVT-modellt:

Alapvető feltételek	Struktúra	Viselkedés	Teljesítmény
Fogyasztói kereslet • Keresleti rugalmasság • Helyettesítők	Az eladók és vevők száma	Reklámozás	Ár
• Szezonalitás • Növekedés üteme • Hely • A megrendelések szakaszossága • Vásárlási módszerek	Belépési korlátok új cégek piacra lépése előtt	Kutatás és fejlesztés	Termelési hatékonyság
	Termékdifferenciálás	Árazási magatartás	Allokatív hatékonyság
Termelés • Technológia • Nyersanyagok • Szakszervezeti mozgalmak • Terméktartóssága	Vertikális integráció	Eszközberuházások	Igazságosság
• Hely • Méretgazdaságosság • Választékgazdaságosság	Diverzifikáció	Jogi stratégiák	Termék minősége
		Termékválasztás	Technikai fejlődés
		Összejátszás	Nyereség
		Összefonódások és szerződések	

Mint látható, az eladó és a vevők száma mindkét esetben az egyik alapvető kiindulási alap. A piaci koncentráció mérése, bemutatása különböző módokon lehetséges. Alapvetően a koncentráció bemutatása során két tényező figyelembevétele szükséges: a piaci szereplők száma és a piaci szereplők közötti egyenlőtlenségek. Waterson rámutat, hogy a két tényező összekapcsolása nem lehetséges statisztikailag egy indexben problémamentesen.[383] A piaci koncentráció mérésére a két legáltalánosabb forma a koncentrációs index (CR)[384] és a hánytatott sorsú[385] Herfindhal-Hirschman Index (HHI).[386] Érdemes már itt megjegyezni, mint későbbiekben látni fogjuk, a koncentráció mértéke az adott piacon *önmagában* nem elegendő pl. egy összefonódás megítélésére, mivel egyéb tényezőknek is jelentős a

---

[383] WATERSON: *The Determinants of Market Structure*. In COLLINS, et al.: Issues in Competition Law and Policy. (ABA Section of Antitrust Law, Chicago, 2008) 294.

[384] A CR az angol 'concenration ratio' rövidítése.

[385] Lásd pl. HIRSCHMAN: *The Paternity of an Index* (1964) 54 The American Economic Review . *Areeda és Turner* könyvükben is még csak Herfindahl indexnek nevezik. AREEDA: *Antitrust law: an analysis of antitrust principles and their application*. (Little, Brown and Company, Boston, Toronto, 1980) IV. kötet 77 – 78. ¶913a2 és ¶913b2, ahogy az Európai Bizottság is 1989. májusában JACQUEMIN, et al.: *Horizontal mergers and competition policy in the European Community* (1989) 48.

[386] A két index jelentőségére a közösségi versenyjogban röviden lásd CAMESASCA: *European Merger Control: Getting the Efficiencies Right* (2000) 83 – 84. További eszközökre lásd KERBER – SCHWALBE: *Economic Principles of Competition Law*. 311.

szerepe.[387] Azaz egy összefonódás jogellenessége nem alapulhat önmagában azon, hogy növeli-e az alapul választott koncentrációs indexet vagy sem.[388] Egy további fontos tényező, hogy mivel nem valószínű, hogy a legtöbb piacon ismernénk a piaci szereplők pontos piaci részesedését, így minden indexnek alkalmasnak kell lennie kisebb mérési hibák integrálására.[389]

Az abszolút koncentráció mérésére használt koncentrációs index egy egyszerű mérőszám az adott piacon fennálló koncentráció vonatkozásában. Az indexet bizonyos számú vállalkozásra vetítve szokás meghatározni, így pl. a CR_2 két vállalkozásra vetített koncentráció, a CR_4 pedig négy vállalkozásra. Az index az alapul vett vállalkozások piaci részesedésének összege, azaz a CR_2 esetében a két

---

[387] Jól példázza ezt az a tény, hogy egy közgazdasági értelemben vett aukciós piacon a piaci részesedés teljesen független a piaci hatalomtól. Lásd bővebben: SZILÁGYI: *Bidding Markets and Competition Law in the European Union and the United Kingdom - Part I* (2008) 29 ECLR 16, SZILÁGYI: *Bidding Markets and Competition Law in the European Union and the United Kingdom - Part II* (2008) 29 ECLR 89.

[388] AREEDA: *Antitrust law: an analysis of antitrust principles and their application* (1980) 74. ¶913.

[389] Vö. WATERSON: *The Determinants of Market Structure*. 294.

legnagyobb vállalkozás piaci részesedését adjuk össze, míg a CR_4 esetében a négy legnagyobbét. A koncentrációs index azonban legalább két okból alapvető hiányossággal küzd. Egyrészt nem veszi figyelembe a relatív piaci részesedéseket, amely alapvető hatással lehet a piaci verseny minőségére. Ezt könnyű belátni: a verseny egy olyan piacon, ahol négy egyenlő méretű vállalkozás van (mondjuk 22%-22%-22%-22% a piaci részesedésük), feltételezhetően alapvetően más, mint egy olyan piacon, ahol egy vállalkozás uralja szinte az egész piacot (mondjuk 85%-1%-1%-1% a piaci részesedésük). A koncentrációs index továbbá, ha nem veszünk alapul elég nagyszámú vállalkozást, akkor nem tükrözi a többi vállalkozás együttes piaci részesedését és számát. Példának okáért, ha a kisebb vállalkozások között egy innovatív, saját útját járó vállalkozás van, akkor az jelentős versenynyomást gyakorolhat a piacon lévő többi vállalkozásra. Például a kisebb vállalkozások között egy innovatív, saját útját járó vállalkozás jelentős versenynyomást gyakorolhat a piacon lévő többi vállalkozásra. Fúziókontroll esetében a piaci hatalmat úgy is felfoghatjuk, mint különbséget a keresletben bekövetkező változásban egy vállalkozás áremelése és a között, mintha a két összefonódó vállalkozás azonos mértékben emel árat. Ebből látszik, hogy ha egy erősen versenyző vállalkozást vásárolnak fel, akkor az nagyobb piaci hatalom növekedéshez fog vezetni, mintha egy kevésbé versengőt. Ez a felfogás a kezdetektől jelen van az Európai Bizottság felfogásában.[390]

A koncentrációs index jelentősége akkor nőtt meg igazán, amikor az Egyesült Államokban a DoJ az 1968-as Fúziós Iránymutatásában a CR_4 indexet vette alapul.[391] Hamar kritika tárgyát képezte ugyanakkor, hogy a megfelelő számú vállalkozás kiválasztása önkényes.[392] Az index harmadik említésre méltó jellegzetessége, hogy nem veszi figyelembe a piaci szerkezet változását. Pl. négy 20%-os piaci részesedésű vállalkozás CR_4 indexe (20%+20%+20%+20%=80%) ugyanannyi egy összefonódás előtt, mint azután, hogy az egyik vállalkozás megvásárolt egy másikat (40%+20%+20%=80%). Továbbá, hacsak nem lép be az első

---

[390] Lásd pl. Tetra Pak/Alfa-Laval (IV/M.068. sz. ügy) 3.3. pont.

[391] 4. rész US Merger Guidelines 1968. Ezt az 1982-es iránymutatásban váltották fel a HHI-re. US Merger Guidelines 1982, 3. A. szakasz. Az 1982-es US Merger Guidelines-t és az azt követő iránymutatásokat *Posner* a „közgazdasági megközelítés győzelmeként" jellemzi. POSNER: *Antitrust Law* (2001) 132.

[392] Vö. pl. AREEDA: *Antitrust law: an analysis of antitrust principles and their application* (1980) 75. ¶913a1.

négy vállalkozás közé, akkor az ötödik és hatodik legnagyobb vállalkozás összefonódásának hatása a piacon nem jelentkezik.

Magyar vonatkozása miatt érdemes röviden kitérnünk a magyar országgyűlési képviselő, Horváth János által kigondolt ún. Horváth-indexre, vagy más néven „átfogó koncentrációs indexre"[393], amelyet az abszolút és relatív koncentráció együttes mérésére dolgozott ki Horváth[394] a HHI-t figyelembe véve.[395] A Horváth-index mutatja a piacon ténylegesen szereplő vállalkozások piaci részesedése közötti arányokat és a vállalkozások közötti relatív méretkülönbséget, valamint

---

[393] HORVATH: *Suggestion for a Comprehensive Measure of Concentration* (1970) 36 Southern Economic Journal 446.

[394] Ibid 448.

[395]

$$CCI = x_1 + \sum_{j=2}^{n} x_j^2 \times [1 + (1 - x_j)]$$

[x_1=az első vállalkozás piaci részesedése; j= 2, 3, 4, ..., n; n=az ipar vállalatainak száma; x=az egyes vállalkozásokhoz tartozó eszközök, eladások, stb. tizedes része]

számos különböző funkció mérésére alkalmas, így pl. a potenciális verseny mérésére.[396]

A másik gyakran használt index a relatív konventráció mérésére használt Herfindhal-Hirschman Index. Hasonlóan a koncentrációs indexhez a HHI kiszámítása is egy egyszerű feladat, amint a piaci részesedéseket ismerjük. A HHI-t ugyanis úgy kapjuk meg, hogy összeadjuk a piaci szereplők piaci részesedésének négyzetét.

$$HHI = A^2 + B^2 + C^2 + \cdots + Z^2 = \sum_{i=1}^{n} S_i^2$$

[n=összes piaci szereplő száma; A, B, C, ..., Z= a piaci szereplők piaci részesedése százalékban]

Ha a piaci részesedéseket százalékban adjuk meg, akkor annak értéke 0 és 10000 között lehet. Egy monopolista esetén tehát a HHI 10.000. (HHI=100²). A HHI esetében minél nagyobb az eltérés a piaci szereplők piaci részesedése között, annál nagyobb az értéke. A HHI index egyik

---

[396] Az abszolút koncentrációt mérő koncentrációs index, az abszolút és relatív koncentrációt mérő Horváth-index és a relatív koncentrációt mérő HHI közötti viszonyt az alábbiak szerint tudjuk leírni: CRn > HI > HHI.

előnye, hogy nem kell nagy pontossággal tudni a kisebb piaci szereplők számát, mivel a négyzetre emelés miatt a nagyobb vállalkozások súlya viszonylag hamar dominánssá válik az indexben.[397] A koncentrációs indexszel szemben a HHI a piaci struktúra változását annyiban veszi figyelembe, hogy egy összefonódás esetében, ha csökken a piaci szereplők száma, akkor az mindig megmutatkozik az indexben is.[398]

A HHI azonban szintén nem mentes sem az elméleti, sem az alkalmazásbeli problémáktól. Először is, szemben a koncentrációs indexszel, elméletileg alkalmazásához ismerni kell az összes piaci szereplő piaci részesedését. Mint azonban az előzőeken láthattuk, a kisebb piaci szereplők relatív mértékben kevesebbet jelentenek az

---

[397] Ugyanakkor ki kell emelni, hogy a fentebbi megállapítás a kis piaci szereplőkre irányadó. A nagyobb piaci szereplők esetében a HHI a piaci részesedés meghatározásában elkövetett tévedést is felnagyítja a négyzetre emelés miatt. Pl. ha egy 53%-os piaci részesedésű vállalkozást 50%-osra becsülünk, akkor az a HHI-ben 309 pontnyi különbséget okoz.

[398] Ezt egyszerű belátni. Az összefonódás előtt a piaci részesedésekhez mindegyik szereplő a saját részesedésének négyzetével járult hozzá (a^2+b^2), míg az összefonódás után az együttes piaci részesedésük négyzetével járulnak hozzá ($(a+b)^2$). Például, ha mindkét szereplőnek 10% volt a piaci részesedése akkor összefonódás előtt ez a HHI-ben 200-at jelentett, összefonódás után viszont 400-at fog jelenteni.

indexben, így minél kisebb a piaci szereplő, akinek a részesedését nem ismerjük, annál kevesebb hatással van az indexre. A HHI továbbá egy összefonódás esetében ugyanaz, függetlenül a többi piaci szereplő számától és méretétől.[399] A HHI esetében feltételezzük, hogy az összes piaci szereplő az összefonódás előtti kibocsátását fogja fenntartani. Ebben az esetben viszont arra kellene következtetnünk, hogy az összefonódás sem a fogyasztókra, sem az összefonódásban részt nem vevő vállalkozásokra valójában nem gyakorol hatást.[400] Ha viszont az összefonódásra válaszul a piaci szereplők változtatnak kibocsátásukon, akkor nem igaz, hogy az összefonódás következtében a HHI az összefonódásban érintett felek piaci részesedésének duplájával változik.[401] Areeda és Turner kritikája a HHI-vel szemben, hogy az

---

[399] Vö. AREEDA: *Antitrust law: an analysis of antitrust principles and their application* (1980) 76. ¶913a2: Így két 10%-os piaci részesedésű vállalkozás összefonódása ugyanúgy jelentkezik a HHI-ben, függetlenül attól, hogy egy olyan piacon történik, ahol rajtuk kívül még 16,5%-os piaci részesedésű vállalkozás van, vagy két 30%-os.

[400] Vö. FARRELL – SHAPIRO *Horizontal Mergers: An Equilibrium Analysis* (1990) 107.

[401] Ez abból adódik, hogy a HHI változás minden más tényező változatlansága esetén $(A+B)^2 - (A^2+B^2)$.

túlságosan érzékeny a vállalkozások közötti méretkülönbségekre.[402] Összességében a HHI esetében könnyedén lehet olyan helyzeteket találni, amikor egy összefonódás átlépi a megállapított küszöböt, és mégis kedvező a hatása, illetve olyan helyzeteket, amikor nem érik el a határt, de mégis kedvezőtlen a hatása. Farrell és Shapiro alapvető kritikája, hogy a HHI hasonló módon történő alkalmazása azzal az alapvető feltételezéssel él, hogy megbízható és inverz összefüggés van a piaci koncentráció és a piac teljesítménye között, ez azonban álláspontjuk szerint csak bizonyos, különleges körülmények (ha a versenytársak ugyanolyan hatékonyak, vagy ha méretgazdaságossági előnyök vannak) között igaz.[403]

A HHI hiányosságai ellenére is alkalmas eszköz a fúziókontroll során, mivel a hatóságok az idő szorításában és az adatok hozzáférhetősége miatt nem tudnak teljes piacelemzéseket végezni, így bizonyos ésszerűsítő eszközökre szükség van. Ugyanakkor érdemes utalni arra,

---

[402] Vö. AREEDA: *Antitrust law: an analysis of antitrust principles and their application* (1980) 76. ¶931a2.

[403] Lásd bővebben FARRELL – SHAPIRO *Horizontal Mergers: An Equilibrium Analysis* (1990) 108.

hogy számszaki egyszerűsítések a fúziókontroll során bár jelentőséggel bírnak, a közgazdaságtanban nincs megfelelő megalapozottságuk, és inkább a bizonyítási teher megosztásában segítenek.[404]

A koncentrációs mutatók és a piaci hatalom közötti egyértelmű összefüggés, mint már többször utaltunk rá, erősen megkérdőjelezhető. Mindazonáltal megfelelő feltételek esetén jó kiindulási alapként szolgálhatnak, illetve viszonylag jól használhatók a piaci hatalom hiányának jelzésére.[405]

Az SVT-modell eleinte igen meghatározó volt az Európai Bizottság gondolkodásában. Így pl. a Fúziós Rendelet (1989) elfogadásának időpontja körül az Európai Bizottság kifejezetten az összefonódások elemzését elősegítendő tipologizálta az iparágakat olyan indikátorok alapján, mint kereslet növekedés mértéke, import, méretgazdaságosság vagy technológiaigényesség.[406] A Fúziós Rendelet

---

[404] Vö. WATERSON: *The Determinants of Market Structure*. 295.

[405] NEVEN, et al.: *Merger in daylight : the economics and politics of European merger control* (1993) 32.

[406] Lásd JACQUEMIN, et al.: *Horizontal mergers and competition policy in the European Community* (1989) B/3. fejezet.

(1989) elfogadása előtt közvetlenül, az Európai Bizottság szerint *"a koncentráció az érintett piacon ezidáig a döntő tényező"* volt.[407] Ehhez képest meglepő, hogy az Európai Bizottság jelentése szerint erős ellenérvek szólnak amellett, hogy piaci részesedési adatokat vagy hasonló koncentrációs mérőszámokat használjon[408], többek között a korábban már említettek miatt, miszerint a piaci részesedések és a koncentráció ismerete még nem jelenti azt, hogy piaci hatalommal bírna a vállalkozás. Éppen ezért a Bizottság azt feltételezte, hogy magas koncentráció vagy piaci részesedések a vizsgálat megindításához használandó indikátorok.[409] Szintén a strukturális elemek hatását mutatja az akkori versenypolitikai biztos megnyilatkozása: *"a versengő piaci szerkezeteket fenn kell tartani"*.[410] Ettől függetlenül azonban a koncentrációs mutatók alkalmazását vagy meghatározott piaci

---

[407] Ibid 48.

[408] Ibid 48.

[409] Ibid 48.

[410] BRITTAN: *Competition policy and merger control in the Single European Market* (1991) 46.

részesedések előre közzétett alkalmazását elutasította a biztos.[411] Pár évvel később az Európai Bizottság saját jelentése az alábbiak szerint fogalmazott: „*A fúziók közösségi szintű elbírálásában a strukturális tényezők kiemelt jelentősége és – különösen az Európai Bíróság által – a piaci részesedésekre helyezett hangsúly azt jelzik, hogy a strukturalista megközelítés volt a közösségi fúziókontroll igazi gyökere. A kifejezett piaci részesedésekre alapozott gazdasági erőfölény melletti vélelem hiánya azonban a rendeletből azt jelzi ugyanakkor, hogy 1989-re a strukturalista megközelítés leegyszerűsítő alkalmazásába vetett bizalom megingott [...]*"[412]. Az Európai Bizottság versenyről alkotott felfogása ekkorra az összes körülmény értékelésén alapult, amelynek szemléltetésére kifejezetten *Porter* versenyfelfogását használta.[413]

Azt, hogy az Európai Bizottság eleinte nem intézményesítette a HHI-t, azzal magyarázta, hogy míg az Egyesült Államokban elsősorban a nagyobb vállalkozások közötti összejátszás megakadályozása volt a

---

[411] Lásd pl. Ibid 37.

[412] LEHNER, et al.: *Evolution of mergers in the Community*. 57.

[413] Ibid 58. A könyv megjelent magyarul is: PORTER: *Versenystratégia* (2006)

legfontosabb, addig a közösségi fúziókontroll inkább az egyedüli gazdasági erőfölényre koncentrált.[414]

---

[414] Lásd LEHNER, et al.: *Key questions of Community merger control and their economic background.* 65.

9.6. Nyereség és megtérülési ráta

Sokan úgy vélik, hogy a magas nyereség a monopólium vagy alacsony szintű verseny, a normális nyereség a verseny, míg a veszteség a túlzásba vitt verseny jele.[415] A képlet elméletben viszonylag egyszerű. Az alap közgazdasági modellek esetében a teljes bevételből, ha kivonjuk az összesköltséget, akkor megkapjuk a nyereséget. Ezzel azonban véget is ér az elméleti egyszerűség, ugyanis a költségek meghatározása bár könnyűnek tűnhet, korántsem egyszerű.

A harvardi-iskola képviselői szerint a magas nyereség a rossz teljesítmény jelzője.[416] Ez azonban alapvetően téves megközelítésnek bizonyult a gyakorlatban[417], annak ellenére, hogy egyes

---

[415] CARLTON – PERLOFF: *Modern Industrial Organisation* (2005) 105. Lásd még GROUT – ZALEWSKA: *Measuring the Rate of Return for Competition Law* (2008) 4 Journal of Competition Law and Economics 155.

[416] Vö. CAMESASCA: *European Merger Control: Getting the Efficiencies Right* (2000) 122 – 123.

[417] Lásd pl. CARLTON – PERLOFF: *Modern Industrial Organisation* (2005) 105 – 107. oldalak vagy FISHER: *Economic Analysis and "Bright-Line" Tests* (2008) 4 Journal of Competition Law and Economics 129 139 – 140. oldalak és FISHER

versenyhatóságok gyakorlatában ez még ma is meg-megjelenik.[418] Hylton egyenesen azt írja könyvében, hogy az, hogy az erős koncentráció valószínűleg magas árakhoz vezet általánosan elfogadott, és úgy tűnik, hogy a versenyhatóságok „*állandó feltevései*" közé tartozik.[419] Ugyanakkor a valóságot tükröző megállapítás az, hogy a piaci szerkezet és a gazdasági profit között van valamilyen összefüggés.[420] A korábban részletezett ellentmondások ellenére, a nyereségesség bizonyos esetekben szolgálhat a piaci erő közvetett mérésére.

Elméletben egyszerű lenne a kérdés. Amennyiben egy vállalkozás jelentősen a határköltsége felett áraz, akkor a konvencionális megközelítés szerint piaci hatalommal bír. Ennek mérésére szolgálna a

---

– MCGOWAN: *On the Misuse of Accounting Rates of Return to Infer Monopoly Profits* (1983) 73 The American Economic Review 82.

[418] Vö. LIND – WALKER: *The (Mis)use of Profitability Analysis in Competition Law Cases* (2004) 25 ECLR 439.

[419] HYLTON: *Antitrust law: Economic Theory and Common Law Evolution.* (Cambridge University Press, Cambridge, 2003) 312.

[420] Lásd bővebben CARLTON – PERLOFF: *Modern Industrial Organisation* (2005) 245. és folyt.

korábban már ismertetett Lerner-index, amennyiben a határköltség számítható lenne. Ehelyett néha átlagköltséggel számolva próbálnak következtetéseket levonni, miután az árral összehasonlították. Ez a módszer azonban nem mentes a hibáktól.[421]

A rövid távú gazdasági nyereség bármilyen szerkezetű iparágban lehet negatív vagy pozitív, míg a hosszú távú gazdasági nyereség lehet pozitív vagy nulla.[422] Ez utóbbi a szabad belépést mutatja, míg az előbbiből nem lehet következtetést levonni az iparágban érvényesülő versenyről.[423] Érdemes már itt különbséget tenni a számviteli nyereség és a gazdasági nyereség között. A kettő ugyanis nagyon távol áll egymástól és az elsőt inkább az adójogszabályok szerint alakítják a

---

[421] Lásd pl. Ibid 254.

[422] Ez utóbbinak oka, hogy a be- és kilépések miatt tökéletes verseny esetén, amikor pozitív nyereség figyelhető meg, akkor belépnek új szereplők a piacra, ha veszteség, akkor pedig kilépnek. A belépésekkel a piaci ár elkezd lefelé csúszni mindaddig, amíg a tőke meg nem térül.

[423] Lásd bővebben CARLTON – PERLOFF: *Modern Industrial Organisation* (2005) 245 – 246.

vállalkozások[424], a második pedig arra szolgál, hogy megmutassa, mekkora nyereségre lehet szert tenni egy egységnyi pénzben kifejezett beruházással[425], ebbe beleértve a kockázati tényezőket és a tőke lehetőségköltségét.[426]

Ritkán használt eszköz a piaci hatalom mérésére a megtérülési ráta elemzése.[427] Grout és Zalewska a közelmúltban áttekintették a megtérülési ráták alkalmazását a versenyelemzésben és arra a következtetésre jutottak, hogy az csak egy eleme lehet a versenyelemzésnek, és ebben az esetben is elővigyázatosnak kell

---

[424] LIND – WALKER *The (Mis)use of Profitability Analysis in Competition Law Cases* (2004) 442. Vö. még HYLTON: *Antitrust law: Economic Theory and Common Law Evolution* (2003) 231 – 232.

[425] Lásd bővebben CARLTON – PERLOFF: *Modern Industrial Organisation* (2005) 247 – 253.

[426] A lehetőségköltség az adott tevékenység során felhasznált inputok lehető legjobb lehetséges felhasználásának költsége. CARLTON – PERLOFF: *Modern piacelmélet* (2003) 62.

[427] A megtérülési ráta kiszámítása önmagában nehézségekbe ütközik.

lenni,[428] az ugyanis inkább csak „művészet".[429] A nyereségességet többféle formában is lehet mérni, így pl. nettó jelenérték alapján, belső megtérülési ráta, árbevétel arányos nyereség, vagy a számviteli megtérülési ráta. Ezeket részletesen bemutatja egy, az Office of Fair Trading számára készült elemzés, amely a fentebbiekhez hasonló következtetésre jut.[430] A nyereségesség mérése olyan, mint a közgazdászok számára az érintett piac fogalma, csak fordított irányban. Az érintett piac egy versenyjogi sajátosság, és a közgazdaságtanban máshol nem lehet vele találkozni. A nyereségesség valamilyen

---

[428] Lásd bővebben GROUT – ZALEWSKA: *Profitability Measures*. In COLLINS, et al.: Issues in Competition Law and Policy. (MIT Press, Chicago, 2008). Lásd még szintén OXERA *Assessing profitability in competition policy analysis* (2003). *Fisher* ugyanakkor alapvetően szkeptikus a nyereségesség figyelembevételével kapcsolatosan. Lásd bővebben FISHER: *Detecting Market Power*. 360 – 364. Hasonlóan *Lind és Walker*: LIND – WALKER *The (Mis)use of Profitability Analysis in Competition Law Cases* (2004).

[429] GROUT – ZALEWSKA: *Profitability Measures*. 375. Hasonlóan látja *Lind és Walker* amikor azt írják, hogy a fentebbi egyszerű következtetés a nyereség és a verseny szintje között csak ritkán áll fenn és akkor is csak esetlegesen. LIND – WALKER *The (Mis)use of Profitability Analysis in Competition Law Cases* (2004) 439.

[430] Lásd OXERA *Assessing profitability in competition policy analysis* (2003), különösen 1.5. pont.

formában történő mérése számos területen a gazdaságban alapvető fontosságú tényező, de a versenyjogban csak egy kiegészítő tényező lehet sok egyéb tényező mellett.

A korábbi fejtegetés, illetve a nyereségességi ráta elemzése nem tévesztendő össze az ár-koncentráció elemzéssel, amelynek során azt vizsgáljuk pl. keresztmetszeti elemzéssel, hogy egy adott iparágban a magasabb vagy alacsonyabb koncentrációs szint milyen árakkal párosul. Pl. ha nincs összefüggés az ár és a koncentráció között, akkor az azt jelentheti, hogy a piaci részesedésekhez nem párosul piaci hatalom.

A nyereségességet az Európai Bizottság a Fúziós Rendelet (1989) elfogadása körüli időszakban szkeptikusan szemlélte, mivel egyértelmű összefüggést feltételezett a piaci koncentráció és a nyereségesség között[431], bár felhívta a figyelmet a nem sokkal korábban készült empirikus kutatásokra, amelyek ennek ellentmondanak.[432] Az Európai

---

[431] Lásd JACQUEMIN, et al.: *Horizontal mergers and competition policy in the European Community* (1989) 48.

[432] Ibid 48.

Bizottság a *Mitsui/CVRD/Caemi ügyben*[433] például az erős – majdnem tökéletes – versenyre hivatkozást azzal hárította el, hogy az adott iparágban magas a nyereség, így ez ellentmond a felek érveinek. Azonban arra is használta már az Európai Bizottság a nyereségességi mutatókat, hogy az erős versenyt kimutassa.[434]

Ahhoz, hogy a nyereségességet versenyjogi elemzésekhez használjuk a fúziós ügyekben, hasonló nehézségeket kell leküzdeni, mint amikor egy ár túlzó voltát akarjuk meghatározni egy 102. cikk szerinti túlzó árazással kapcsolatos ügyben.[435] Bár elméletben a konzisztensen a versenyárhoz képest magasabb ár a piaci hatalomra utalhat, megfelelő következtetések levonásához a módszertan csak elméletben alkalmazható nagy biztonsággal.

---

[433] COMP/M.2420. sz. ügy (2001. október 30.) *Mitsui/CVRD/CAEMI* [2004] L 92 50-90 51. bekezdés.

[434] Lásd pl. COMP/M.2074. sz. ügy (2000. szeptember 28.) *Tyco/Mallinckrodt* [2000] C 318 6. 21. bekezdés. Lásd még IV/M.1157. sz. ügy (1998. november 11.) *Skanska/Scancem* [1999] L 183 1-28 81. bekezdés.

[435] Lásd bővebben PINTÉR: *A túlzó árazás megállapításának elmélete* (2009) V Versenytükör 38.

10. A piaci hatalom megközelítő közvetlen mérése

10.1. Bevezető – a piaci hatalom megközelítő közvetlen mérése

Az utóbbi két évtizedben jelentősen megnőtt a lehetősége a piaci hatalom megközelítő közvetlen mérésének, mivel a számítógépek elterjedése óriási adathalmaz rögzítését, feldolgozását és elemzését tette lehetővé. A jog- és közgazdaságtudomány jelenleg ezeket a kérdéseket előszeretettel feszegeti annak érdekében, hogy a korábbi részben intuitív jogtechnikai megoldásokat jobban alá tudjuk támasztani vagy finomítsuk azokat. Az alábbiakban röviden kitérünk az árfelhajtó erőre, tőzsdei adatok elemzésére, az ár-koncentráció elemzésére, a természetes kísérletekre, az aukciós elemzésekre és a fúziós szimulációkra.[436] A közgazdaságtanban önálló tudománnyá fejlődő ökonometria kiemelt szerephez jut e mérések során. Az ökonometria célja a gazdasági jelenségek matematikai jellegű

---

[436] Egy érdekes fejlődési lehetőség áll a fogyasztók közvélemény kutatása előtt, amely szintén alkalmas lehet a piaci hatalom empirikus mérésére. Egy érdekes tanulmány a közelmúltban a témáról: REYNOLDS – WALTERS: *The Use of Customer Surveys for Market Definition and the Competitive Assessment of Horizontal Mergers* (2008) 4 Journal of Competition Law and Economics 411.

elemzése, valamint a közgazdasági elméletek és modellek tapasztalati adatok alapján történő igazolása, vagy cáfolása. Külön kiemelendő a regressziószámítás és idősorelemezés. A regresszióanalízis során két vagy több véletlen változó közötti fennálló kapcsolatot modellezünk. A módszerek lehetővé teszik, hogy alapvető összefüggéseket vagy jelentős egymásra hatást elválaszthassunk más elképzelhető magyarázatoktól. A többtényezős regresszióanalízisek során fontos figyelemmel lenni arra, hogy különbséget tegyünk összefüggés és okozat között. Az, hogy két elem között összefüggés figyelhető meg, nem jelenti azt, hogy okozati összefüggés is van közöttük.[437] A fúziókontrollban, immár mondhatni napi szinten alkalmazott új technikák igen gyakran lényegileg az ökonometria és a játékelmélet elemeit ötvözik. Ezek a technikák azonban már régóta az Európai Bizottság figyelmébe kerültek, amely a kezdetektől úgy fogta fel, mint amelyek arra legalább alkalmasak, hogy előzetesen felmérjék a piaci

---

[437] Lásd még RUBINFELD: *Quantitative Methods in Antitrust*. In COLLINS, et al.: Issues in Competition Law and Policy. (MIT Press, Chicago, 2008).

versenyhelyzetet és kiválasszák a megfelelő szempontokat a mélyebb elemzéshez.[438]

Itt érdemes kitérni arra, hogy a piaci hatalom közvetlen mérése is megközelítő mérés, azaz e tekintetben rokon vonásokat mutat a közvetett eszközökkel. Ami megkülönbözteti azoktól az, hogy a megközelítő közvetett mérés gyakorlati kompromisszum eredménye, hiszen gyakran a szükséges adatok nem állnak rendelkezésre teljes mértékben, vagy azok összegyűjtése olyan mértékű erőforrás ráfordítást igényelne, amely aránytalan. A fentebbiek okán tehát ezen módszerek esetében is élünk egyszerűsítésekkel, előfeltevésekkel a gyakorlatban.

---

[438] Lásd pl. LEHNER, et al.: *Evolution of mergers in the Community.* 59.

10.2. Árfelhajtó erő

Farrell és Shapiro 2008-ban fogalmazta meg újszerű[439] elgondolását[440], amely differenciált termékpiacokon, *Bertrand alapú verseny* esetén[441] horizontális összefonódások vonatkozásában az ár/költség hányad és a vállalkozások termékei közötti közvetlen helyettesíthetőségből levezetve kiiktatja a piacmeghatározás szükségességét és megközelítőleg méri a piaci hatalmat.[442] A tesztnek az *"árfelhajtó erő"* (upward pricing pressure) elnevezést adták. Az elmélet lényege, hogy az összefonódó vállalkozások közötti közvetlen verseny megszűnéséből származó hátrányokat állítja szembe a határköltség csökkenéssel, amelyek nettó hatását veszi alapul. Az elmélet viszont nem követeli meg az iparág teljes egyensúlyi elemzését, és „mindösszesen" az összefonódás előtti áradatokon és költségeken (árrés) alapul az áttérési

---

[439] Azért nem tekinthető újnak, mivel lényegében a később ismertetett fúziós szimulációkból „nőtte ki" magát.

[440] FARRELL – SHAPIRO: *Antitrust Evaluation of Horizontal Mergers: An Economic Alternative to Market Definition.* (SSRN, 2008).

[441] Ennek jelentőségére lásd ibid 14 – 15.

[442] Ibid

arány meghatározása mellett. A szerzők azonban maguk is hangsúlyozzák, hogy az elméletük leginkább arra alkalmas, hogy egy előzetes mérceként szolgáljon az összefonódás várható hatásaira.[443] Ugyanakkor, mint ilyen, könnyedebben alkalmazható, mint a fúziós szimulációk[444] és egyszerűbb. mint az érintett piac meghatározása.[445] Az elgondolás viszonylag rövid idő alatt az Egyesült Államok horizontális iránymutatásába be is szivárgott.[446]

A leírtakból egyenesen következik, hogy az árfelhajtó erő elméletének alkalmazása egyrészt még tényleges tesztelésre vár, másrészt komplex elemzések és ezek alapján fúziós határozatok meghozatalára önmagában nem alkalmazható. Tekintettel arra, hogy az alkalmazásához szükséges adatok beszerzésére egyébként is szükség van, így jó eszközként szolgálhat ahhoz, hogy a versenyhatóság eldönthesse, a bejelentett összefonódás esetén lesz-e szükség második

---

[443] Lásd pl. Ibid 12. és 14.

[444] Ibid 24 – 25.

[445] Ibid25 – 27.

[446] Lásd Horizontal Merger Guidelines (2010) 21.

fázis megindítására. Azonban, még ha az adott módszertan bizonyos összefonódások esetében elméletben alkalmas is lenne az érintett piac meghatározása nélküli végleges döntéshozatalra, az uniós jog mai állása mellett úgy tűnik az érintett piac meghatározása megkerülhetetlen.[447] Fel kell hívni azonban a figyelmet arra, hogy az érintett piac meghatározásának kötelezettségéről az uniós bíróságok a gazdasági erőfölény kapcsán nyilatkoztak, az erőfölény teszt alapján.[448] Elméletileg lehetséges, hogy amennyiben egyértelműen nem jön létre gazdasági erőfölény, de más módon bizonyítható a SIEC-teszt követelménye, akkor az érintett piac meghatározásának szükségessége megkerülhető lehet.[449] Az Európai Bizottság vonatkozó jogpolitikai közleményei jelen állás szerint nem tesznek valószínűvé egy ilyen

---

[447] Lásd pl. Air France kontra Bizottság (T-3/93. sz. ügy) 80. pont.

[448] Az Air France ügyben is a gazdasági erőfölényes ügyekkel *analóg* módon írta elő a Törvényszék az érintett piac meghatározásának kötelezettségét. Ibid 80. pont. Ezt megerősítette a Törvényszék az EasyJet ítéletében is. easyJet (T-177/04. sz. ügy) 55. pont.

[449] Bár későbbi ítéletek is előírták az érintett piac meghatározásának követelményét, akárcsak az *erőfölény* teszt alkalmazása során. (Lásd pl. Airtours (T-342/99. sz. ügy) 20. pont; General Electric (T-210/01. sz. ügy) 45. pont; Kali és Salz (C-68/94. és C-30/95. sz. egyesített ügyek) 143. pont).

megközelítés elterjedt gyakorlati alkalmazását az Európai Unióban.[450] Egy erős ellenvetés továbbá a javasolt módszertannal szemben, hogy a szerzőpáros szerint az árfelhajtó erő egy megdönthető vélelmet alapozna meg. Ezzel azonban joggal vethető fel, hogy míg a módszertan egy előzetes szűréshez jól alkalmazhatónak tűnik azon esetekben, amelyek eleget tesznek a szükséges követelményrendszernek[451], addig egy formálisan is a bizonyítási teher megfordítását eredményező megdönthető vélelem ennek alapján történő megalapozása nem biztos, hogy kívánatos.[452] Összességében egyet kell értetnünk Simons és Coate álláspontjával, akik részletes elemzést követően arra jutnak, hogy az árfelhajtó erő nem alkalmas arra, hogy önálló tényező legyen

---

[450] Vö. Horizontális iránymutatás (2004) 6. és 10. bekezdései. Bár meg kell jegyezni, a 10. bekezdés azt említi, hogy „az összefonódások bizottsági értékelése *rendszerint* felöleli" (kiemelés tőlem).

[451] A módszertan korlátainak technikai bemutatására lásd BAILEY, et al.: *Merger Screens: Market Share-Based Approaches Versus "Upward Pricing Pressure"* (2010) The Antitrust Source 1.

[452] Lásd még LEONARD – LOPEZ: *Farrell and Shapiro: The Sequel* (2009) 23 Antitrust 14 16.

egy összefonódás értékelésekor, azaz annak alapján önmagában eldöntsenek egy összefonódást.[453]

---

[453] SIMONS – COATE: *Upward Pressure on Price Analysis: Issues and Implications for Merger Policy* (2010) 6 European Competition Journal 377.

10.3. Tőzsdei adatok

Első ránézésre furcsának tűnhet, hogy a tőzsdei adatokat, egészen pontosan tőzsdén szereplő vállalkozások összefonódásokról szóló bejelentéseit követő reakciókat a piaci hatalom megközelítő közvetlen elemzése körében tárgyaljuk. A tőzsde, a tőzsdén jegyzett vállalkozások részvényeit vásárlók vagy eladók ugyanakkor az alaphipotézis szerint jó közelítéssel meg tudják becsülni egy várható összefonódás következményeit a kérdéses vállalkozás teljesítményére.[454] Így az alaphipotézis szerint a jelenlegi tőzsdei árfolyamok a vállalkozás jövőbeli profitszerző képességének nettó jelenértékét tükrözik. Ezt alkalmazva a számunkra most jelentős piaci hatalom kérdéskörére azt láthatjuk, hogy a tőzsdei reakciók viszonylag jól tükrözhetik, hogy egy

---

[454] E tekintetben különbséget tehetünk a között, hogy hatékonynak vagy részlegesen hatékonynak (félerős, közepesen erős) tekintjük a tőzsdepiacokat. Az előbbi esetén azt feltételezzük, hogy minden információ a rendelkezésre áll és ez adja alapját a részvény árának, míg az utóbbi esetén, hogy az összes nyilvánosan elérhető adat be lett árazva a részvény árába. Erre lásd bővebben: COX – PORTES: *Mergers in Regulated Industries: the Uses and Abuses of Event Studies* (1998) 14 Journal of Regulatory Economics 282 – 285. Lásd még KOKKORIS: *A Practical Application of Event Studies in Merger Assessment: Successes and Failures* (2007) 3 European Competition Journal 65 71 – 73.

vállalkozásnak nőni fog-e a nyeresége egy összefonódás után, ami viszont vagy piaci hatalomra, vagy pedig hatékonyságnövekedésre utalhat. Hogy melyikről van szó, az az adott tranzakció részletes elemzését igényli.

Amennyiben egy tőzsdén jegyzett vállalkozás részese egy összefonódásnak, annak általában nyilvánosságra kell hoznia e szándékait[455], ha máskor nem, akkor az a Fúziós Rendelet alapján történő bejelentése[456] után, az 1. fázis során mindenképpen nyilvánossá válik.[457]

A tőzsdei reakciók alapján várt hatások főbb vonásai az alábbiak szerint összegezhetők. Ha tőzsdei várakozások az ár emelkedését valószínűsítik, úgy mind az összefonódó felek, mind a versenytársak részvényeinek ára emelkedik. Amennyiben csak költségcsökkenést várnak áremelkedés nélkül, akkor az összefonódó felek részvényeinek

---

[455] Ennek részletes szabályait az egyes jogrendszerek jogforrásai tartalmazzák.

[456] A bejelentés feltételeire lásd Fúziós Rendelet (2004) 4. cikk (1) és (4) bekezdéseit.

[457] Lásd ibid 4. cikk (3) bekezdés és 20. cikk.

ára emelkedik, a versenytársaké csökken. Amennyiben hatékonyságnövekedést is várnak, akkor a vásárlók árfolyama emelkedik, ha a piaci erő növekedését, akkor pedig a vásárlók árfolyama csökken. Ezt szemlélteti az alábbi ábra[458]:

Várakozások	Összefonódó felek részvényárfolyama	Versenytársak részvényárfolyama	Vásárlók részvényárfolyama
Ár emelkedése (piaci hatalom növekedése)	+	+	-
Költségcsökkenés, áremelkedés nélkül, hatékonyság növekedése	+	-	+

A fentebbi hipotézisek viszonylag stabil közgazdasági alapokon nyugszanak, miszerint horizontális összefonódások esetében a legtöbb

---

[458] *Neven és Röller* viszonylag egyszerűen szemlélteti egy alapmodellen az összefüggést. Lásd ibid 17 – 18. Lásd még ugyanezen szerzők és *Duso* nagyrészt azonos tartalmú tanulmányát: DUSO, et al.: *The Political Economy of European Merger Control: Evidence using Stock Market Data* (2006) SSRN eLibrary 6 – 9. Hasonló, de az egyes eseményekre rövid magyarázatokkal is ellátott táblázat található még: COX – PORTES *Mergers in Regulated Industries: the Uses and Abuses of Event Studies* (1998) 290.

alkalmazható modell azt sugallja, hogy a horizontális összefonódások általában (differenciált termékek esetében a termékdifferenciálással súlyozva) magasabb piaci árat eredményeznek egyensúlyi állapotban.[459] Az egyensúlyi állapot pedig minden versenytárs vállalkozásra irányadó. A piaci ár emelkedése általában ahhoz vezet, hogy emelkedik az összefonódó felek és azok versenytársainak nyereségessége[460] rövid távon.[461] Az erre épülő várakozások miatt

---

[459] Ez igaz főszabályként mind a Cournot-, mind a Bertrand alapú modellekre, feltételekkel. Lásd pl. NEVEN – RÖLLER: *Discrepancies between markets and regulators: An analysis of the first ten years of EU merger control*. In NYKVIST: The Pros and Cons of Merger Control. (Swedish Competition Authority, Stockholm, 2002) 19.

[460] Ennek empirikus elemzésére az Európai Közösségben lásd pl. DUSO, et al.: *Is the Event Study Methodology Useful for Merger Analysis? A Comparison of Stock Market and Accounting Data* (2007) SSRN eLibrary . Ugyanakkor érdemes felhívni a figyelmet arra, hogy ez nem minden esetben van így. Pl. az ún. megelőző összefonódások esetében (amikor inkább felvásárolnak egy vállalkozást, csak nehogy más vásárolja fel), elképzelhető, hogy a nyereségesség csökken, a részvény árfolyama viszont emelkedik.

[461] Más lehet a helyzet, ha új piacra lépők jelennek meg.

pedig azok részvényárfolyama is emelkedni fog.[462] Ezt nevezzük 'események hatásvizsgálatának' (event study)[463]. Természetesen ez akkor igaz, ha nem olyan összefonódásról van szó, ami jelentősen növeli a hatékonyságot, amely hatékonyságnövekedés jótékony hatásaiból a vásárlók is részesednek alacsonyabb árak formájában.[464] Ez utóbbi megállapításból az a következtetés is levonható, hogy az összefonódó felek részvényárfolyamából önmagában nem lehet kiolvasni, hogy az azért emelkedik, mert áremelkedést vagy mert jelentős hatékonyságnövekedést vár a piac.

A számos pozitív elem mellett ugyanakkor a tőzsdei reakciók önmagában történő használata nem tűnik lehetségesnek az

---

[462] Ennek egy korai tesztelésére és kifejtésére lásd STILLMAN: *Examining antitrust policy towards horizontal mergers* (1983) 11 Journal of Financial Economics 225.

[463] Röviden lásd COX – PORTES *Mergers in Regulated Industries: the Uses and Abuses of Event Studies* (1998) 285 – 286. oldalak és KOKKORIS *A Practical Application of Event Studies in Merger Assessment: Successes and Failures* (2007) 73 – 77. Az események hatásvizsgálatának korlátaira lásd még szintén ibid 91 – 96.

[464] Ezzel kapcsolatban lásd még KOKKORIS *A Practical Application of Event Studies in Merger Assessment: Successes and Failures* (2007) 66 – 67.

összefonódások engedélyezéséhez, többek között azért, mivel számos feltételnek kell teljesülnie a fentebbi intuitív következtetések helytállóságához.[465] Az alkalmazás egyik alapvető korlátja a fúziókontroll terén, hogy az csak az egyoldalú hatások mérésére alkalmas, valamint nem célszerű alkalmazni konglomerátum típusú összefonódások esetén.[466] Egy másik hátránya, hogy a versenyhatóság így arra hagyatkozik, hogy az eleve *feltételezetten* hatékonyan vagy közepesen hatékonyan működő tőzsdepiac hogyan ítéli meg az összefonódást. Az árfolyamban azonban benne található az a feltételezés is, hogy a versenyhatóság vajon jóváhagyja-e az összefonódást vagy sem. Ha azt *feltételezik* a tőzsdei szereplők, elemzők, hogy igen, akkor magasabb lesz a részvényárfolyam, mintha azt, hogy nem. Ezzel pedig az jár, hogy a saját várható döntéséről

---

[465] Így pl. feltételezzük, hogy a tőkepiacok hatékonyan vagy részlegesen hatékonyan működnek, a szereplői racionálisan viselkednek, a versenytársak nem lépnek ki a piacról, a versenytársak hatékonysága nem változik, az ún. 'zajokat' ki tudjuk szűrni, stb. Néhány problémáról lásd még ibid 91 – 96.

[466] Lásd általában NEVEN – RÖLLER: *Discrepancies between markets and regulators: An analysis of the first ten years of EU merger control.* 19 – 21.

alkotott feltételezésre (is) épít(ene) a versenyhatóság.[467] Ami a hátrány, az más szempontból azonban előny is, mivel a tőzsdepiac ugyanakkor teljesen független a versenyhatóságtól, ami feltételezi a semleges megítélést a részvények értéke vonatkozásában.[468] Sőt, empirikus bizonyítékok alapján az a feltételezés is helytállónak tűnik a szakirodalom szerint, hogy bár a piacok nem mindig ítélik meg helyesen a helyzetet, ugyanakkor nem ítélik meg szisztematikusan helytelenül.[469] Érdemes még megjegyezni, hogy a fogyasztói jólét szempontjából nem lehet leegyszerűsíteni a kérdést az ár növekedésére vagy csökkenésére és annak alapján megítélni a fogyasztói jólétre gyakorolt hatását az összefonódásnak, így versenypolitikai szempontból a tőzsdei adatokra történő hagyatkozás önmagában nem célravezető.

---

[467] További problémákra lásd még FARRELL – SHAPIRO *Horizontal Mergers: An Equilibrium Analysis* (1990) 117 – 118.

[468] Az Európai Bizottság azonban úgy tűnik, alapvetően szkeptikus a tőzsdei elemzők által levont következtetésekkel kapcsolatosan. Lásd pl. COMP/M.1672. sz. ügy (2000. március 15.) *Volvo/Scania* [2001] L 143 0074 - 0132 118. bekezdés.

[469] Lásd COX – PORTES *Mergers in Regulated Industries: the Uses and Abuses of Event Studies* (1998) 285.

Nem véltetlen, hogy számos szerző szkeptikus az ilyen jellegű statisztikai módszerek alkalmazásával.[470] A módszertannak alapvető korlátja az alaphipotéziseken túlmenően, hogy ha a versenytársak nagyon sokféle terméket gyártó vállalkozások, akkor, ha a bevételük csak egy kis hányadát termelik a kérdéses piacon, nem feltétlenül tükröződik az árfolyamban a versenykorlátozó hatás.[471] Kétségtelen előnye viszont ezeknek a módszereknek, hogy segít fókuszálni arra, hogy egy összefonódás hatása nem merül ki az áremelés képességében, hanem szükséges megnézni a versenytársak lehetséges reakcióit és az

---

[470] Lásd pl. LYONS: *An Economic Assessment of EC Merger Control: 1957-2007.* (SSRN, 2008) 48., , vagy DUSO, et al. *Is the Event Study Methodology Useful for Merger Analysis? A Comparison of Stock Market and Accounting Data* (2007) 2.

[471] Lásd MCAFEE – WILLIAMS: *Can event studies detect anticompetitive mergers?* (1988) 28 Economics Letters . A szerzők olyan összefonódást vizsgáltak, amelyről tudott volt a versenykorlátozó hatás (Xidex – Kalvar összefonódás 1979-ben) az események hatásvizsgálatával kapcsolatosan úttörőnek számító Eckbo és Wier módszerével hosszú távú időtartamban. *Fridolfsson és Stennek* egy másik – elméleti – ellenérvvel szolgálnak. Álláspontjuk szerint egy-egy összefonódás esetén az egyik jelentős kérdés, hogy kik azok, akik között megtörténik az összefonódás, azaz ki az, aki részese az összefonódásnak és ki az, aki kívülálló. A tőzsdei reakciók ugyanis ezt a kérdést is visszatükrözik, nevezetesen annak értékét, hogy ki az, aki részese lett a tranzakciónak és mely vállalkozások maradtak azon kívül.

ő versenyhelyzetükben bekövetkező változást, illetve, hogy a hatékonyság növekedés kérdése alapvető jelentőségű. Találó Cox és Portes azon megfogalmazása, miszerint *"ha egy összefonódás bejelentése növeli mind az összefonódó, mind a versenytárs vállalkozások piaci kapitalizációját (nő a részvény árfolyama), akkor feltehetőleg szükséges megvizsgálni azon érintett antitröszt piacon fennálló versenyfeltételeket, amelyen a vállalkozás működik"*[472].

Neven és Röller 2002-ben egy tanulmányukban 2002 közepéig áttekintettek minden 2. fázisba jutó összefonódást[473]. Következtetésük többek között, hogy az Európai Bizottság viszonylag ritkán tiltott meg olyan összefonódásokat, amelyeket a piac versenyösztönzőnek ítélt, ugyanakkor viszonylag gyakran engedélyezett olyanokat, amelyeket versenykorlátozónak[474]. A tanulmányuk két fontos megállapítása, amelyekkel egyet kell értenünk, hogy a gazdasági erőfölény

---

[472] COX – PORTES *Mergers in Regulated Industries: the Uses and Abuses of Event Studies* (1998) 289.

[473] NEVEN – RÖLLER: *Discrepancies between markets and regulators: An analysis of the first ten years of EU merger control.*

[474] Ibid 16.

létrehozása, megerősítésének követelménye a Fúziós Rendeletben nincs szoros összefüggésben az összefonódás utáni áremelkedéssel; úgy is elképzelhető áremelkedés, hogy nem jön létre, vagy nem erősödik meg gazdasági erőfölény.[475] A másik fontos megállapításuk, hogy egész sokáig az összefonódások vizsgálatakor a hatékonyságnövekedéseket nem kezelték elkülönülten az elemzés során az Európai Bizottságban.[476] Ez utóbbi helyzet azonban változóban van.[477]

Duso, Gugler és Yurtoglu szintén az új rendelet hatálybalépése előtti összefonódásokat vizsgálták hasonló módszerrel, de valamelyest nagyobb mintán.[478] Az egyik jelentős megállapításuk, hogy attól függően, hogy mekkora időkeretet vizsgálunk az összefonódás bejelentését megelőzően, eltérő a módszertan alkalmazhatósága a piaci várakozások helytállóságára vonatkozó empirikus megfigyelések

---

[475] Ibid 21.

[476] Ibid 22.

[477] Lásd pl. Horizontális iránymutatás (2004) 11 – 12. és 76 – 88. bekezdések.

[478] DUSO, et al. *Is the Event Study Methodology Useful for Merger Analysis? A Comparison of Stock Market and Accounting Data* (2007).

tükrében. Hosszú időkeret esetében a piaci várakozások pontosabban tükrözik a későbbi fejleményeket, mint rövid időkeret esetében.[479]

A hivatkozott empirikus tanulmányok az erőfölény teszt alapján eldöntött eseteket vizsgálták, azonban várhatóan a SIEC teszt nem hoz a továbbiakban sem érdemi változást a módszertan alkalmazhatósága vonatkozásában, vagy ha igen, akkor inkább az lesz megfigyelhető, hogy az Európai Bizottság jobban figyelembe veszi a tőzsdei adatokat. Ennek oka, hogy míg a gazdasági erőfölény megállapítása esetén egy erősen piacszerkezeti elemzésről beszélhetünk, addig a hatásos verseny jelentős akadályozásának vizsgálata során nagyobb hangsúlyt fektethet a versenyhatóság a piaci hatalmat jelző más tényezőkre. Az ilyen elemzések alkalmasak lehetnek arra, hogy az Európai Bizottság *ex ante* (értvén ez alatt az ügyet lezáró határozat előtt, az eljárás folyamán) elemezze az összefonódások várható versenyhatásait, és ennek során a tőzsdei reakciókat is bizonyítékként használja. Még ha a valós életben nem is teljesül minden alapfeltevés a módszertan alkalmazásához, akkor is a 'több szem többet lát' elv alapján az adott piacot kellően ismerő a versenyhatóságtól semleges piaci befektetők a tőzsdei

---

[479] Lásd bővebben ibid

részvényárfolyamok alakításán keresztül segítséget nyújthatnak az Európai Bizottságnak.

Végezetül érdemes megemlíteni még, hogy a tőzsdei adatok elemzése arra is használható *ex post*, hogy teszteljük a versenyhatóságok döntésének helyességét, és rámutassunk első és második fajú hibákra. Sőt e tekintetben az egyik leghasználhatóbb elemzési módszer, hiszen egy összefonódást és *annak hiányát* is tudjuk elemezni.[480] Valójában a számos empirikus tanulmány, amely a módszertan alkalmazásának általános kérdéseit feszegeti, ilyen empirikus elemzésen alapul[481]. Kokkoris két közösségi szintű összefonódást[482] elemez ex post a 2007-

---

[480] Általában egy összefonódás hatásait csak akkor tudjuk megfigyelni, ha azt engedélyezték vagy végbement.

[481] Lásd pl. NEVEN – RÖLLER: *Discrepancies between markets and regulators: An analysis of the first ten years of EU merger control.*, DUSO, et al. *Is the Event Study Methodology Useful for Merger Analysis? A Comparison of Stock Market and Accounting Data* (2007), , DUMONT: *Are European Competition Authorities Wrong? - Estimating Market Power From Abnormal Stock Returns* (2006) 51 Antitrust Bulletin 411 vagy STILLMAN *Examining antitrust policy towards horizontal mergers* (1983).

[482] COMP/M.3333. sz. ügy (2004. július 19.) *SONY/BMG* [2005] HL 62 30-33 és Oracle/PeopleSoft (COMP/M.3216. sz. határozat).

ben megjelent tanulmányában: az összefonódó felek és versenytársaik részvényárfolyamának változását veti össze a tőzsde egészét tükröző összes részvényárfolyam változásával a hivatalos bejelentés napján. A *Sony/BMG* összefonódás[483] esetén pozitív abnormális megtérülés volt megfigyelhető, amelyet a szerző a későbbi fejleményekkel összevetve helytállónak talált, azaz a piacok helyesen jósolták meg a piaci erő növekedését.[484] Az *Oracle/PeopleSoft* összefonódás[485] esetében pedig az Európai Bizottság a részvényárfolyamokkal és a piaci várakozásokkal ellentétben az összefonódást nem ítélte a versenyre károsnak.[486]

Az Európai Bizottság az *Airtours/First Choice* ügyben[487] figyelemmel volt a tőzsdepiacok jelzéseire, sőt *"alaposan megfontolta a módszert, az*

---

[483] SONY/BMG (COMP/M.3333).

[484] KOKKORIS *A Practical Application of Event Studies in Merger Assessment: Successes and Failures* (2007) 80.

[485] Oracle/PeopleSoft (COMP/M.3216. sz. határozat).

[486] Lásd bővebben KOKKORIS *A Practical Application of Event Studies in Merger Assessment: Successes and Failures* (2007) 80 – 85.

[487] IV/M.1524. sz. ügy (1999. szeptember 22.) *Airtours/First Choice* [2000] 93 0001

adatokat és az előterjesztett elemzés eredményeit".[488] Ennek során kiemelte, hogy amikor az Airtours ajánlata a First Choice iránt napvilágra került, a versenytárs Thomson részvényárfolyama 9 százalékot esett azon a napon, attól való félelemben, hogy a társaság árháborúba kezd, így az utóbbinak meg kellett győznie a tulajdonosokat, hogy nem akar plusz kapacitást a piacra vinni, hanem csak meg akarja szerezni azt, ami az Airtours/First Choice összefonódás következtében a piacon marad.[489] Ezen túlmenően az Airtours az *Eckbo-Stillman teszttel*[490] védekezett a kifogásközlésre.[491] Érvük az általunk fentebb ismertetett érv volt, miszerint ha az összefonódás versenykorlátozó lenne (jelen esetben közös gazdasági erőfölényt hozna létre), akkor minden érintett versenytárs részvényárfolyamának

---

[488] Ibid 157. bekezdés.

[489] Ibid 137. bekezdés.

[490] Az Eckbo-Stilman teszt gyakorlatilag a most tárgyalt tőzsdei reakciók elemzésére vonatkozó teszt. Elnevezését a két szerzőről kapta, akik egy évben és egyazon periodikában publikálták hasonló elképzeléseiket. Lásd STILLMAN *Examining antitrust policy towards horizontal mergers* (1983) és ECKBO: *Horizontal mergers, collusion, and stockholder wealth* (1983) 11 Journal of Financial Economics 241.

[491] Airtours/First Choice (IV/M.1524) 154. bekezdés.

emelkednie kellene.⁴⁹² Az Airtours közgazdasági tanácsadója a Lexecon elemezte Thomson árfolyamát, de az jelentősen esett a bejelentés hatására, ami azt jelzi, hogy az összefonódás a versenyre pozitív hatást gyakorol a várakozások szerint.⁴⁹³ Az Európai Bizottság elismerte, hogy a részvények árfolyamváltozása bizonyos esetekben értékes információként szolgálhat, de az csak közvetett bizonyíték, mivel *„az adatok nem kapcsolódnak közvetlenül az érintett piachoz".*⁴⁹⁴ Hivatkozott továbbá arra a tipikusan ellenérvként felhozott tényre is, hogy az adatok gyakran nem mentesek a külső behatásoktól, amelyek részben vagy egészben függetlenek lehetnek a vizsgált piactól, és amely külső behatások erősebbek lehetnek, amikor számos mendemonda kering lehetséges összefonódásokról.⁴⁹⁵ A Bizottság nem látta kellően bizonyítottnak a tanulmány megállapításait és az okozati összefüggést,

---

⁴⁹² Ibid 154. bekezdés.

⁴⁹³ Ibid 155. bekezdés.

⁴⁹⁴ Ibid 156. bekezdés.

⁴⁹⁵ Ibid 156. bekezdés.

különös tekintettel arra, hogy nem volt megelégedve a külső behatások kizárásának magyarázatával.[496]

Hasonlóan az árfelhajtó erőhöz, a tőzsdei adatok elemzése is számos előnnyel bír, amelyeket az előzőekben részleteztünk. Itt még arra kell utalni, hogy ezek az adatok gyakorlatilag minden különösebb nehézség és költség nélkül beszerezhetőek, amelyek így igencsak alkalmassá teszik a módszert arra, hogy szintén előszűrőként alkalmazzuk egy-egy összefonódás vizsgálatának kezdetén. Azonban ez a módszer sem alkalmas – mint már utaltunk rá – önmagában egy összefonódás megítélésére.

---

[496] Ibid 157. bekezdés. Vö. pl. 127 – 137. bekezdésekben említett kapacitásnöveléssel.

10.4. Ár-koncentráció elemzés

Korábban már részben kitértünk a HHI bemutatása során egy piac koncentráltságára és az abból levonható következtetések egy részére. Érdemes felidézni, miszerint a fúziókontroll egész létezésének egyik elméleti alapja, hogy feltételezzük, hogy a piacok egy bizonyos előre meg nem határozható koncentráltsági szint felett hajlamosak versenykorlátozó magatartásokat indukálni, így az ilyen helyzetek mesterséges létrejöttét a jogalkalmazó szervek meg kívánják előzni. Az ár-koncentráció elemzés során a piac koncentráltságát és az érvényesülő árakat, illetve a kettő közötti összefüggéseket vetjük össze. Köztudomású, hogy a harvardi-iskola képviselői szerint a magas nyereség a rossz teljesítmény jelzője.[497] Annak ellenére, hogy az alapfeltevést, miszerint magasabb koncentráció mellett csökken a verseny intenzitása, ritkán kérdőjelezik meg alapjaiban, az ár-koncentrációelemzést kevés kivételtől eltekintve nem használják kifejezetten a versenyhatóságok az összefonódások hatásainak vizsgálatára. Erre nincs is szükség, hiszen a koncentráció és az ár közötti

---

[497] Vö. CAMESASCA: *European Merger Control: Getting the Efficiencies Right* (2000) 122 – 123.

összefüggést a hagyományos elemzési módszerek inkorporálják. Az eljárás alapvetően olyan esetekben vezethetne sikerre, ahol izolálni tudjuk az összefonódás hatását más hatásoktól, mint pl. eladási mennyiségek, termékmix, marketing költségek, forgalmazási költségek stb.[498] A módszertan elterjedt iparágak elemzése során[499], de egy összefonódás hatásainak vizsgálatára önmagában nem alkalmas.[500] Meg kell azonban jegyezni, hogy az Európai Bizottság horizontális iránymutatása szerint az *"összefonódás előtti magas haszonkulcsok [...] jelentős áremelést valószínűsítenek"*.[501]

---

[498] LINDSAY – BERRIDGE: *The EC Merger Regulation: Substantive Issues* (2009) 593 – 594.

[499] Lásd egy összefoglalóra pl. PAUTLER: *A Review of the Economic Basis for Broad-Based Horizontal-Merger Policy* (1983) 28 Antitrust Bulletin 571 615 – 625.

[500] Lásd még HARKRIDER: *Proving Anticompetitive Impact: Moving Past Merger Guidelines Presumptions* (2005) Columbia Business Law Review 317 328 – 329. oldalak, BAKER: *Mavericks, Mergers and Exclusion: Proving Coordinated Competitive Effects under the Antitrust Laws* (2002) 77 New York University Law Review 135 153 – 154. és BISHOP – LOFARO: *A Legal and Economic Consensus - The Theory and Practice of Coordinated Effects in EC Merger Control* (2004) 49 Antitrust Bulletin 195 208 – 209.

[501] Horizontális iránymutatás (2004) 28. bekezdés.

10.5. Természetes kísérletek

A természetes kísérletek olyan viszonyítási pontokra vagy összehasonlítási alapokra támaszkodó módszerek, amelyek összehasonlítják a vizsgált magatartás hatását olyan helyzetekkel, amelyekre a kérdéses magatartás nem volt hatással. Az összehasonlítási alapok használata arra szolgál, hogy a piacra hatást gyakorló számos tényező közül kiszűrjük azokat, amelyek nem kapcsolódnak a kérdéses magatartáshoz. Egyszerűbben fogalmazva: a természetes kísérlet során összehasonlítunk vizsgált piaci helyzeteket vagy vállalkozásokat olyan más piaci helyzetekkel, vagy vállalkozásokkal, amelyek hasonlók és így kontroll tényezőként szolgálnak, mivel a vizsgált magatartástól függetlenek.[502] A természetes kísérletek kérdése az Egyesült Államokban az *FTC kontra Staples, Inc.* ügy[503] után kerültek előtérbe. Az összefonódások esetében a

---

[502] Lásd bővebben COLEMAN – LANGENFELD: *Natural Experiments*. In COLLINS, et al.: Issues in Competition Law and Policy. (MIT Press, Chicago, 2008).

[503] sz. ügy *FTC kontra Staples, Inc.* 1997. 970 F. Supp.1066 (D.C. Circuit). o.] (továbbiakban: FTC kontra Staples, Inc.).. További ügyekre példaként az

természetes kísérletek különösen hasznosak lehetnek, mivel az összefonódás még nem következett be, így annak hatását sem lehet mérni.[504] A jövőben bekövetkező összefonódások elemzése érdekében olyan eseményeket lehet természetes kísérletként elemezni, amelyek már bekövetkeztek a múltban, és kellő mértékben visszatükrözik az adott ügy tényállását, körülményeit. Természetes kísérletek többek között használhatóak a piaci koncentráció árra gyakorolt hatásának mérésére, érintett piac meghatározására, egy versenytárs piaci erejének mérésére stb.

A természetes kísérletek jellegükből fakadóan inkább elméleti kérdések, alapfeltevések ellenőrzésére használhatók egy eljárás során, hiszen egy természetes kísérlet eredménye kevéssé valószínű, hogy elfogadható lenne döntő bizonyítékként. Sokkal inkább használható arra, hogy egy ügyben az alapul szolgáló versenyelmélet (theory of harm) hihetőségét alátámasszuk.

Egyesült Államokban lásd RUBINFELD: *Quantitative Methods in Antitrust*. 762 – 772.

[504] Vö. COLEMAN – LANGENFELD: *Natural Experiments*. In ibid 746 – 748.

10.6. Aukciós elemzések

Egyes összefonódások olyan piacokon zajlanak, ahol gyakoriak a versenyeztetési eljárások. Ezen eljárások alapos elemzése fontos információkkal szolgálhat a versenytársak piaci helyzetéről és tényleges piaci erejükről.[505] A versenyeztetési eljárások elemzése során az egyes eljárásokat elemezzük különböző tényezők figyelembevételével, mint pl. az induló vállalkozások, azok száma, az elért helyezések, valamint a vállalt kötelezettségek, árak. Az ilyen adatok összefüggéseiből pedig számos következtetés levonható. A módszer igen elterjedt az Európai Bizottság gyakorlatában[506] amely azt jelzi, hogy az Európai Bizottság

---

[505] Fel kell hívni a figyelmet azon lényeges különbségre, ami a tenderek által jellemzett piacok és a szűk értelemben vett közgazdasági piacok között fennáll. Az utóbbiak olyan piacok (bár a valóságban szinte nem találunk ilyeneket), ahol a versenyelemzés különös szempontok figyelembevételét igényli. Erről bővebben lásd KLEMPERER: *Bidding Markets*. (SSRN, 2005), SZILÁGYI *Bidding Markets and Competition Law in the European Union and the United Kingdom - Part I* (2008) és SZILÁGYI *Bidding Markets and Competition Law in the European Union and the United Kingdom - Part II* (2008).

[506] Lásd LINDSAY – BERRIDGE: *The EC Merger Regulation: Substantive Issues* (2009) 287 – 288. oldalak és 35 – 39. lábjegyzetek és VAN DER WOUDE – JONES: *E.C. Competition Law Handbook*. (Sweet & Maxwell, London, 2008) 178. és 182.

szemében komoly bizonyító erővel bír, és az Európai Bíróság klasszikusan tág teret enged a közgazdasági elemzések bizonyítékként történő felhasználásának.[507]

Az Európai Bizottság a horizontális iránymutatásában is utal az aukciós elemzésekre, így kifejti, hogy „[a] *versenytárgyalásokkal kapcsolatban lehetséges mérni, hogy a korábbiakban valamelyik, összefonódásban részt vevő fél által tett ajánlatokra kényszert jelentett-e az összefonódásban részt vevő másik fél jelenléte".*[508] Az alábbiakban bemutatunk néhány jelentősebb esetet, ahol az Európai Bizottság aukciós elemzéseket használt.

Az *Oracle/PeopleSoft*, barátinak nem nevezhető összefonódásának[509] elemzésekor az Európai Bizottság a régi fúziós teszt alatt végzett fúziós szimulációt[510], amely történetesen versenyeztetési eljárásokkal jellemezhető piacokat érintett. Mind az Oracle, mind a PeopleSoft

---

[507] Lásd pl. General Electric (T-210/01. sz. ügy) 253., 489. és 520. pontok.

[508] Horizontális iránymutatás (2004) 29. bekezdés.

[509] Oracle/PeopleSoft (COMP/M.3216. sz. határozat).

[510] Lásd alább.

többek között olyan szoftvereket készített, amelyek nagyvállalkozások IT szükségleteit elégítették ki. A nagyvállalatok a szoftvereik programozóit általában több lépcsős tendereztetés útján választják ki, ezen belül azonban rendkívül széles skálán mozognak egy-egy tender jellemzői. A piac az alábbi jellegzetességekkel bírt: a versenytársak gyakorlatilag kivétel nélkül ismerik a többieket; a költségek jelentős része már a versenyeztetési eljárás előtt felmerül, ráadásul mindenkinél; valamint minden egyes versenytárgyalás egyedi, mivel a szoftvert teljes egészében a megbízóra kell szabni. Az elemzés során felhasznált szimulációval az Európai Bizottság eleinte úgy vélte, hogy meg tudja jósolni az egyes ajánlattevők ajánlatainak lényegi elemeit, valamint, hogy a megrendelők melyiküket fogják választani.[511]

Az *Oracle/PeopleSoft* összefonódás egyik buktatóját az *AEE/Lentjes* összefonódás[512] értékelésekor elkerülte az Európai Bizottság, ugyanis az egyes versenyeztetési eljárások elemzésekor az eljárás II. fázisában

---

[511] Lásd bővebben BENGTSSON: *Simulating the Effect of Oracle's Takeover of PeopleSoft.* In VAN BERGEIJK – KLOOSTERHUIS: Modelling European Mergers - Theory, Competition Policy and Case Studies. (Edward Elgar, Cheltenham, 2005) 141 – 147.

[512] COMP/M.4647. sz. ügy (2007. december 5.) *AEE/Lentjes* [2009] C 101 54.

már bővítette a vállalkozások először túlságosan szűken meghatározott számát.[513]

Jó példa az aukciós elemzésre a *Nokia/Siemens* összefonódás[514] is, amelyben a versenyeztetési eljárásokat elemezve az Európai Bizottság arra a következtetésre jutott, hogy mivel a Nokia és a Siemens ritkán voltak jelen egyazon versenyeztetési eljárásban, ezért nem feltétlenül ők gyakorolják egymásra a legnagyobb versenynyomást.[515] A *MAN/Scania* összefonódásban[516] pedig arra talált bizonyítékot, hogy a kisebb piaci szereplők könnyen piacra tudnak lépni és életképes

---

[513] Ibid 57 – 70. bekezdések.

[514] COMP/M.4297. sz. ügy (2006. november 13.) *Nokia/Siemens* [2007] HL C 0 6 83 – 87. bekezdések.

[515] Ibid 87. bekezdés. Vö. még COMP/4662. sz. ügy (2007. december 4.) *Syniverse/BSG (Wireless Business)* [2007] HL C 131 25-29 74 – 78. bekezdések.

[516] COMP/M.4336. sz. ügy (2006. december 20.) *MAN/Scania* [2006] C 274 3.

ajánlatokat tenni.[517] Nem fogadta azonban el az aukciós piacra hivatkozást az Európai Bizottság számos ügyben.[518]

Ellentétben a korábbi módszerekkel, az aukciós elemzések fúziós szimulációk formájában[519] elméletben alkalmasak lehetnek az engedélyezési eljárások során olyan következtetések levonására, amelyek alapján önmagában engedélyezhető vagy megtiltható lehet egy összefonódás. Az elemzések során részletes piaci összefüggéseket tudunk vizsgálni, elemezvén a piaci szereplők egymásra gyakorolt hatását is. Nem véletlen tehát, hogy a módszertan egyre nagyobb jelentőségre tesz szert azokon a piacokon, amelyeken gyakori versenyeztetési eljárások jellemzőek vagy ha gyakori az ajánlattétel.

---

[517] Ibid 123 – 125. bekezdések.

[518] Lásd pl. COMP /M.3436. sz. ügy (2004. október 26.) *Continental/Phoenix* [2006] HL L 353 7-11 124 – 133. bekezdések.

[519] Lásd alább below.

10.7. Fúziós szimulációk

10.7.1. Bevezetés

A természetes kísérletek esetében induktív módszert alkalmazunk. Egyes megfigyelt, megtapasztalt események alapján vonunk le következtetéseket. Ezzel szemben a fúziós szimulációk deduktív alapon működnek, azaz bizonyos adatokból, feltételezésekből és axiómákból logikai úton vonunk le következtetéseket.[520] Fúziós szimulációk során gyakorlatilag az történik, hogy a versenytársak, piaci szereplők közötti viszonyt jellemző elfogadott közgazdasági modelleket alkalmazunk egy tervezett összefonódásra, annak várható versenyre gyakorolt hatásainak számszerűsítése érdekében. A vizsgált hatás az áremelés mértéke.[521] Közgazdasági terminológiát használva *"a szimulációs modellek mögötti elgondolás az, hogy közvetlenül kiszámítsuk a*

---

[520] WERDEN: *Merger Simulation: Potentials and Pitfalls.* In VAN BERGEIJK – KLOOSTERHUIS: Modelling European Mergers - Theory, Competition Policy and Case Studies. (Edward Elgar, Cheltenham, UK, 2005) 45.

[521] Itt kell utalnunk arra, hogy ezzel a nem áralapú versenyzést alapvetően nem tudják mérni a modellek.

várható összefonódás utáni egyensúlyi helyzetet".[522] Ez egyben az egyik legkritikusabb pontja is a szimulációnak, mivel az alapul választott közgazdasági modellnek a lehető legjobban tükröznie kell a piaci szereplők tényleges interakciójának jellegzetességeit.[523]

---

[522] WALKER: *The Potential for Significant Inaccuracies in Merger Simulation Models* (2005) 1 Journal of Competition Law and Economics 473 477.

[523] Vö. COMP/M.2978. sz. ügy (2004. január 7.) *Lagardère/Natexis/VUP* [2004] L 125 0054 - 0060 703. bekezdés. Az egyes modellek és a fúziós szimulációk közötti kapcsolatra lásd bővebben GOPPELSRÖDER – SCHINKEL: *On the Use of Economic Modelling in Merger Control.* In VAN BERGEIJK – KLOOSTERHUIS: Modelling European Mergers - Theory, Competition Policy and Case Studies. (Edward Elgar, Cheltenham, UK, 2005) 56 – 67.

10.7.2. A modellezés fő típusai

A modellezésnek alapvetően három fő típusa létezik. Az egyik során nagy mennyiségű adatot szükséges gyűjteni, amellyel megbecsülik a teljes keresleti modellt ökonometriai technikákkal. Ez (teljes keresleti modell becslése azonban csak) ritkán lehetséges, így a gyakorlatban elvétve alkalmazzák azt. A másik módszer esetében a modellt eleve kalibrálják, egyszerűsítik annak érdekében, hogy kevesebb adatra legyen szükség.[524] Ennek során először a kérdéses modellt úgy állítják be, hogy tükrözze az adott iparág fontosabb jellegzetességeit (pl. ár és kibocsátás), majd ezt az összefonódó vállalkozások és versenytársaik összefonódás utáni magatartásának (áremelésének) kiszámítására használják fel.[525] Alapvetően három egyszerűsített modell terjedt el[526]:

---

[524] Lásd még GOPPELSRÖDER – SCHINKEL: *On the Use of Economic Modelling in Merger Control.* 56. és VAN DAMME – PINKSE: *Merger Simulation Analysis: An Academic Perspective.* In VAN BERGEIJK – KLOOSTERHUIS: Modelling European Mergers - Theory, Competition Policy and Case Studies. (Edward Elgar, Cheltenham, UK, 2005) 81 – 82. és 87 – 89.

[525] WERDEN: *Merger Simulation: Potentials and Pitfalls.* In ibid 37.

[526] Az egyes modellekről részletes képet fest az Európai Bizottság megbízásából készült tanulmány: EPSTEIN – RUBINFELD *Effects of Mergers Involving Differentiated Products* (2004) 1 – 27.

az ALM[527,528], a rendkívül sok adatot igénylő AIDS[529] és a kombinált, egyszerűsített PCAIDS.[530]

10.7.3. A fúziós szimulációk elterjedése az Európai Unióban

---

[527] ALM (antiturst logit model) az antitröszt logit modell rövidítése. A logit modell egy olyan logisztikus görbe, amelyen egy esemény bekövetkeztének valószínűségét szemléltetjük. Az IIA mozaikszó (independence of irrelevant alternatives) arra utal, hogy miután a piaci részesedésekre, a helyettesíthetőségre és a piaci keresleti rugalmasságra vonatkozó adatokat összegyűjtöttük, az elemzés során feltételezzük, hogy ha a fogyasztók váltanak, akkor olyan arányban váltanak más termékekre, mint ahogy a piaci részesedések megoszlanak.

[528] Azért elsősorban homogén termékek esetén alkalmazható, mivel a gyakorlatban az IAA feltétel nem valószínű, hogy differenciált termékek esetén teljesülne.

[529] Ehhez nincs szükség az IIA esetén használt feltevésekre, és elegendő részletes ár és bevételi adat, pl. szkennerekből.

[530] A PCAIDS mozaikszó (proportionality-calibrated AIDS) egyszerűsíti az AIDS modellt és alkalmazza az IIA esetén említett feltételt. Az alkalmazásához szükségesek a piaci részesedési adatok, a piaci keresleti rugalmasság becslése és egy adott márka árrugalmasságának becslése. Ezen módszer esetében a reziduális (ki nem elégített) keresleti görbét próbáljuk meghatározni, amely segít abban, hogy összevessük az egyes vállalkozások és az összefonódás utáni vállalkozás reziduális keresleti görbéjét, amiből következtethetünk az áremelésre. Lásd LINDSAY – BERRIDGE: *The EC Merger Regulation: Substantive Issues* (2009) 598.

A fúziós szimulációk alkalmazása bonyolult eszköz, első látásra *"woodoo matematikának vagy számmisztikának"*[531] tűnhet. Annak ellenére, hogy a *"szimulációs ipar még csak most lépett piacra"*[532], fontos ismernünk, hogy mi az, ami ebből az összefonódások versenyhatása szempontjából releváns. Szimulációs modelleket Európában az ezredforduló előtt a versenyjogi esetekben nem nagyon használtak[533], de a *Volvo/Scania* összefonódásban[534] az ezredfordulón már megjelent a Bizottság gyakorlatában. A Bizottság ebben az ügyben egy tanulmányt rendelt az összefonódás hatásainak közvetlen mérésére. Határozatában már ekkor hangsúlyozta, hogy az ilyen

---

[531] KALBFLEISCH: *European Merger Control: A Case of Second Mover Advantage?* In VAN BERGEIJK – KLOOSTERHUIS: Modelling European Mergers - Theory , Competition Policy and Case Studies. (Edward Elgar, Cheltenham, UK, 2005) 27.

[532] IVALDI: *Mergers and the New Guidelines: Lessons form Hachette-Editis.* In VAN BERGEIJK – KLOOSTERHUIS: Modelling European Mergers: Theory, Competition Policy and Case Studies. (Edward Elgar, Cheltenham, UK, 2005) 93.

[533] KALBFLEISCH: *European Merger Control: A Case of Second Mover Advantage?* 28.

[534] Volvo/Scania (COMP/M.1672. sz. ügy).

ökonometriai elemzések hasznos kiegészítői lehetnek az Európai Bizottság által használt tradicionális elemzési eszközüknek, segítik a piaci erő mérését.[535]

Valójában és végérvényesen Werden és Froeb „exportálták" a fúziós szimulációt Európába 2002-ben.[536] Werden és Froeb tanulmányukban[537] különböző kalibrált közgazdasági modelleket ismertettek. Ebben kifejtették, hogy a *„modellezés művészete az, hogy egyszerűsítjük a valóságot oly módon, amely magába foglalja azt, ami fontos a folytatott elemzés céljához. Egy megfelelő modell bármely esetben tükrözi az egyes versenytársak jelentőségét és az iparágban folyó verseny folyamatának lényegét."*.[538] A szerzőpáros különösen a

---

[535] Ibid 72. bekezdés.

[536] KALBFLEISCH: *European Merger Control: A Case of Second Mover Advantage?* 29.

[537] WERDEN – FROEB: *Calibrated economic models add focus, accuracy, and persuasiveness to merger analysis*. In SWEDISH COMPETITION AUTHORITY: The PROS and CONS of Merger Control. (Swedish Competition Authority, Stockholm, 2002)

[538] Ibid 70. Lásd még WERDEN: *Merger Simulation: Potentials and Pitfalls*. 48 – 50.

Bertrand modell szerinti versenyben találta hasznosnak az összefonódások szimulációjához.[539] Egyik alapvető következtetésük a termékmegkülönböztetés által jellemzett piacokra, hogy a fúziós szimulációk feleslegessé teszik az egyébként a hagyományos elemzés magjának számító piacmeghatározást.[540] Sőt, meggyőződésüknek is hangot adtak, hogy csak idő kérdése, és a bíróságok is el fogják fogadni a fúziók hatásainak közvetlen elemzését, annak ellenére, hogy egyelőre

---

[539] Lásd bővebben WERDEN – FROEB: *Calibrated economic models add focus, accuracy, and persuasiveness to merger analysis.* 71 – 78.

[540] Alapvető összefüggésekre lásd EPSTEIN – RUBINFELD *Effects of Mergers Involving Differentiated Products* (2004) 19 – 21. Vö. még BRENKERS – VERBOVEN: *Market Definition with Differentiarted Products - Lessons from the Car Market.* In CHOI: Recent Developments in Antitrust - Theory and Evidence. (MIT Press, Cambridge, Mass; London, 2007) 153., ahol a szerzők szintén hangsúlyozzák, hogy a hagyományos érintett piac meghatározás módszerét a szimulációs megközelítés kikezdte, de előbbinek továbbra is hangsúlyos szerepe marad bizonyosan egy ideig. A szimulációs módszerek alkalmazása azonban sajátos problémákat is felvet, amelyeket leginkább a közgazdasági szakértők szakértői véleményei során felmerülő problémákhoz lehet hasonlítani, mint pl., hogy a szimulációs modellhez használt program forráskódja ellenőrizhető legyen stb. Lásd bővebben GOPPELSRÖDER – SCHINKEL: *On the Use of Economic Modelling in Merger Control.* 67 – 71.

az érintett piacok meghatározása kötelező fúziós ügyekben.⁵⁴¹ Mára a szerzőpáros alapján önálló indexet neveztek el (Werden-Froeb Index), amelynek előnye, hogy meghatározott pontosságú, független a kereslet és a költségek funkcionális formájától, figyelembe veszi a hatékonyságjavulást, valamint könnyen nyilvánosságra hozható az alapul használt üzleti titkot képező adatok nyilvánosságra hozása nélkül és a jelenleg használt elterjedt szimulációs modellekkel jól használható.⁵⁴²

A szimulációs modellek nagy sebességgel terjedtek el az Európai Unióban. Ennek oka, hogy azok három cél érdekében is kiválóan használhatóak: egyrészt adott ügyben a piaci hatalom megközelítő közvetlen mérésére; valamint a fúziókontroll rendszer működésének mérésére; és végezetül korábban eldöntött ügyekben hozott

---

⁵⁴¹ Lásd WERDEN – FROEB: *Calibrated economic models add focus, accuracy, and persuasiveness to merger analysis*. 72., különösen 35. lábjegyzet. Ez annál is inkább igaz, mivel az érintett piac meghatározása is ma már szofisztikált módszertannal történik összetettebb ügyekben. Lásd pl. BRENKERS – VERBOVEN: *Market Definition with Differentiarted Products - Lessons from the Car Market*. Lásd még továbbá a fentebb kifejtetteket.

⁵⁴² Lásd bővebben GOPPELSRÖDER – SCHINKEL: *On the Use of Economic Modelling in Merger Control*. 71 – 74.

határozatok helyességének ellenőrzésére, azaz a fúziós határozatok *expost* ellenőrzésére.

E tekintetben Kalbfleisch kifejezetten hasznosnak is találja, hogy a fúziós szimulációk csak lényegesen később terjedtek el az Európai Unióban, mint az Egyesült Államokban. Így ugyanis a legfontosabb határozatokban korábban nem alkalmazták őket, amellyel lehetővé válik azok utólagos ellenőrzése, és a szimulációs modellek tesztelése.[543] Werden a szimulációs modellek alkalmazását összevetette különböző hagyományos bizonyítási eszközökkel, mint pl. szakértői intuíció[544], szerkezeti elemzések (pl. érintett piac meghatározása), történeti bizonyítékok, iparági tapasztalatok és irati bizonyítékok (pl. munkavállalók, vezető tisztségviselők álláspontját tükröző jelentések)

---

[543] Vö. KALBFLEISCH: *European Merger Control: A Case of Second Mover Advantage?* 33 – 34. Lásd még GOPPELSRÖDER – SCHINKEL: *On the Use of Economic Modelling in Merger Control.* 70 – 71.

[544] A szakértői intuíció a közgazdasági bizonyítás egy módszere. A bizonyítás során a szakértő közgazdaságtani törvényszerűségek alapján von le következtetéseket a megismert tényállás alapján. Ezen alapvető következtetéseket ezt követően össze lehet vetni a valóságban ténylegesen megfigyelt jelenségekkel.

és ennek kapcsán hangsúlyozta a fúziós szimulációk előnyeit.[545] A tudomány mai állása mellett a piaci hatalom közvetlen mérése csak megközelítő mérés, amely különösen igaz a fúziós szimulációkra. Ezek esetében is szükséges bizonyos feltételezések alkalmazása, illetve vannak egyéb korlátaik.[546] Mint említettük, a szimulációs modellek szükségszerűen egyszerűsítésekkel és feltételezésekkel élnek.[547] Ideális esetben alacsony torzítású és alacsony szórású modellek a legcélszerűbbek a modellezéshez.[548] *Walker* szavaival élve *„bármilyen használt szimulációs modell „méretre szabott" kell, hogy legyen,*

---

[545] Lásd bővebben WERDEN: *Merger Simulation: Potentials and Pitfalls*. 43 – 46.

[546] Lásd pl. Ibid 47 – 52., GOPPELSRÖDER – SCHINKEL: *On the Use of Economic Modelling in Merger Control*. 67 – 71., WALKER *The Potential for Significant Inaccuracies in Merger Simulation Models* (2005) 487 – 488., 489 – 490.

[547] Vö. Oracle/PeopleSoft (COMP/M.3216. sz. határozat) 193 – 194. bekezdések. Lásd még hasonlóan BUDZINSKI – CHRISTIANSEN: *The Oracle/PeopleSoft case: Unilateral Effects, Simulation Models and Econometrics in Contemporary Merger Control* (2007) 34 Legal Issues of Economic Integration 133 156., valamint WALKER *The Potential for Significant Inaccuracies in Merger Simulation Models* (2005) 479 – 483.

[548] Lásd bővebben VAN DAMME – PINKSE: *Merger Simulation Analysis: An Academic Perspective*. 86 – 87.

semmint a szögről leakasztott"[549], azaz a fentebb hivatkozott korlátaira figyelemmel szabad azokat csak alkalmazni. A szimulációs modellek továbbá jelentős erőforrásokat igényelhetnek az eljárás mindkét oldalán (vállalkozások-versenyhivatalok) lévőktől.[550] Nem véletlen, hogy a szimulációs modellek elterjedése elsősorban a tudomány világában történt meg, majd a versenyhivatalok és a nagy tanácsadó cégek következtek.[551] Úgymond *„élesben"* még ritkán, bár egyre gyakrabban használják Európában.[552]

10.7.4. Ügyek az Európai Bizottság előtt

---

[549] WALKER *The Potential for Significant Inaccuracies in Merger Simulation Models* (2005) 473.

[550] Sőt, adott esetben harmadik személyek részéről is. Az egyik ügyben pl. harmadik személy juttatta el egy modellezés eredményét a Bizottságnak. Lásd Thales/Finmeccanica/AAS és Telespazio HL 5—10. o.

[551] Lásd GOPPELSRÖDER – SCHINKEL: *On the Use of Economic Modelling in Merger Control*. 66.

[552] Éppen ezért számos terület és alkalmazási lehetőség még kihasználatlan. Lásd bővebben ibid 67.

Az Európai Bizottság először a *Volvo/Scania* ügyben[553] használta „nyilvánosan" a fúziós szimulációt.[554] Egy tanulmányt rendelt, amely ún. beágyazott logit modellen alapult, nevezetesen a vállalkozások árazási döntéseivel és a vevők vásárlási döntéseivel kapcsolatos bizonyos adatokat az árakból, a piaci részesedésekből és más változókból becsültek meg.[555] A tanulmány jelentős versenyproblémákra mutatott rá, azonban a Bizottság, tekintettel arra, hogy az ilyen jellegű tanulmányok relatív újak voltak az uniós fúziókontrollban, valamint, mivel a Volvo a tanulmány készítőinek válaszát követően is alapvető problémákat hangsúlyozott[556], a nézetkülönbség mértéke és az újszerűség miatt végül is nem

---

[553] Volvo/Scania (COMP/M.1672. sz. ügy), különösen 700 – 707. bekezdések. A határozatot több okból megtámadták az Elsőfokú Bíróság előtt, annak felülvizsgálatát kérve. Lásd T-279/04. sz. ügy *Éditions Odile Jacob SAS kontra Európai Közösségek Bizottsága* [EBHT 2007. o.] (továbbiakban: Editions Jacob kontra Bizottság (T-279/04. sz. ügy))..

[554] Lásd még WALKER *The Potential for Significant Inaccuracies in Merger Simulation Models* (2005) 477 – 478.

[555] Volvo/Scania (COMP/M.1672. sz. ügy) 73. bekezdés.

[556] Lásd pl. WALKER *The Potential for Significant Inaccuracies in Merger Simulation Models* (2005) 485 – 486.

hagyatkozott a tanulmány megállapításaira.⁵⁵⁷ Az érintett vállalkozások úgy jellemezték az Európai Bizottság tanulmányát, hogy az „*olyan árakra épít, amelyet sosem fizet senki olyan teherautókért, amelyeket sosem vesznek meg*".⁵⁵⁸ A körülmények ismeretében találó megjegyzések.

Az Európai Bizottság szintén fúziós szimulációt alkalmazott a *Lagerdere/Natexis/VUP* ügyben.⁵⁵⁹ A terjedelmes határozatban viszonylag részletesen foglalkozik a fúziós szimulációk kérdésével. A Bizottság a bejelentő felek által szolgáltatott adatokra építve rendelt egy ökonometriai tanulmányt, amely ismét az ún. beágyazott logit modellre épült, Bertrand versenyt alapul véve.⁵⁶⁰ A Bizottság

---

⁵⁵⁷ Volvo/Scania (COMP/M.1672. sz. ügy) 75. bekezdés.

⁵⁵⁸ Lásd WALKER *The Potential for Significant Inaccuracies in Merger Simulation Models* (2005) 478. 25. lj.

⁵⁵⁹ Lagardère/Natexis/VUP (COMP/M.2978. sz. ügy)

⁵⁶⁰ Ibid 541. és 543. lábjegyzetek. Hogy a modell minél masszívabb legyen, a Bizottság ún. bootstrap-módszert alkalmazott. A bootstrap-módszer számítógépes szimuláción alapuló, eloszlás-független matematikai statisztikai módszer. Ez lehetővé tette, hogy számos alkalommal szimulálják az összefonódást.

lényegében az általános könyvek végfelhasználói piacát vizsgálta horizontális egyoldalú hatások szempontjából.[561] Ennek során arra jutott, hogy az összefonódás eredményeként az újonnan létrejövő vállalkozás egy áremelést követően internalizálná a Hachette Livre-től elforduló fogyasztókat, valamint csökkenne a versenytársakra nehezedő versenynyomás. Az áremelkedés valószínű mértéke átlagban 4,84% volt.[562] A bejelentők leginkább említésre méltó kifogása az volt, hogy az Európai Bizottság tévesen határozta meg azt, ahogy a piac működik, így pl. különösen, ahogy az ármeghatározás történik a

---

[561] Ibid 700. bekezdés.

[562] Ibid 702 – 703. bekezdések. Ez visszaigazolja a helyes piacmeghatározást is, hiszen ennél magasabb mértékű áremelési képesség ellentmondana a SSNIP-tesztnek. Érdekes módon megbontva az általános könyvforgalmazást kis formátumú és nagy formátumú könyvekre némileg eltérő eredményt kapunk: 5,51% és 1.59%. A bejelentő vállalkozások ezt kifogásként említették, nevezetesen, hogy sem a Bizottság adott ügyben alkalmazott piacmeghatározásának (Vö. 194., 196. és 204 – 216. bekezdések) nem felel meg a modell alapjául választott termékpiac, sem pedig a korábbi gyakorlatnak. A Bizottság által a 706. bekezdésben adott válasza kevésbé meggyőző figyelemmel az áremelési képesség eltérő fokára, valamint a határozat 194., 196. és 204 – 216. bekezdéseiben kifejtettekre.

piacon.⁵⁶³ Ez azért fontos érv, mivel minden szimulációs modell eredményének a felhasználhatósága alapvetően függ attól, hogy helyesen határozzuk-e meg a vizsgált piac jellemzőit. A Bizottság elutasította ezt a kifogást.⁵⁶⁴ Meglepő a Bizottság ilyen határozott elutasítása, hiszen két egymást követő ügyben is⁵⁶⁵ olyan árakat (listaár) alkalmaztak a szimuláció alapjául, amelyek ténylegesen nem érvényesültek a piacon a gyakorlatban. Ez viszont az egész szimulációs modellezés alapfeltevését ássa alá, nevezetesen, hogy olyan adatokból kell kiindulni, amelyek jól szemléltetik a piac működését, tükrözik a ténylegesen zajló versenyt.

Az Európai Bizottság a felek által a *Philip Morris/Papastratos* ügyben⁵⁶⁶ előterjesztett fúziós szimulációt érdemben felhasználta a döntésének alátámasztására. A benyújtott szimuláció kimutatta, hogy az

---

[563] Ibid 703. bekezdés.

[564] Ibid 705 – 707. bekezdések.

[565] Volvo/Scania (COMP/M.1672. sz. ügy) és Lagardère/Natexis/VUP (COMP/M.2978. sz. ügy).

[566] COMP/M.3191. sz. ügy (2003. október 2.) *Philip Morris/Papastratos* [2003] C 258 4.

összefonódás utáni áremelkedés a görög cigaretta piacon átlagban minimális lenne. A szimuláció differenciált piacokat vett alapul, alacsony termékhelyettesíthetőséggel. A szimuláció eredményeit a Bizottság piacvizsgálata is megerősítette.[567]

Az egyik legfontosabb ügy a fúziós szimulációk kapcsán az *Oracle/PeopleSoft* összefonódás[568] volt.[569] Ebben az ügyben az érintettek a modern fúziós eszköztár sok elemét felvonultatták, így fúziós szimuláció is történt. Az ügy egyik különlegessége, hogy míg a korábbi esetekben az Európai Bizottság kiszervezte a szimulációs feladatot, addig jelen esetben saját maga készítette el az alapul szolgáló modellt. A szimuláció célja az volt, hogy megfigyeljék az összefonódás árakra gyakorolt hatását, valamint a piacon jelen lévő vevőkre gyakorolt pozitív gazdasági hatást. Ennek eredménye szerint, mivel a

---

[567] Lásd ibid 26. és 31 – 33. bekezdések.

[568] Oracle/PeopleSoft (COMP/M.3216. sz. határozat).

[569] Részletes bemutatására lásd BENGTSSON: *Simulating the Effect of Oracle's Takeover of PeopleSoft.*; elemzésére lásd pl. BUDZINSKI – CHRISTIANSEN *The Oracle/PeopleSoft case: Unilateral Effects, Simulation Models and Econometrics in Contemporary Merger Control* (2007).

tendereztetési eljárásokon esélyes ajánlatok beadására képes vállalkozások száma háromról kettőre csökkenne, ezért a csökkenő választék és a növekedő árak miatt a vásárlók várhatóan rosszul járnak.[570] Az Oracle vitatta a szimulációs modellt.[571] Az ellenvetése elvi szinten az volt, hogy a szimulációs modellezés törvényszerűen egyszerűsít, így inkább csak *„nyers mutató, semmint szilárd bizonyíték".*[572] A Bizottság erre válaszul hangsúlyozta, hogy minden fúziós szimuláció esetén az alapul szolgáló modell vita tárgya lehet, de önmagában az, hogy egyszerűsítő megoldásokkal él ez a bizonyítási módszer, nem kérdőjelezi meg annak hasznosságát. Sokkal inkább azt kell biztosítani, hogy az alapul választott feltevések jól tükrözzék a piac valódi működését.[573] A brüsszeli intézmény hangsúlyozta, hogy minden fúziós elemzés jövőbe tekintő és egyszerűsítésekkel él, nem csak a

---

[570] Oracle/PeopleSoft (COMP/M.3216. sz. határozat) 191. bekezdés. Lásd még BUDZINSKI – CHRISTIANSEN *The Oracle/PeopleSoft case: Unilateral Effects, Simulation Models and Econometrics in Contemporary Merger Control* (2007) 149 – 152.

[571] Oracle/PeopleSoft (COMP/M.3216. sz. határozat) 192 – 193. bekezdések.

[572] Ibid 193. bekezdés.

[573] Ibid 193 – 194. bekezdések.

szimulációs modellezés. Sőt, a hagyományos eszközök kevésbé nyomon követhetők és átláthatók, mint egy olyan szimulációs modell, ahol mind az alapul választott logikai összefüggések, mind az abból levont következtetések könnyen ellenőrizhetők és nyilvánosak.[574] Az ügyben végül a Bizottság nem alkalmazta a szimuláció eredményeit, mivel annak alapjául azt a feltevést választották, hogy csak háromszereplős a piac, azonban ezt a piacvizsgálat később megkérdőjelezte.[575]

---

[574] Vö. Ibid 194. bekezdés.

[575] Ibid 196. bekezdés. Bár az Oracle is benyújtotta szimulációs modellezésének eredményét, végül ezen okból a Bizottság annak vélt hiányosságaira nem reagált. Érdekes kérdés, hogy vajon az Európai Bizottság ezek után miért nem bővítette ki a modelljét? Ennek oka állítólagosan az volt, hogy míg a 3-2-es esetben a modell konzisztens eredményeket adott, addig a 4-3-as szituációban az áremelési folyamat nem volt világosan megfigyelhető. Vö. BOTTEMAN: *Mergers, Standard of Proof and Expert Economic Evidence* (2006) 2 Journal of Competition Law and Economics 71 96. 95. lábjegyzet. Lásd még ennek jelentőségére BUDZINSKI – CHRISTIANSEN *The Oracle/PeopleSoft case: Unilateral Effects, Simulation Models and Econometrics in Contemporary Merger Control* (2007) 153.

A *Thales/Finmeccanica/Alcatel Alenia Space & Telespazio* ügyben[576] egy harmadik fél juttatott el a Bizottságnak két fúziós szimulációt, azonban ezek eredményeinek figyelembevételét az utóbbi elutasította, mondván, hogy azok nem tükrözik megfelelően a piaci verseny dinamikáját az ágazatban, valamint a modellek feltételezéseit és következtetéseit a klasszikus piacvizsgálat nem erősítette meg.[577] Bár a Bizottság elismerte a modell elvi alkalmasságát a versenyeztetés által jellemzett piacok vonatkozásában, mivel álláspontja szerint az alapfeltevéseik helytelenek voltak, így elutasította a gyakorlatban történő érdemi figyelembevételüket.[578] Az ügy jól rámutat arra, hogy egyrészt a fúziós szimulációk érzékenyek a feltevésekre, másrészt, hogy komplex és bonyolult piacokon igen körültekintően kell eljárni emiatt. Ilyen esetekben az alkalmazás során automatikusan szembesülnek a vállalkozások és a versenyhatóságok azzal, hogy milyen mértékben

---

[576] Thales/Finmeccanica/AAS és Telespazio (COMP/M.4403. sz. ügy).

[577] Ibid 411 – 412. bekezdések. Részletesebben Ibid. 413 – 419. bekezdések.

[578] Lásd ibid 419. bekezdés.

egyszerűsítsék le a piac működését, illetve, hogy milyen versenytényezőket vegyenek figyelembe.

Az Európai Bizottság áramtermelőkkel kapcsolatos ügyeiben többször is alkalmazott szimulációt. Így pl. a *Sydkraft/Graninge* ügyben[579] egy olyan modellt vett alapul a versenypolitikai főigazgatóság, amelyet eleve arra fejlesztettek ki korábban, hogy mérje a piaci szerkezet változásának árra gyakorolt hatását az adott földrajzi és termékpiacon.[580] A modell kialakítója vállalta, hogy a Bizottság számára szimulációkat végez, amelyeknek eredménye az lett, hogy az összefonódás nélküli és az összefonódás esetében fennálló két helyzet között nem lett volna érdemben eltérő átlagár.[581] A *Vattenfall/Elsam and E2 Assets* ügyben[582] az Európai Bizottság kifejezetten arra hivatkozva alkalmazott szimulációt, hogy az adott piac esetén ez a

---

[579] COMP/M.3268. sz. ügy (2003. október 30.) *Sydkraft/Graninge* [2003] C 297 22

[580] Ibid 37. bekezdés.

[581] Ibid 37. bekezdés.

[582] COMP/M.3867. sz. ügy (2005. december 22.) *Vattenfall/Elsam and E2 Assets* [2006] C 184 8

módszer lényegesen jobb, mint a piaci részesedésekre hagyatkozás.[583] Ezt ugyanakkor érdemi kvalitatív elemzés is kiegészítette, és a kettő eredménye összhangban volt.[584] Az ügyekben jól látható, hogy összetett piacok esetén is egy jól előkészített, vagy már többször tesztelt modell[585] egy eset vizsgálata során rövid idő alatt többször is alkalmazható.[586] Az előbbi ügyben érdekes elvi éllel mondta ki az Európai Bizottság, hogy az olyan szimulációs modellek, mint amiről éppen szó volt, nem tudnak felölelni a piaci helyzet szempontjából fontos minden adatot.[587] Ez azért jelentős, hiszen itt egy szofisztikált modellről volt szó, amelyet később is alkalmazott a Bizottság.

10.7.5. Következtetések

---

[583] Lásd ibid 34. bekezdés.

[584] Lásd ibid 52. bekezdés.

[585] Az alkalmazott modellt gyakrabban is használták más célra. Lásd ibid 53 – 54. bekezdések.

[586] Lásd pl. Ibid 55. bekezdés.

[587] Sydkraft/Graninge (COMP/M.3268. sz. ügy) 38. bekezdés.

Az ismertetett esetekben többször is előfordult, hogy az érintett vállalkozások a fúziós szimuláció elvi szintű alkalmazhatóságát is kétségbe vonták. Ez nem meglepő, amelynek okára Walker kiválóan rávilágít.[588] Mint fentebb utaltunk rá, a fúziós szimulációk alkalmazási terepe elsősorban az egyoldalú hatások vizsgálata horizontális összefonódások esetében, differenciált termékekre jellemző Bertrand versenyben. A versenyproblémákat felvető összefonódások jelentős része oligopol piacon történik, ahol kevés szereplő tevékenykedik, amelyek egymás magatartását részletesen figyelemmel követik és reagálnak a legkisebb változásra is. Ennek pedig kölcsönösen tudatában is vannak, azaz a magatartásukba már eleve beépítik a logikusan várható reakciókat. Ez viszont pontosan egy olyan feltételezés, amely a Bertrand típusú modell esetén hiányzik.[589] Hovatovább, a verseny minőségében bekövetkezhet változás egy összefonódás eredményeként (pl. a nem kooperatívból kooperatív lesz; a verseny

---

[588] WALKER *The Potential for Significant Inaccuracies in Merger Simulation Models* (2005) 484 – 485.

[589] A Bertrand típusú verseny egyik lényegi eleme, hogy a vállalkozások egyszer és egyszerre hoznak döntés az árról (szimultán ármegállapítás).

inkább erősödik a stratégiai magatartásoknak köszönhetően), amelyet a modellezés jelenleg egyértelműen nem tud kezelni.[590]

Érdekes kérdés, hogy vajon a fúziós szimulációk alkalmazásának elterjedése összefügg-e a fúziós teszt megváltozásával.[591] Első hallásra logikusnak tűnik az érv, hogy ha a hatásos verseny lényeges csökkenése a központi kérdés, a gazdasági erőfölény megerősítése vagy létrehozása helyett, akkor a piaci hatalom megközelítő közvetett mérésére épülő kvantitatív elemzések, jelen esetben a fúziós szimulációk szerepe ezzel párhuzamosan nő. A kettő között azonban nincs okozati összefüggés, mivel a szimulációs modellezés az ügy elemzése és a döntéshozatal során megelőzi a fúziós teszt alkalmazását, így az eredmények beépítése a döntésbe egy későbbi fázisban történik, akármelyik tesztet alkalmazzuk is.[592] Sőt, mint

---

[590] Lásd még WALKER *The Potential for Significant Inaccuracies in Merger Simulation Models* (2005) 487 – 488.

[591] Ennek ellentmond, hogy már az ezredforduló megrendelt ilyen tanulmányt a Bizottság egy eset eldöntéséhez. Lásd Volvo/Scania (COMP/M.1672. sz. ügy).

[592] Bővebben lásd KOKKORIS: *Do Merger Simulation and Critical Loss Analysis Differ under the SLC and the Dominance Test* (2006) 27 ECLR 249 256 – 257.

láthattuk, eddig a Bizottság az erőfölény teszt alapján folyó ügyekben is előszeretettel alkalmazta a módszert.

A szimulációs modellek értelmezése gyakran még a közgazdászok számára is embert próbáló feladat, így alkalmazásuk jó ideig még bizonyosan kiegészítő eszközként fog megjelenni. Inkább valószínű a hagyományos megközelítéssel való szimbiózisban élés[593], mivel a szimulációs modellek választásához ismernünk kell a piacokat, amelyek megismerésének egyik alapvető eszköze éppen az érintett piac meghatározása.[594] Ideális esetben egy fúziós szimuláció felépítéséhez meg kell tudnunk becsülni a határköltségeket, a kereslet rugalmasságát és a jelenlegi piaci részesedéseket.[595] Az egyik mindenképpen ígéretes

---

[593] Vö. Volvo/Scania (COMP/M.1672. sz. ügy) 72. bekezdés; Thales/Finmeccanica/AAS és Telespazio (COMP/M.4403. sz. ügy) 412. bekezdés. Lásd még WALKER *The Potential for Significant Inaccuracies in Merger Simulation Models* (2005) 487 – 488.

[594] Vö. még IVALDI: *Mergers and the New Guidelines: Lessons form Hachette-Editis.* 95 – 96. és BUDZINSKI – CHRISTIANSEN *The Oracle/PeopleSoft case: Unilateral Effects, Simulation Models and Econometrics in Contemporary Merger Control* (2007) 155 – 156.

[595] WALKER *The Potential for Significant Inaccuracies in Merger Simulation Models* (2005) 487 – 488.

alkalmazási terület az összefonódások előzetes gyors tesztelése[596] viszonylag kevés rendelkezésre álló adat alapján. Pl. a kalibrált modellekkel a II. fajú hibák[597] számát lehetne csökkenteni a gyakorlatban.[598] Ehhez a jelenleg fúziós űrlapokon bekért adatok minőségét és mennyiségét feltehetőleg valamelyest majd változtatni kell. A bonyolultabb szimulációk alkalmazása várhatóan csak a különösen jelentős és/vagy bonyolult ügyeknél valószínű. Szintén jól alkalmazható a módszer, amikor az összefonódással érintett vevői kör széttagolt, így nehezen érhető el hagyományos úton.[599]

A szimulációs modellek esetleges szélesebb körű elterjedése felvet egy további problémát is, nevezetesen, hogy az érintettek várhatóan

---

[596] Ugyanakkor vö. Ibid 480. és 492 – 493.

[597] II. fajú hibák, amikor olyan összefonódásokat engedélyez a versenyhatóság, amelyeket meg kellett volna tiltani.

[598] Ugyanakkor ezzel éppen a fúziós tesztek tényleges előnyét rontjuk le, nevezetesen, hogy a piaci hatalmat megközelítően pontosan tudjuk mérni kellő adat rendelkezésre állása esetén. Szintén az elhamarkodott alkalmazására a szimulációs modellekre jó példa az Oracle/PeopleSoft összefonódás. Oracle/PeopleSoft (COMP/M.3216. sz. határozat)

[599] Lásd pl. Volvo/Scania (COMP/M.1672. sz. ügy) ibid

versenyző modelleket terjesztenek elő az eljárásban, amely viszont azt eredményezi, hogy első körben az Európai Bizottságnak, majd végül az uniós bíróságoknak kell dönteniük a bizonyítékok kapcsán. Ez az uniós jogrendszerből eredően helyzeti előnyt ad az Európai Bizottságnak[600] tekintettel a széles mérlegelései jogkörére. Az Európai Bizottság (mint ahogy tette is) eséllyel támaszkodhat a kvalitatív elemzését megerősítő, alátámasztó modellezés eredményeire. *Walker* joggal teszi fel a kérdést, hogy ha csak akkor támaszkodunk rá, amennyiben az összhangban van a versenyelemzés egyéb úton nyert eredményével, akkor mi értelme van a fúziós szimulációnak?[601] A helyzet azonban ennél bonyolultabb, hiszen összhang esetén egy további érvként szolgálhat, annak hiányában pedig tovább mélyítheti a versenyelemzést, hiszen az eltérő eredmények okait ideális esetben fel kell tárni.

---

[600] Szemben az Egyesült Államokkal, ahol egy összefonódás megtámadása a bíróságok előtt történik.

[601] WALKER *The Potential for Significant Inaccuracies in Merger Simulation Models* (2005) 493 – 494.

Végezetül érdemes megjegyezni, hogy a szimulációs modellek tipikusan a rövid távú ár és kibocsátási hatások jóslására használhatóak. A verseny folyamata azonban mindenképpen bonyolultabb ennél, így ez a tényező bizonyosan nem engedi a tudomány jelen állása mellett, hogy kvalitatív érveket nélkülözzünk az elemzésünkből.[602]

---

[602] Lásd még BUDZINSKI – CHRISTIANSEN *The Oracle/PeopleSoft case: Unilateral Effects, Simulation Models and Econometrics in Contemporary Merger Control* (2007) 159 – 160.

IV. A versenyhatások

11. Bevezetés

Az eddigi fejezetekben többek között azt tárgyaltuk, hogyan állapítható meg a piaci hatalom léte, illetve mértéke. Ennek jelentősége abban rejlik, hogy érdemben káros versenyhatást csak a jelentős piaci erővel rendelkező vállalkozások képesek kifejteni. A modern versenyjogban a központi kérdés a piaci hatalom mellett az lett, hogy egy összefonódás kapcsán felvázolható-e olyan hihető és valószínű versenyhatás, amely azt jelzi, hogy a jövőben az összefonódás káros hatással jár majd. Itt szándékosan kerüljük az érintett piacra utalást, ugyanis egyes elméletek esetén elviekben érintett piac meghatározása sem szükséges.

Az Európai Bizottság a Fúziós Rendelet (1989) elfogadásakor alapvetően horizontális-, vertikális- és konglomerátum típusú összefonódásokat különböztetett meg.[603] Ezek közül is elsősorban a horizontális összefonódások voltak, amelyeket az akkori

---

[603] Lásd pl. JACQUEMIN, et al.: *Horizontal mergers and competition policy in the European Community* (1989) 13.

versenypolitikai biztos leginkább versenyellenesnek ítélt.[604] Ez a megközelítés azóta csak erősödött, ellenben mindmáig jellegzetessége az uniós fúziókontrollnak, hogy a vertikális és konglomerátum hatásnak is adott esetben nagy jelentőséget tulajdonít. A horizontális-vertikális-konglomerátum koordináta rendszer máig fennáll, azonban a hangsúly áthelyeződött az ún. versenyhatások kérdésére.

A két vonatkozó közlemény[605] szerint alapvetően egyeztetett és nem egyeztetett hatásokat különböztethetünk meg mindhárom összefonódás típus esetén. Ugyanakkor természetesen más és más a mögöttes követelményrendszer, amely a versenyhátrány valószínűségének bizonyításához szükséges.

---

[604] Lásd pl. BRITTAN: *Competition policy and merger control in the Single European Market* (1991) 38.

[605] Horizontális iránymutatás (2004) és Iránymutatás a nem horizontális összefonódásoknak a vállalkozások közötti összefonódások ellenőrzéséről szóló tanácsi rendelet alapján történő értékeléséről [2008] HL C 265 6 – 25. o.

12. Egyoldalú hatások

12.1. Bevezető

Az Európai Bizottság a közleményeiben egyoldalú vagy nem egyeztetett hatásokként utal azon helyzetekre, amikor az összefonódások *„fontos versenykényszereket iktatnak ki egy vagy több vállalkozás tekintetében, aminek következtében ezek a vállalkozások megnövekedett piaci erővel rendelkeznek anélkül, hogy magatartásuk egyeztetéséhez folyamodnának"*.[606] Itt utalni kell arra a polémiára, miszerint a Fúziós Rendelet szerint az erőfölény teszt és a SIEC teszt egymástól eltérő fogalmak, ugyanakkor az Európai Bizottság egyes tisztviselői azokat gyakorlatilag azonosnak ítélték. Mi a korábbi megállapításainkkal egyezően abból indulunk ki, hogy a SIEC teszt felfelé zárt (az erőfölény teszt alkalmazandó), lefelé viszont az erőfölény tesztnél tágabb, azaz a gazdasági erőfölényt létre nem hozó, vagy meg nem erősítő összefonódások is megtilthatók.

---

[606] Horizontális iránymutatás (2004) 22. bekezdés a) pont. A nem horizontális iránymutatás visszautal a horizontális iránymutatásra. Lásd Nem horizontális iránymutatás (2008) 13. lj.

Az egyoldalú vagy nem egyeztetett hatások kifejezés vélhetően az Egyesült Államok jogából került át az európai hivatalos terminológiába, és egyértelműen a közgazdaságtan szerepének előretörését jelzi. Az Európai Bíróság korábban nem használta ezt a terminológiát, a Fúziós Rendelet 25. preambulum bekezdése viszont jogforrási szintre emelte azt. Ennek közvetlen előzménye az Európai Bizottság megbízásából a fúziós reform kapcsán készíttetett tanulmány volt.[607]

---

[607] IVALDI, et al. *The Economics of Unilateral Effects - Interim Report for DG Competition, European Commission* (2003).

12.2. Horizontális összefonódások

Az Európai Bizottság 2004-es horizontális iránymutatása nem egyeztetett hatásra az alábbi leírást adja: *"Az összefonódás legközvetlenebb hatása az, hogy megszünteti a versenyt az összefonódásban részt vevő vállalkozások között. Például ha az összefonódás előtt az egyik összefonódásban részt vevő vállalkozás megemelte volna árait, értékesítésének egy részét elvesztette volna a másik vállalkozással szemben. Az összefonódás ezt az adott kényszert iktatja ki. Az ugyanazon a piacon működő, az összefonódásban részt nem vevő vállalkozások is hasznot húzhatnak az összefonódásból eredő versenykényszer csökkenéséből, mivel az összefonódásban részt vevő vállalkozások árnövelése a kereslet egy részét átterelheti a versenytárs vállalkozásokhoz, amelyek ezután nyereségesnek találhatják saját áraik emelését [...]. Az ilyen versenykényszerek csökkenése lényeges áremelésekhez vezethet az érintett piacon."*[608]

Ezt követően az Európai Bizottság alapvetően két helyzet között tesz különbséget iránymutatásában. Egyrészt, amikor az összefonódás

---

[608] Horizontális iránymutatás (2004) 24. bekezdés.

gazdasági erőfölényt hoz létre, másrészt, amikor oligopolisztikus piacon az összefonódó felek között megszűnik a versenykényszer, és ezzel egy időben csökken a többi versenytársra nehezedő versenynyomás.[609]

A Horizontális Iránymutatás az alábbi tényezőket sorolja fel az egyoldalú hatások (nem egyeztetett hatások) címszó alatt:

- az összefonódásban részt vevő vállalkozások nagy piaci részesedéssel rendelkeznek[610]

- az összefonódásban részt vevő vállalkozások közeli versenytársak[611],

- a vevő szállítóváltási lehetőségei korlátozottak[612],

---

[609] Lásd ibid 25. bekezdés.

[610] Ibid 27. bekezdés

[611] Ibid 28 – 30. bekezdések.

[612] Ibid 31. bekezdés.

- a versenytársak várhatóan nem növelik kínálatukat, ha az árak emelkednek[613],

- az összefonódással létrejött vállalkozások képesek a versenytársak terjeszkedését hátráltatni[614],

- az összefonódás kiiktatja a verseny egyik fontos hajtóerejét[615].

A további elemzésben mi is ezt a rendszert követjük, amely megfontolás alapja, hogy a vizsgálatunk tárgya az uniós fúziókontrollban az egyoldalú hatások evolúciós szemléletű értékelése és az Európai Bizottság jelenlegi felfogását tükrözi a hivatkozott iránymutatás. Érdemes azonban már itt hangsúlyozni, hogy az iránymutatásban foglaltak helyesen rögzítik, miszerint egy-egy tényező önmagában nem értékelhető, és a piaci hatalom pontos közvetlen

---

[613] Ibid 32 – 35. bekezdések.

[614] Ibid 36. bekezdés.

[615] Ibid 37 – 38. bekezdések.

mérése hiányában bármilyen információ csak más információkkal együttesen értékelendő.[616]

Elméleti oldalról közelítve az első vizsgálandó kérdés a piacon folyó verseny jellemzői. A korábban ismertetett modelleket is felhasználva egy összefonódás elemzése során az alábbi helyzeteket célszerű megkülönböztetnünk. A most hivatkozott tényezők magára az elemzés módjára is hatással vannak, valamint segítenek fókuszálni a tipikus versenyproblémák felderítésére, a közgazdaságtudomány pedig jól bevált elméleti keretet biztosít a rendelkezésre álló adatok elemzéséhez. A verseny alapvető tényezői tehát az ár-mennyiség alapú verseny és a termékek homogenitása vagy heterogenitása. A kiindulási pont egy összefonódás hatásainak közgazdasági megalapozottságú vizsgálatakor mindig e tényezők meghatározása kellene, hogy legyen. Az egyoldalú hatások vizsgálata ugyanis *„technikai értelemben az*

---

[616] Vö. Ibid 26. bekezdés.

egyszeri lejátszás esetén előálló nem kooperatív iparági egyensúlyok [... összehasonlítása] a fúzió előtt és után".[617]

Amennyiben homogén termékek érintettek, és áralapú a verseny, akkor a kiindulási helyzet az, hogy két vállalkozás összefonódása elméletben nem érinti a piac kimenetelét, még magas piaci részesedések esetén sem, kivéve monopólium létrehozása esetén. Az alapvető elmélet az alábbiak szerint szól.[618] Amennyiben a piacot árverseny jellemzi és a termékek homogének, akkor a Nash-egyensúly a versenyár. Ennek okát fentebb részletesen kifejtettük a Bertrand-modell kapcsán. Versenypolitikai szempontból ez ideális állapot, hiszen megfeleltethető a tökéletes verseny esetén elérhető állapotnak. Ebben az esetben, ha az összefonódás eredményeként nem monopólium jön létre, akkor annak nincs különösebb hatása a versenyre. Ez még akkor is így van, ha gazdasági erőfölény jönne létre az összefonódás eredményeként. Természetesen ebben az esetben feltételezzük, hogy

---

[617] MOTTA: *Versenypolitika – Elmélet és gyakorlat*. (Gazdasági Versenyhivatal Versenykultúra Központ, Budapest, 2007) 250. 5. lj.

[618] Általános áttekintésre lásd röviden pl. SCHWALBE – ZIMMER: *Law and Economics in European Merger Control* (2009) 175 – 176. és KERBER – SCHWALBE: *Economic Principles of Competition Law*. 254.

nincsenek kapacitáskorlátok. A gyakorlatban ez az ideál tipikus állapot nem valószínű, de a közgazdasági értelemben vett aukciós piacokhoz közelítő piacok[619] esetében juthatunk hasonló eredményekre.

Ha homogén termékek érintettek és mennyiség alapú a verseny, akkor egy horizontális összefonódás a piacon főszabályként kibocsátás csökkenéshez és áremelkedéshez vezet.[620] Az alapvető kiindulási pont ebben az esetben a Cournot-modellre épül, miszerint a Nash-egyensúlyban a piacon lévő vállalkozások kevesebbet termelnek, az ár pedig magasabb, mint tökéletes verseny esetében. Mint fentebb kifejtettük, ilyen helyzetben minél több vállalkozás van a piacon, annál alacsonyabb az ár. Egy összefonódás ugyanis csökkenti a versenytársak számát és eközben internalizálja a két összefonódó versenytárs közötti versenynyomást. Hovatovább egy összefonódás hatására változik a piaci egyensúly is, hiszen a versenytársak legjobb válaszreakciója immár nem az összefonódás előtti mennyiség termelése lesz. Mivel a Cournot-

---

[619] Lásd fentebb.

[620] Általános áttekintésre lásd röviden pl. SCHWALBE – ZIMMER: *Law and Economics in European Merger Control* (2009) 176 – 177. és KERBER – SCHWALBE: *Economic Principles of Competition Law*. 254 – 255.

modellre épülő versenyben az összefonódó vállalkozás az összefonódás hatásainak elemzése során beépíti a versenytársak várható reakcióit, így ő már eleve annyit fog termelni, amennyi összhangban van a versenytársak által az összefonódás után termelt mennyiséggel. Végeredményét tekintve tehát csökken a piacon a mennyiség és nő az ár. Ez a helyzet megint egy ideál tipikus elméleti helyzet.

Differenciált termékek és áralapú verseny esetében az elsődleges kérdés az, hogy a vállalkozások termékei mennyire közeli helyettesítők.[621] Amennyiben közeli helyettesítők, akkor az összefonódás főszabályként áremelkedéshez vezet, feltéve, hogy a megmaradó versenytársak termékei nem közeli helyettesítők. Ha pedig az áralapú verseny esetén a homogén termékeket differenciált, heterogén termékekre cseréljük, akkor jelentős változásnak lehetünk tanúi. A termékdifferenciálásnak köszönhetően ugyanis a fogyasztók, vásárlók nem váltanak azonnal, sőt akár magasabb árat is hajlandóak fizetni. Egy összefonódás vizsgálatakor ez abban csúcsosodik ki, hogy

---

[621] Általános áttekintésre lásd röviden pl. SCHWALBE – ZIMMER: *Law and Economics in European Merger Control* (2009) 177 – 179. és KERBER – SCHWALBE: *Economic Principles of Competition Law*. 255 – 256.

meg kell vizsgálni a termékek helyettesíthetőségének fokát. Ha a helyettesíthetőség foka magas, a termékek közeli helyettesítők, akkor a verseny is élénkebb, hiszen a vásárlók könnyebben váltanak. Ha a helyettesíthetőség foka alacsony, a termékek rossz, távoli helyettesítők, akkor a verseny kevésbé élénk. Ezt a helyzetet alapul véve, nem nehéz belátni, hogy ha közeli helyettesítőket gyártó vállalkozások közötti összefonódásról van szó, akkor az jobban növeli a piaci erőt, hiszen a korábbi közeli versenytárshoz elméletileg vándorló fogyasztók elvándorlását internalizálni tudja részben az összefonódás eredményeként létrejövő vállalkozás. A piaci erő növekedésével az ár is emelkedik, amely viszont ahhoz vezet, hogy a versenytársak számára is változik az optimális válaszreakció. Az áremelkedés hatására ugyanis nő a versenytársak termékei iránti kereslet, akik erre válaszul bizonyos mértékben emelhetik áraikat a növekvő kereslet kiaknázása érdekében.

Végezetül, differenciált termékek és mennyiség alapú verseny esetében a helyzet a homogén termékek mennyiség alapú versenyhéhez hasonlít, azzal, hogy a közeli versenytársak közötti összefonódás magasabb áremelkedést valószínűsít, mint a távoli versenytársak közötti.[622] Amennyiben a heterogén termékek gyártói mennyiség alapján versenyeznek, akkor az ilyen helyzetek megítélése nagyban hasonlít a homogén termékek mellett folyó mennyiségi versenyre. Más azonban a kiindulási helyzet, mivel ilyenkor a piacon eleve kevesebbet termelnek, és magasabbak az árak a termékdifferenciálásnak köszönhetően. A termékdifferenciálás miatt egy vállalkozás kibocsátás csökkentése elsősorban a saját árára hat, majd a helyettesítés közelségének sorrendjében a többi versenytárs árára. Egy összefonódás esetében ez azt jelenti, hogy a közeli helyettesítő termékek gyártói közötti összefonódás az, amely inkább káros hatással lehet az árakra. Érdekes különbség, hogy heterogén termékek esetében áralapú verseny esetében egy összefonódás mindig nyereséges, ám mennyiségi alapú verseny esetén csak kellő mértékű hatékonyságnövekedés esetén.[623]

---

[622] Általános áttekintésre lásd röviden pl. SCHWALBE – ZIMMER: *Law and Economics in European Merger Control* (2009) 180 – 181. és KERBER – SCHWALBE: *Economic Principles of Competition Law*. 256.

[623] Ezt nem nehéz belátni. Áralapú verseny során az összefonódó vállalkozás áremelésére a versenytársak szintén áremeléssel válaszolnak. A mennyiségi alapú verseny esetében a differenciált termékek gyártója az összefonódás után

A horizontális iránymutatásba foglalt eseteket is az előbbiek fényében kell értékelnünk. Mint fentebb láthattuk, két versenytárs közötti összefonódásra alapvetően más választ adnak a megmaradó versenytársak attól függően, hogy az összefonódás következtében létrejövő entitás olyan piacon versenyez-e, amelyen a vállalkozások az árról döntenek[624], vagy olyanon, amelyen a mennyiségről.[625] A válaszreakció formája azonban főszabályként gyakorlatilag irreleváns, ugyanis hatékonyságjavulás hiányában a fogyasztói jólét csökken.[626]

---

mindkét összefonódás előtt önálló vállalkozás terméke esetében csökkenti a kibocsátást, ami ahhoz vezet, hogy a távolabbi helyettesítőkre többen térnek át.

[624] Mind az összefonódó vállalkozás, mind a versenytársak árat emelnek az összefonódás után.

[625] Az összefonódás következtében létrejövő vállalkozás csökkenti a termelést, a versenytársak növelik.

[626] Lásd pl. MOTTA: *Versenypolitika – Elmélet és gyakorlat* (2007) 251.

12.2.1. Az összefonódásban részt vevő vállalkozások nagy piaci részesedéssel rendelkeznek

A horizontális iránymutatás szerint a piaci részesedés és a piaci erő között főszabályként egyenes összefüggés van.[627] A piaci részesedések és azok növekedése bár fontos tényező, önmagában azonban nem elegendő a teljes elemzéshez.[628] A fentebbiekben már tárgyaltuk a piaci részesedések és azok alakulásának jelentőségét a piaci hatalommal összefüggésben, így az ott leírtakat nem ismételjük meg. Fontos tényező, amelyről azonban szót kell ejteni, hogy ha az összefonódással érintett iparágban termékdifferenciálás jellemző, akkor a magas piaci részesedések nem biztos, hogy jelentős piaci erő mutatói.[629] Az Európai Bizottság azt is hangsúlyozta iránymutatásában, hogy *"minél nagyobb a vevőkör növekedése, amelynek alapján egy esetleges áremelkedés után nagyobb haszonkulcs érhető el, annál nagyobb a valószínűsége annak, hogy az összefonódásban részt vevő vállalkozások*

---

[627] Horizontális iránymutatás (2004) 27. bekezdés első és második mondat.

[628] Ibid 27. bekezdés utolsó mondat.

[629] A termékdifferenciálásról lásd alább. Vö. még COSCELLI – BAKER: *The Role of Market Shares in Differentiated Product Markets* (1999) 20 ECLR 412 413 – 414.

nyereségesnek találják az ilyen áremelést a termelés vele járó csökkenése ellenére is".[630] Ez egy fontos meglátás, hiszen ha a vevők reakciója az, hogy részben elfordulnak az összefonódás következtében létrejövő új vállalkozástól, akkor az jelentheti azt, hogy bár nő a piaci részesedés a vállalkozások összeolvadása miatt, de a vevői kör nem biztos, hogy ugyanolyan mértékben nő. Ilyen elfordulásra ok lehet, pl. ha a vevők üzletpolitikája az, hogy diverzifikálják a beszerzéseiket az egyoldalú függőség megakadályozása érdekében.[631] Elképzelhető ugyanis, hogy egy vevő az összefonódásban érintett két vállalkozás által elégítette ki keresletét, azaz az összefonódást követően nem nő a vevői kör, csak a piaci részesedés.

Mivel fentebb részletesen tárgyaltuk a gyakorlatban kialakult piaci részesedésekkel kapcsolatos bizottsági és uniós bírósági hozzáállást, a továbbiakban itt inkább elméleti kérdésekre összpontosítunk.

---

[630] Horizontális iránymutatás (2004) 27. bekezdés.

[631] Lásd pl. Alcatel/Telettra 39. bekezdés. (Bár ebben az ügyben a vevő jelentős vevői erővel is bírt.)

Az első kérdéskör, amire fel kell hívni a figyelmet, az alábbi. A hagyományos elemzés során a piaci részesedéseket statikusan vizsgáljuk. Ekkor azt feltételezzük, hogy egy összefonódást követően az elpártoló fogyasztók a többi versenytárs piaci részesedésének arányában pártolnak át azokhoz. E feltételezés helytállósága azonban igencsak kétséges differenciált termékek esetében. Az adott piaci részesedések ugyanis a fogyasztók első választását tükrözik, ilyenkor azonban a második választás és a második és harmadik választás közötti különbség mértéke lenne érdekes, hiszen a fogyasztók ideális esetben ahhoz fognak pártolni ideális esetben, akinek a termékét a legjobb helyettesítőnek vélik.[632]

Tankönyvi példa az egyoldalú hatásokat eredményező összefonódásokra, amikor két vállalkozás monopóliummá olvad össze. Ilyen esetben a klasszikus versenymodellünk azt mondja, hogy a haszonmaximalizálásra törekvő vállalkozás monopol árazást fog alkalmazni. Érdemes utalnunk egy fontos tényezőre, miszerint különbséget kell tennünk aközött, hogy valaki a piacon versenyzés

---

[632] Lásd még COSCELLI – BAKER *The Role of Market Shares in Differentiated Product Markets* (1999) 414. A termékdifferenciálásról lásd még alább.

folytán kerül monopolhelyzetbe és aközött, hogy a vállalkozás ezt összefonódások, fúziók útján éri el.⁶³³ Ahogy a Törvényszék fogalmazott, „[...] *a gazdasági erőfölény birtoklása önmagában, nem tilos a Szerződésben lefektetett szabályok szerint* [...]".⁶³⁴ Ugyanakkor (főszabályként) más a helyzet, amennyiben összefonódás hozza létre a monopolhelyzetet. *Hovenkamp* példája szerint⁶³⁵, tegyük fel, hogy az lenne a szabály, hogy engedélyezett a monopóliummá történő összeolvadás, feltéve, hogy a belépési korlátok alacsonyak. Ekkor minden új belépő biztosra vehetné, hogy felvásárolják, amely üzletpolitika a felvásárlónak is nyereséges lenne. A fogyasztók gyakorlatilag folyamatosan monopolárral szembesülnének, legfeljebb

---

⁶³³ Jelen esetben a különbség nem a monopólium eltérő jellegében van, hanem abban, ahogyan az létrejön. A versenypolitika végrehajtása során ugyanis különbséget kell tennünk aközött, hogy egy vállalkozás versenyezve, más vállalkozásokat legyőzve ér el piaci hatalmat vagy pedig mesterséges úton.

⁶³⁴ Atlantic Container Line és mások kontra Bizottság (T-191/98, T-212/98-T-214/98. sz. egyesített ügyek) 939. bekezdés. Vö. még pl. Gøttrup-Klim (C-250/92. sz. ügy) 49. pont, Van den Bergh Foods kontra Bizottság (T-65/98. sz. ügy) 90. és 158. pontok, vagy General Electric (T-210/01. sz. ügy) 549. pont.

⁶³⁵ HOVENKAMP: *Federal Antitrust Policy: The Law of Competition and Its Practice* (2005) 511.

időlegesen – amíg a felvásárlás be nem következik – lenne elképzelhető az alacsonyabb ár.

Elméleti síkon elképzelhető, hogy engedélyezzenek egy olyan összefonódást, amelynek eredményeként egyetlen vállalkozás marad az érintett piacon, de ilyen esetben fokozott figyelemmel kell eljárni. Egy összefonódásban részes felek tipikus hivatkozásai, amelyek közül néhány sikerre is vezetett már egyes versenyhatóságok előtt: 1) vannak elérhető helyettesítők, amelyre váltani tudnak a vevők; 2) a kereslet árrugalmassága magas; 3) alacsonyak a belépési korlátok és/vagy a felek aukciós piacon tevékenykednek; végezetül 4) a vevőknek vevői ereje van. Az első két érv valójában sokkal inkább az érintett piac körébe tartozó kérdés, nem pedig igazolás arra, hogy az érintett piacon engedélyezhető-e egy monopóliummá történő összeolvadás.[636] Így számunkra inkább az utóbbi kettő érdekes. Azt azonban, hogy vajon alacsony belépési korlátok engedélyezhetővé teszik-e egy monopólium

---

[636] Ennek oka, hogy amennyiben vannak olyan jelentős helyettesítők, amelyre a fogyasztók váltanak, akkor valójában tévesen határoztuk meg az érintett piacot. Hangsúlyozni kell, hogy nem vonható azonban egyértelmű határvonal a két kérdéskör közé, hiszen a marginális fogyasztókat egyik esetben sem tudjuk megfelelően kezelni.

létrejöttét összefonódás útján, szintén a későbbiekben tárgyaljuk, akárcsak a vevői erő kérdését.

Elsőként az aukciós piacok kérdésével kell foglalkoznunk. Fentebb már több helyen is utaltunk az aukciós piacokra, itt érdemes röviden összegeznünk a kérdéskör jelentőségét az egyoldalú hatások szempontjából.

Egy aukciós piacot az alábbiak jellemeznek[637]:

a) A piacon a versenyre az jellemző, hogy a győztes mindent visz.

b) A verseny „szakaszos".

c) A verseny minden alkalommal, minden szerződésért és minden vevőért újonnan kezdődik.

d) Könnyű új szereplőknek piacra lépniük.

---

[637] Részletesebben lásd SZILÁGYI *Bidding Markets and Competition Law in the European Union and the United Kingdom - Part I* (2008) és SZILÁGYI *Bidding Markets and Competition Law in the European Union and the United Kingdom - Part II* (2008). Az alábbiakban az ott leírtakat röviden összefoglaljuk, de részletes iránymutatást és az okok megvilágítását a hivatkozott forrásokban tettük.

Egyes szerzők ehhez még hozzáteszik ötödik feltételként, hogy a piacra a versenyeztetési eljárásnak kell jellemzőnek lennie. Ez utóbbi feltétel azonban valójában csak az árképzés módszerét írja le, valamint a gyakorlatban inkább csak zavart okoz, mivel emiatt gyakran összemosódik a különbségtétel a valódi aukciós piacok és azon piacok között, amelyeken versenyeztetési eljárások gyakoriak, de emiatt nem szükséges eltérően kezelni azokat a „hagyományos" piacoktól. Az mindenképpen elmondható, hogy valódi aukciós piacok gyakorlatilag nem léteznek, mivel a feltételek valamelyike nem teljesül. Legfeljebb az állítható, hogy vannak olyan piacok, amelyek közelítenek az ideális aukciós piacokhoz, és emiatt számos olyan lentebb kifejtett megfontolást érdemes észben tartani, amely indokolhatja ezen piacok megkülönböztető kezelését. Ez a megkülönböztetés abból fakad, hogy ilyen piacok esetén gyakorlatilag nincs jelentősége annak, hogy egy vagy több vállalkozás van-e ténylegesen a piacon, így elméletben akár monopóliumok létrejötte sem problémás.

Laraia egy jó szemléltető ábrán mutatja be az aukciós piacokat.[638]

Az ilyen piacok fentebb említett megkülönböztető kezeléséhez jó eligazítást nyújtanak Patterson és Shapiro által javasolt kérdésföltevések[639]:

a) Általában több szállító tesz-e ajánlatot?
b) A vevők ezeket a szállítókat jó alternatíváknak tartják-e?
c) A szállítók képesek voltak-e megőrizni hosszabb távon az erősségeiket és képességüket akkor is, ha voltak visszaesések?
d) A versenyeztetési eljárásban erős-e a versengés? Van-e több forduló az eljárás során, amelyek között az ajánlatok lényegesen megváltoznak? Tesznek-e az ajánlattevők jelentős engedményeket?
e) Van-e több olyan szállító, aki tanúbizonyságot tett képességéről, hogy képes rendszeresen nyerni?
f) Van-e több olyan szállító olyan tényleges helyzetben, hogy képes vonzó ajánlatokat tenni jövőbeli versenyeztetési eljárások során?

---

[638] LARAIA: *'Bidding Market' Defence in Competition Investigation* (2006) Competition Law Journal 85 87.

[639] PATTERSON – SHAPIRO: *Trans-Atlantic Divergence in GE/Honeywell: Causes and Lessons* (2001) Antitrust Magazine 6.

Ha ezek a feltételek teljesülnek, akkor a piac jellegzetességei indokolhatják a fentebbi speciális megközelítést, amely versenyjogi szempontból az alábbi fontos megállapításokat jelenti számunka: a) a „győztes mindent visz" hatás következtében kevésbé kell aggódni a versenykorlátozó hatás miatt; b) a versengés folyamata a versenyeztetési eljárásban koncentrálódik; c) a piaci részesedések nem feltétlenül mutatják a verseny tényleges fokát; végezetül pedig a versenyeztetési eljárás kiírói (a vevők) az eljárás feltételeinek meghatározásával a versenyzés folyamatát jelentősen befolyásolni tudják.

Az Európai Bizottság[640] körülbelül az ezredfordulón kezdett el foglalkozni az aukciós piacokkal[641], az Európai Bíróság pedig alig találkozott e kérdéssel. Az Európai Bizottság az utóbbi években

---

[640] 2007 májusáig tartó joggyakorlatára lásd részletesen SZILÁGYI *Bidding Markets and Competition Law in the European Union and the United Kingdom - Part I* (2008) és SZILÁGYI *Bidding Markets and Competition Law in the European Union and the United Kingdom - Part II* (2008).

[641] Az első ügy, amelyben kifejezetten aukciós piacokat említ az Európai Bizottság: IV/M.1309 sz. ügy (1999. április 28.) *MATRA/AEROSPATIALE* [1999] C 133 5.

meglepően sok ügyben foglalkozott e problémával, az ügyek áttekintése alapján mégis megállapítható, hogy a terminológiai használat mögött sokáig nem volt egységes koncepció, illetve az aukciós piacokhoz közelítő piacok kezelése sem volt egyértelmű.[642]

Az *AEE/Lentjes* összefonódás[643] kapcsán az Európai Bizottság kifejtette, hogy egy versenyeztetési eljárások által jellemezhető piacon kevés szereplő is elegendő a szükséges mértékű versenyhez, a piaci részesedések pedig önmagukban nem adnak elegendő alapot a versenyhelyzet elemzésére. Az összefonódás részletes vizsgálata során arra jutott, hogy annak ellenére, hogy háromról 2,2-re csökken az átlagos résztvevők száma egy versenyeztetési eljárás során, a piac még mindig versengőnek lesz tekinthető.[644] Kimutatható volt továbbá, hogy az AEE részvétele együtt a Lentjes vállalkozással, nem befolyásolta az

---

[642] Részletesen lásd SZILÁGYI *Bidding Markets and Competition Law in the European Union and the United Kingdom - Part I* (2008) és SZILÁGYI *Bidding Markets and Competition Law in the European Union and the United Kingdom - Part II* (2008).

[643] AEE/Lentjes (COMP/M.4647. sz. ügy).

[644] Ibid 60. bekezdés. Vö. még ibid 66. bekezdés.

AEE eredményességét, ugyanakkor fordítva igen. Azaz a Lentjes kevésbé volt eredményes ilyen esetekben[645], továbbá kevés olyan eset volt, amikor az AEE után a Lentjes lett volna a második helyezett.[646] Utóbbi adatból levonható volt az a következtetés, hogy a két vállalkozás nem közeli versenytársa egymásnak. Az Európai Bizottság a vevők megkérdezése alapján arra a következtetésre jutott, hogy a többszintű tendereztetési eljárásnak köszönhetően három versenytárs piacon maradása is elegendő a versenyhelyzet fenntartásához.[647] Az adatok továbbá azt mutatták, hogy számos vállalkozás képes elindulni különösebb nehézség nélkül az egyes versenyeztetési eljárásokon[648], és az összefonódást követően is lesz elegendő számú versenytárs, aki *képes* elindulni egy-egy ilyen megmérettetésen.[649]

---

[645] Ibid 63. bekezdés.

[646] Ibid 64. bekezdés.

[647] Ibid 66. bekezdés.

[648] Ibid 67 – 69. bekezdések.

[649] Ibid 70. bekezdés.

A *Wireless Business* határozatban[650] az Európai Bizottság arra jutott, hogy a versenyeztetési eljárások kb. felében elegendő volt két versenytárs a hatásos versenyhez[651], a fennmaradó esetekben pedig három[652], a további résztvevő ugyanis kellő versenynyomást képes gyakorolni, valamint az összefonódó vállalkozások nem közeli versenytársai egymásnak.

Végezetül utalnunk kell az Európai Bizottság egy közelmúltbeli határozatára, amelyben egyértelműen megállapította egy piacról (üzleti telekommunikációs műholdak és ahhoz kapcsolódó eszközök piaca), hogy azok aukciós piacok.[653] A *Thales/Finmeccanica/AAS/Telespazio* összefonódás során részletesen

---

[650] Syniverse/BSG (Wireless Business) (COMP/4662. sz. ügy).

[651] Ibid 74. bekezdés.

[652] Ibid 75. bekezdés.

[653] COMP/M.4403. sz. ügy (2007. április 4.) *Thales/Finmeccanica/Alcatel Alenia Space/Telespazio* [2009] C 34 5-10. Korábban lásd még pl. COMP/M.1636. sz. ügy (2000. március 21.) *MMS/DASA/ASTRIUM* [2003] HL L 314 1 - 25 46 – 48. és 102 – 108. bekezdések; illetve COMP/M.1879. sz. ügy (2000. szeptember 29.) *Boeing/Hughes* [2004] HL L 63 53-66 42. és 63 – 66., 68., 74 – 80., 87 – 88. és 91. bekezdések.

foglalkozott az aukciós piac elemzésével.⁶⁵⁴ Az érintett piacon a vevők általában több lehetséges szállítótól kérnek ajánlatot. Mielőtt utóbbiak megteszik az ajánlataikat, ők is kérnek ajánlatokat beszállítóktól. A versenyeztetési eljárások 4-6 hónapig is elhúzódnak és több fordulósak. Mind az eljárás kiírója, mind az ajánlattevő alaposan megvizsgálja a többi szereplő kapacitását, tárgyalásokat folytatnak a specifikációkról, és erős ártárgyalások zajlanak.⁶⁵⁵ Egyik érdekessége az ügynek, hogy az Európai Bizottság a benyújtott fúziós szimuláció eredményét elvetette arra hivatkozva, hogy az nem veszi figyelembe a különböző szereplők ajánlatnyújtási képességeit, ami pedig az aukciós piacok egy fontos tényezője.⁶⁵⁶

Az aukciós piacok kapcsán eddig egyszer foglalt állást a Törvényszék, a *General Electric kontra Bizottság* ügyben.⁶⁵⁷ Az Európai Bizottság a megtámadott határozatában többek között a piaci részesedésekre

---

⁶⁵⁴ Thales/Finmeccanica/AAS/Telespazio (COMP/M.4403. sz. ügy) 136 – 158. bekezdések.

⁶⁵⁵ Lásd ibid 136 – 138. bekezdések és 1. grafikon (139. bekezdés).

⁶⁵⁶ Lásd ibid 419. bekezdés. Lásd még fentebb.

⁶⁵⁷ GE kontra Bizottság (T-210/01. sz. ügy).

alapozta a gazdasági erőfölény meglétét.[658] A General Electric azonban azon az alapon támadta meg a határozatot, hogy – álláspontja szerint – a piaci részesedések nem nyújtanak kellő eligazítást aukciós piacokon, ahol is ritkák és nagy értékűek a verseny tárgyát képező szerződések. A versenytársak ráadásul minden egyes versenyeztetési eljárás kapcsán erősen érdekeltek. Ezekből eredően az 50% feletti piaci részesedés álláspontja szerint nem elegendő a gazdasági erőfölény megállapításához.[659] Ezzel az érveléssel a Törvényszék részletesen foglalkozott, hangsúlyozva, hogy ha egy vállalkozás korábban több ízben is nyertes volt korábban, az nem jelenti azt egy ilyen piacon, hogy a többi versenytárs ne lehetne sikeres a jövőben, amennyiben versenyképes terméke van, és nincsenek az előbbi vállalkozás mellett szóló egyéb tényezők. Amennyiben így történik, akkor pedig a piaci részesedések jelentősen változhatnak.[660] A bíróság arra is felhívta a figyelmet, hogy a piaci részesedések viszonylagos stabilitása vagy

---

[658] Lásd GE/Honeywell (COMP/M.2220. sz. ügy) 435 – 437. bekezdések és 70 – 77. bekezdések.

[659] GE kontra Bizottság (T-210/01. sz. ügy) 96. bekezdés.

[660] Ibid 149. bekezdés.

egyoldalú növekedése igenis jelzés értékű.[661] Az 50 % feletti piaci részesedésekből pedig az Európai Bizottság helyesen vonta le azt a következtetést, hogy gazdasági erőfölényben van a General Electric. Ahogy a Törvényszék fogalmazott: „*Még* [*az aukciós*] *piacok esetében is a piaci erőt jelzi az a tény, hogy a gyártó több éven keresztül folyamatosan megőrzi, vagy éppen növeli piaci részesedését. Egy idő után ugyanis valamely gyártó piaci részesedése és a versenytársai részesedése közötti különbség többé már nem írható a piaci keresletet képviselő kisszámú pályázat terhére.*"[662]

---

[661] Ibid 150. bekezdés.

[662] Ibid 151. bekezdés.

12.2.2. Az összefonódásban részt vevő vállalkozások közeli versenytársak

Az adott versenytársak piaci részesedése csak egy tényező a versenyelemzés során. Az Európai Bizottság a horizontális iránymutatásában három bekezdésben foglalkozik a versenytársak egymáshoz viszonyított helyzetével. Ebben kifejti, hogy „*minél nagyobb mértékben helyettesíthetők egymással az összefonódásban részt vevő vállalkozások termékei, annál nagyobb a valószínűsége annak, hogy az összefonódó vállalkozások jelentősen megemelik áraikat [...]. ... Így az a tény, hogy a felek közötti rivalizálás a verseny jelentős forrása volt, az elemzés központi tényezőjévé válhat*".[663] Majd folytatja, hogy az „*összefonódásban részt vevő vállalkozások áremelési motiváltsága sokkal inkább ütközik akadályba, ha a versenytárs vállalkozások az összefonódásban részt vevő vállalkozások termékeinek a közeli helyettesítőit állítják elő, mint ha kevésbé közeli helyettesítő termékeket kínálnak*".[664]

---

[663] Horizontális iránymutatás (2004) 28. bekezdés. Lásd még Sun Chemicals kontra Bizottság (T-282/06. sz. ügy) 69 – 78. pontok.

[664] Horizontális iránymutatás (2004) 28. bekezdés.

Az Európai Bizottság ezt követően[665] bemutat néhány olyan szempontot, amellyel a helyettesíthetőség közelsége mérhető, mint piackutatás, piacelemzés, keresztárrugalmasság becslése, az áttérési ráták és az aukciós elemzések. Ezek közül az aukciós elemzéseket fentebb már bemutattuk, így azokra itt nem térünk ki.[666]

Az érintett piacon a helyettesíthetőség kérdésének egyik alapvető tényezője a termékdifferenciálás[667], és az Európai Bizottság részletes szempontokat nyújt az érintett piac meghatározásáról szóló közleményében két termékek helyettesíthetőségének vizsgálatára.[668] Amennyiben termékdifferenciálással érintett piacokról beszélhetünk, akkor a piaci részesedések félrevezetők lehetnek, hiszen egy érintett

---

[665] Ibid 29. bekezdés.

[666] Lásd fent.

[667] Ez nem meglepő, hiszen az érintett piacot az Európai Bíróság konzekvens gyakorlata szerint ahhoz, hogy egy terméket olyannak lehessen tekinteni *„amely kellően megkülönböztethető piacot alkot, olyan különleges jellemzőkkel kell rendelkeznie, amelyek a többi terméktől olyannyira megkülönbözetik, hogy azokkal csak kis mértékben cserélhető fel, és azok versenye csak kevéssé érzékelhetően hat ki rá".* United Brands (27/76. sz. ügy) 22. pont.

[668] Lásd Érintett piacról szóló közlemény (1997).

piacon belül minden egyes terméknek ugyanolyan súlyt tulajdonítunk.[669] Másként szólva, az adott érintett piacon belül a piaci részesedések során tökéletes keresztrugalmasságot feltételezünk a termékek között. Shapiro egy 1996-os tanulmányában[670] jól szemlélteti, hogy a homogén termékek esetén „*mély gyökerei vannak a hagyományos strukturális megközelítésnek*"[671], de ez kevéssé alkalmas differenciált termékek esetében.[672] Az Egyesült Államokban egy ideig ún. alpiacokat határoztak meg, amelyek tágabb piacokon belül léteztek.[673] Alpiacok meghatározását használták például

---

[669] Ennek egyik korai kritikájára lásd LERNER *The concept of monopoly and the measurement of monopoly power* (1934), különösen 166 – 167.

[670] SHAPIRO: *Mergers with Differentiated Products* (1996) Antitrust 23.

[671] Ibid 23. Lásd még WU – BAKER: *Applying the Market Definition Guidelines of the European Commission* (1998) 19 ECLR 273 277.

[672] Vö. még WERDEN: *Market Delineation under the Merger Guidelines: A Tenth Anniversary Retrospective* (1993) 38 Antitrust Bulletin 517 523 – 524.

[673] Lásd áttekintésére és kritikájára MAISEL: *Submarkets in Merger and Monopolization Cases* (1983) 72 Georgetown Law Review 39 vagy HOVENKAMP: *Federal Antitrust Policy: The Law of Competition and Its Practice* (2005) 87 – 90.

termékdifferenciálással érintett piacokon.⁶⁷⁴ Az alpiacok kérdése azonban hamar kikerült a versenyjogból. Ugyanakkor annak kritikájaként *Maisel* megfogalmazta, hogy *„miután megtaláltuk az összes hatásos helyettesítőt és meghatároztuk az érintett piacot, az érintett piacon belül a termékdifferenciálás vizsgálata segíthet [...] a versenyelemzés finomításában"*.⁶⁷⁵

Differenciált termékek esetében tehát ideális esetben be kell csatornáznunk az elemzésbe az egyes termékek egymással való helyettesíthetőségének mértékét. Azért ideális esetben, mivel a Törvényszék elé került egyik ügyben a bíróság nem ítélte az Európai Bizottság terhére, hogy nem vizsgálta a helyettesíthetőség fokát, igaz később a bírósági eljárás során sem tudták a felperesek bizonyítani, hogy az összefonódó vállalkozások egymás közeli versenytársai lennének.⁶⁷⁶

---

⁶⁷⁴ Lásd még MAISEL *Submarkets in Merger and Monopolization Cases* (1983) 41. és 51 – 54.

⁶⁷⁵ Ibid 52.

⁶⁷⁶ Lásd Sun Chemicals kontra Bizottság (T-282/06. sz. ügy) 69 – 78. pontok.

A helyettesíthetőség mértéke két szempontból is fontos, nevezetesen, hogy az összefonódó felek által nyújtott termékek között milyen mértékű a helyettesíthetőség, valamint, hogy az összefonódáson kívüli versenytársak által nyújtott termékekhez viszonyítva hogyan alakul a helyettesíthetőség mértéke. Az első kérdést szokás úgy is feltenni, hogy érdekeltek-e az összefonódó vállalkozások az áremelésben, míg a másodikat azzal, hogy képes-e az áremelésre?[677] Megjegyzendő, hogy a termékdifferenciálás által jellemzett piacokon tipikusan az érintett piacokról „kizárt" termékek a hagyományos, piaci részesedés és koncentráció fokán alapuló módszerek esetében nem kerülnek figyelembevételre. Valójában az érintett piacokon kívüli termékek is fejtenek ki valamilyen fokú versenynyomást az érintett piacokon tevékenykedő vállalkozások magatartására.[678]

Érdeke-e az összefonódó vállalkozásnak emelnie az árat az összefonódás után? Ennek kapcsán tipikusan három tényező szokás

---

[677] Vö. LINDSAY – BERRIDGE: *The EC Merger Regulation: Substantive Issues* (2009) 284 – 286. és Horizontális iránymutatás (2004) 28 – 30. bekezdések.

[678] Vö. még WU – BAKER *Applying the Market Definition Guidelines of the European Commission* (1998) 277.. és COSCELLI – BAKER *The Role of Market Shares in Differentiated Product Markets* (1999) 413 – 414.

figyelembe venni: a) a helyettesíthetőség fokát, közelségét; b) a bruttó árrést; és c) hatékonyságjavulást, szinergiákat.[679]

A *helyettesíthetőség fokának* az alábbiak miatt van jelentősége. Tegyük fel, hogy egy piacon van négy vállalkozás, amelyek különböző termékeket gyártanak (A,B, C és D). Amennyiben az A terméket előállító vállalkozás emelné az árait, akkor a fogyasztói egy része elpártolna B-D termékekhez. Ha A és B termékeket gyártó vállalkozások egymással összefonódnak, akkor az összefonódással az új entitás bizonyos mértékig internalizálja ezt a hatást, hiszen a B termékre váltók is végeredményben ugyan attól fognak vásárolni, mint A termék vevői.[680] Amennyiben a *bruttó árrés* B termék esetében magasabb, mint A termék esetén, akkor a vállalkozástól B-hez pártoló fogyasztókon többet keres a vállalkozás.[681] Végezetül a hatékonyságjavulás eredményezheti azt, hogy A terméket gyártó vállalkozásnak nem

---

[679] Lásd pl. LINDSAY – BERRIDGE: *The EC Merger Regulation: Substantive Issues* (2009) 284 – 285. és SHAPIRO *Mergers with Differentiated Products* (1996). 23.

[680] Vö. még Horizontális iránymutatás (2004) 28. bekezdés.

[681] Vö. még ibid 28. bekezdés.

érdeke emelni A termék árát, mivel a hatékonyságjavulás kihasználása miatt ez nem áll érdekében. Egy fontos további tényező, miszerint szükséges lehet annak vizsgálata is, hogy a fogyasztók mennyire tekintik közeli helyettesítőnek a második és harmadik választásukat, jelen esetben pl. B és C termékeket. Ha ugyanis C közeli helyettesítője B-nek, akkor egy kis áremelkedés A vagy B termék kapcsán is elegendő lehet ahhoz, hogy a fogyasztók C-re váltsanak. Amennyiben viszont távoli helyettesíthetője, akkor a fentebbi megállapításunk ül.

Hogy *képes-e* az áremelésre egy adott vállalkozás a helyettesíthetőség vonatkozásában, általában az alábbi tényezők vizsgálatát igényli: a) az összefonódás utáni versenytársak által gyártott termékek helyettesíthetőségének foka; b) a piacra lépés valószínűsége; és c) a termékek újrapozícionálása.

Ha az összefonódás előtt A és B termékek egymás legtávolabbi helyettesítői, akkor a valószínű reakció A termék árának emelésére az, hogy a fogyasztók C és D termékekre váltanak elsősorban és nem pedig B termékre. Ilyenkor az összefonódás utáni vállalkozás nem tudja nagy mértékben internalizálni az elvándorló fogyasztókat.[682] Amennyiben valószínű *a piacra lépés* egy összefonódást vagy egy áremelést követően, akkor az adott piacra lépő vállalkozás pozícionálhatja a termékét úgy, hogy a fogyasztók hozzá vándoroljanak egy áremelés esetén. Végezetül a termékek *újrapozícionálása* is ésszerű reakció lehet a versenytársak részéről, ezáltal közelítve a termékeiket A termékhez. Utóbbi kettő esetében vizsgálni kell azonban, hogy a kérdéses vállalkozások képesek-e piacra lépni/újrapozícionálni magukat, valamint, hogy érdekük is ezt szolgálja-e ez? Az Európai Bizottság a 2004-es iránymutatásában külön bekezdésben foglalkozik a kérdéssel, amikor kifejti, hogy a *„Bizottság különösen azt vizsgálja, hogy a versenytársak vagy az összefonódásban részt vevő felek általi újrapozícionálás vagy termékskála-bővítés lehetősége mennyiben befolyásolja az összefonódással létrejött vállalkozás áremelési motiváltságát. Azonban valamely termék újrapozícionálása vagy a termékskála-bővítés gyakran jár kockázatokkal és nagy meg nem térülő*

---

[682] Vö. még ibid 28. bekezdés.

költségekkel, és lehet kevésbé nyereséges, mint az aktuális termékskála".[683]

Mint az Európai Bizottság *horizontális iránymutatásából* látható, a helyettesíthetőség foka fontos tényező a termékdifferenciálással érintett piacokon. Az iránymutatásban számos korábbi ügyre hivatkozik[684], amelyeket mi nem tartunk szükségesnek ismertetni. Ki kell azonban emelni a *Procter & Gamble/VP Schickedanz (II)* ügyet[685], melyben jól látható, hogy az Európai Bizottság már a jogalkalmazás korai szakaszában fontos tényezőként fogta fel a termékdifferenciálásból eredő hatásokat. Az összefonódást az Európai Bizottság feltételek és kötelezettségek előírásával engedélyezte csak. Az adott ügyben részletes elemzést követően nyilvánvalóvá vált, hogy

---

[683] Ibid 30. bekezdés. Az Európai Bizottság itt is az áremelési motiváltságról szól, de helyesebbnek ítéljük az áremelési képesség körében tárgyalni ezt a kérdést. Lásd még LINDSAY – BERRIDGE: *The EC Merger Regulation: Substantive Issues* (2009) 285 – 286. oldalak és SHAPIRO *Mergers with Differentiated Products* (1996) 27 – 28. Ugyanakkor az áremelési motiváltságra, érdekre is hatással van ez a lehetőség.

[684] Lásd Horizontális iránymutatás (2004) 34 – 41. lábjegyzetek.

[685] IV/M.430. sz. ügy (1994. június 21.) *Procter & Gamble/VP Schickedanz (II)* [1994] HL L 354 32.

a fogyasztók erős márkahűséggel jellemezhetők[686], amely piacra lépési korlátként jelentkezik, hiszen a piacra lépőknek jóval nehezebb lesz az inkumbensektől elhódítani a vevőket.[687] A piacon a verseny elsősorban reklámozás, a termékek „teljesítménye" és a megjelenése terén zajlik.[688] Az Európai Bizottság kiemelte, hogy a reklámozás „*kulcsfontosságú tényező a márkás termékek iránti kereslet megteremtésében*".[689] Az összefonódás következtében a Procter & Gamble kezébe került volna a három prémium márkás termékből még egy, így összesen kettőt birtokolt volna, sőt a harmadik márka részesedése csak marginális volt.[690] Tekintettel a piac sajátosságaira, így különösen az alacsony árérzékenységre és az erős márkahűségre, az Európai Bizottság szerint az összefonódás korlátozta volna a versenyt, mind az árak, mind a minőség és innováció, mind pedig a választék

---

[686] Lásd ibid 125. bekezdés.

[687] Ibid 130. bekezdés.

[688] Ibid 134. bekezdés.

[689] Ibid 137. bekezdés.

[690] Vö. Ibid 181. bekezdés.

tekintetében.⁶⁹¹ Az összefonódás jóváhagyása érdekében a Procter & Gamble vállalta, hogy a „problémás" terméktől egy független megbízott segítségével megválik.⁶⁹²

Szintén a vezető márkák versenyelőnyeit hangsúlyozta az Európai Bizottság a *Kimberley-Clark/Scott* ügyben.⁶⁹³ Kifejtette, hogy a vezető márkák esetében a kisebb üzletek kénytelenek csak azokat tartani.⁶⁹⁴ A *Mercedes Benz/Kässbohrer* ügy⁶⁹⁵ jó példa arra, hogy a márkahűség idővel változhat, így a korábbi erős márkahűség nem biztos, hogy az összefonódás elbírálásának időpontjában – különösen annak jövőbe tekintő volta miatt – mérvadó.

---

⁶⁹¹ Vö. Ibid 182. bekezdés.

⁶⁹² Lásd részletesen ibid 186 – 188. bekezdések.

⁶⁹³ IV/M.623. sz. ügy (1996. január 16.) *Kimberly-Clark/Scott* [1996] HL L 183 1-56.

⁶⁹⁴ Vö. Ibid 133 – 138. bekezdések.

⁶⁹⁵ Mercedes-Benz/Kässbohrer (IV/M.477. sz. ügy), különösen 20., 25. és 86 – 87. bekezdések.

A termékek helyettesíthetőségének fokát számos módszerrel lehet mérni. Az Európai Bizottság gyakran végez *piackutatást*, azaz gyakran kérdezi meg az adott ágazat szereplőit vagy legalább egy reprezentatívnak tartott kört.[696] A piackutatások olyan vásárlók személyes véleményét mérik fel, akik valamilyen formában reprezentálják a kérdéses termék vásárlói rétegeit, vagy akiknek megalapozott véleménye lehet az adott piacon a várható versenyhatásokról.[697] Már korai ügyekben is erősen támaszkodott a kérdőívek alapján beszerzett információkra[698], a közelmúltban folyó

---

[696] Vö. Érintett piacról szóló közlemény (1997) 33. és 40 – 41. bekezdések. Lásd még általában COSCELLI – BAKER *The Role of Market Shares in Differentiated Product Markets* (1999) 415 – 416., és LINDSAY – BERRIDGE: *The EC Merger Regulation: Substantive Issues* (2009) 289 – 290. Esetgyűjteményre lásd pl. VAN DER WOUDE – JONES: *E.C. Competition Law Handbook* (2008) 175 – 176.

[697] Lásd pl. Ryanair/Aer Lingus (COMP/M.4439. sz. ügy) 414. bekezdések.

[698] Lásd pl. IV/M.269. sz. ügy (1994. június 8.) *Shell/Montecatini* [1994] HL L 332 48-70 65. és 69 – 71. bekezdések. Így pl. fény derült arra, hogy más termékek távoli helyettesítők (69. bekezdés), amely más faktorokkal együtt egyoldalú hatásokhoz vezethet (70 – 71. bekezdések). Lásd még pl. IV/M.523. sz. ügy (1995. január 19.) *Akzo Nobel/Monsanto* [1995] HL C 37 3, Mercedes-Benz/Kässbohrer (IV/M.477. sz. ügy) 86. bekezdés, Kimberly-Clark/Scott (IV/M.623. sz. ügy) 130 – 131. és 133 – 138. bekezdések vagy a területi

ügyekben pedig a kérdőíves felmérések már igen részletezett elemzésre adnak lehetőséget.[699] A piackutatások különösen alkalmasak arra, hogy felmérjük vele a fogyasztók személyes preferenciáit, szubjektív véleményét. Így ténylegesen *"életre lehet kelteni"* az érintett piacról szóló közlemény azon megfogalmazását, miszerint az *"[...] érintett termékpiac mindazokat a termékeket és/vagy szolgáltatásokat magában foglalja, amelyeket a fogyasztó a jellemzőik, áruk és rendeltetésük alapján egymással felcserélhetőnek vagy helyettesíthetőnek tart"*[700], hiszen gyakran mi sem fejezi ki ezt jobban, mint a tényleges véleményük.[701] A közvetlen felmérések számos tekintetben kifejezetten előnyösek. Összetett komplex termékeknél,

---

differenciálás kapcsán pl. IV/M.603. sz. ügy (1995. november 14.) *Crown Cork & Seal/CarnaudMetalbox* [1996] HL L 075 38-60 66. bekezdés.

[699] Lásd pl. Ryanair/Aer Lingus (COMP/M.4439. sz. ügy) I. sz. melléklet és Ryanair kontra Bizottság (T-342/07. sz. ügy).

[700] Érintett piacról szóló közlemény (1997) 7. bekezdés.

[701] A piaci szereplők azonban számos okból motiváltak lehetnek olyan információ nyújtására, amely az eredményt tekintve félrevezető (pl. a versenytársak számára egy horizontális összefonódás több előnnyel járhat, mint hátránnyal és így akár jó fényben is beállíthatják azt, annak káros hatásai ellenére).

ahol a termékdifferenciálás sok tényező függvénye, a vásárlók közvetlenül megkérdezhetők a szempontok fontosságáról, sorrendjéről stb.[702] Fentebb említettük, miszerint nagy jelentősége van annak, hogy az egyes piacon lévő termékek esetében mi a fogyasztók számára a sorrendiség, ha választaniuk kell. A Bizottság ennek megismerése érdekében gyakran használt közvetlen piackutatást.[703]

A keresztrugalmasság mérése lehetőséget teremt annak vizsgálatára, hogy közvetlenül értékeljük a piaci hatásokat, a mi esetünkben a vizsgált termékek differenciáltságát. A kereszt-árrugalmasságot elsősorban az érintett piacok meghatározásához lehet használni.[704] A kereszt-árrugalmasság azt mutatja, hogy az egyik termék árának 1%-os

---

[702] Lásd pl. Continental/Phoenix (COMP /M.3436. sz. ügy) 135. bekezdés.

[703] Lásd pl. COMP/M.3687. sz. ügy (2005. augusztus 25.) *Johnson & Johnson/Guidant* [2006] HL L 173 16-19, Continental/Phoenix (COMP /M.3436. sz. ügy) 121 – 123. bekezdések vagy Ryanair/Aer Lingus (COMP/M.4439. sz. ügy) 409 – 431. bekezdések. Annak bizonyítékaként, hogy nem közeli helyettesítők ellenkező jelek ellenére a szolgáltatások lásd pl. COMP/M.5141. sz. ügy (2008. december 17.) *KLM/Martinair* [2009] HL C 51 4-8 184 – 189. bekezdések.

[704] Lásd pl. CVC/Lenzing (COMP/M.2187. sz. ügy) 72. bekezdés.

emelkedése milyen hatással jár egy másik termék iránti keresletre.[705] Ha magas a kereszt-árrugalmasság, akkor nagyfokú a helyettesíthetőség[706], nulla esetében pedig azt jelenti, hogy a termékek függetlenek egymástól. A kereszt-árrugalmasság mértékének ismerete azonban nem elegendő annak megállapításához, hogy rendelkezik-e piaci hatalommal egy vállalkozás vagy sem[707], illetve a termékdifferenciáltság meghatározása során is legfeljebb egy eszköz lehet más módszerek alkalmazása mellett.

Shapiro szavaival élve, az áttérési ráta *"közeli rokona az egyesülő márkák iránti kereslet keresztrugalmasságának"*[708]. Az *áttérési ráta* azt méri, hogy áremelés esetén a fogyasztók közül hányan térnek át más versenytársak termékeire.[709] Az áttérési rátákhoz elsősorban adatra

---

[705] Vö. pl. Ibid 75 – 76. bekezdések.

[706] Vö. pl. Ibid 75 – 76. bekezdések.

[707] Lásd bővebben SCHWALBE – ZIMMER: *Law and Economics in European Merger Control* (2009) 66 – 68.

[708] SHAPIRO *Mergers with Differentiated Products* (1996) 24.

[709] Lásd részletesebben pl. COSCELLI – BAKER *The Role of Market Shares in Differentiated Product Markets* (1999) 414 – 416.

van szükség, és hasonlóan működik, mint a SSNIP-teszt, csak éppen márkákkal, helyettesítő termékekkel. Azaz meg kell vizsgálni, hogy egy 5-10%-os áremelkedés hatására hány fogyasztó tér át másik márkára, helyettesítő termékre.

A kevés számú bíróság elé kerülő ügyek közül például az egyikben központi kérdéssé vált az, hogy a felek egymásnak közeli versenytársai-e. A *Sun Chemicals* ügyben[710] a Törvényszék kifejtette, hogy a *„[...] felperesek és a többi vevő azon állításai, amelyek szerint az összefonódás előtt az összefonódásban részt vevő felek voltak fő beszállítóik, nem jelenti azt, hogy az iránymutatás 28. pontja értelmében a legtöbb vevő első és második lehetséges beszállítójának tekintené az összefonódásban részes feleket. [...] Ezért – ellentétben a felperesek kérelmeivel – ezek az állítások nem igazolják azon érvüket, amely szerint az összefonódásban részt vevő felek az iránymutatás értelmében közeli versenytársak lennének".*[711]

---

[710] Sun Chemicals kontra Bizottság (T-282/06. sz. ügy).

[711] Ibid 72. pont.

12.2.3. A vevők szállítóváltási lehetőségei korlátozottak

Az Európai Bizottság a horizontális iránymutatásaiban kifejti, hogy *„[e]lőfordulhat, hogy az összefonódásban részt vevő vállalkozások vevői nehezen váltanak más szállítókra, vagy mert kevés az alternatív szállító [...], vagy mert komoly átállási költségekkel kell szembenézniük [...]. Az ilyen vevőket az áremelések különösen érzékenyen érintik. Az összefonódás kihathat az ilyen vevőknek az áremelésekkel szembeni védekezőképességére. Különösen fennállhat ez a helyzet olyan vevőknél, amelyek az összefonódásban részt vevő két vállalkozástól szereztek ellátást, hogy versenyképes árakat érhessenek el. Ebben a vonatkozásban a vevők korábbi szállítóváltási magatartására, illetve az árváltozásokra adott reakciókra vonatkozó adatok fontos információval szolgálhatnak".*[712] Az Európai Bizottság az iránymutatásokban foglaltak alapján tehát alapvetően két tényezőt ítél jelentősnek a szállításváltási lehetőségek vizsgálata során: a) hány alternatív szállító van a piacon; b) mekkorák az átállási költségek?[713] A

---

[712] Horizontális iránymutatás (2004) 31. bekezdés.

[713] Jelen fejezetben nem foglalkozunk az átállási költségek piacmeghatározásra gyakorolt hatásával.

két kérdés vizsgálata nagyban összefügg, ugyanis a káros versenyhatások elkerüléséhez egyrészt szükséges, hogy legyen alternatív szállító, másrészt, hogy az átállási költségek ne legyenek túl magasak.

Az átállási költségek olyan költségek, amelyek akkor merülnek fel, ha szállítót váltunk, nem merülnek azonban fel, ha maradunk egy meglévő szállítónál.[714] Az átállási költségek rendkívül sokfélék lehetnek, azonban három alapvető csoportba lehet őket sorolni: *"tranzakciós költségek, tanulási költségek és mesterséges, vagy szerződéskötési költségek"*.[715] Egy piacra lépő vállalkozásnak vagy egy versenytársnak így egy vevő elcsábítása érdekében nem elegendő jobb vagy olcsóbb terméket kínálnia, hanem a vásárló által elérhető előnynek az átállási költségeket is integrálnia kell.[716] Az átállási költségekkel részletesen foglalkozik egy,

---

[714] NERA *Switching costs* (2003) 1.

[715] KLEMPERER: *Markets with Consumer Switching Costs* (1987) 102 The Quarterly Journal of Economics 375. és bővebben ibid. 375 – 376. Az Európai Bizottság gyakorlatából lásd pl. IV/M.291. sz. ügy (1993. május 4.) *KNP/Bührmann-Tetterode/VRG* [1993] L 217 35-48 24. bekezdés.

[716] Vö. még SCHWALBE – ZIMMER: *Law and Economics in European Merger Control* (2009) 147.

az angol versenyhatóság által megrendelt közgazdasági tanulmány.[717] Az átállási költségek mértékének jelentősége többek között az, hogy már meglévő vásárlók nehezebben váltanak más szállítókra, ugyanis az többletköltségekkel jár. Az átállási költségek vizsgálata során fontos tényező, hogy képes-e diszkriminálni régi és új vevők között a szállító, vagy sem. Utóbbi esetben ugyanis ugyanazt az árat kéri mindenkitől és így kevésbé tudja kihasználni az átállási költségekből eredő előnyöket. Amennyiben lehetséges a diszkrimináció, úgy annak jelentős mértéke magas átállási költségekre utalhat.[718] A *NERA* tanulmánya hangsúlyozza, hogy az átállási költségek nem jelentenek különösebb változást egy összefonódás vizsgálatára nézvén[719], azonban arra is felhívja a figyelmet, hogy egyoldalú hatások másként jelentkezhetnek átállási költségek jelenléte esetén, mint azt egyébként várnánk.[720] A magas átállási költségek által jellemezhető piacokon elsősorban arra van szükség, hogy fenntartsuk új piacra lépés reális lehetőségét.

---

[717] NERA *Switching costs* (2003).

[718] Ibid 3.

[719] Ibid 109.

[720] Ibid 110.

Különös jelentősége van továbbá árdiszkrimináció lehetőségének hiányában a kisebb vállalkozásoknak, mivel e vállalkozások érdeke tipikusan az agresszív verseny.[721] Az árdiszkrimináció lehetősége esetén pedig a magas átállási költségek elsősorban azért bírnak különös jelentőséggel, mivel a piaci részesedések jelentőségét csökkentik.[722]

A *KNP/Bührmann Tetterode/VRG* ügyben[723] az Európai Bizottság kifejezetten vizsgálta az átállási költségeket, amelyek a kérdéses iparágban jelentősek voltak, így akadályozva a szállítóváltási lehetőségeket.[724]

---

[721] Lásd bővebben ibid 110 – 111.

[722] Vö. Ibid 113 – 114. Ennek oka, hogy a megszerzett piaci részesedésért folytatott verseny általában a kezdeti szakaszban agresszív, erős, így az ott elért előnyök a fogyasztókat kedvezőbb helyzetbe hozták, amelyért utólag kell „fizetniük". Lásd még KLEMPERER *Markets with Consumer Switching Costs* (1987).

[723] KNP/Bührmann-Tetterode/VRG (IV/M.291. sz. ügy).

[724] Ibid 24. bekezdés.

A Törvényszék a *Sun Chemicals* ügyben[725] foglalkozott a vevők szállítóváltási lehetőségének vizsgálatával. Az ügyben a felperesek kifogásolták, hogy az Európai Bizottság nem vizsgálta kellően a szállítóváltás nehézségeit.[726] Ennek mind az Európai Bizottság, mind az ügyben *beavatkozó The Apollo Group* és *Hexion Speciality Chemicals* ellentmondott.[727] A Törvényszék nem látta bizonyítottnak, hogy a szállítóváltás különösebben nehéz lenne az érintett piacon.[728] Kifejezetten a szállítóváltás költségeire nem hivatkozott a Törvényszék, azonban a szállítóváltási nehézségeket általában véve elemezte, amelyek kapcsán kifejtette, hogy pl. az előminősítési időszakkal járó költségek átállási költségeknek minősíthetők.

Az egyoldalú hatások vizsgálata során szükség van arra is, hogy megvizsgáljuk, a piacon lévő versenytársak mennyire alkalmasak arra, hogy a vevők hozzájuk forduljanak abban az esetben, ha az

---

[725] Sun Chemicals kontra Bizottság (T-282/06. sz. ügy).

[726] Lásd bővebben ibid 91. pont.

[727] Ibid 92 – 93. pontok.

[728] Ibid 94 – 99. pontok.

összefonódott új vállalkozás emelni próbálná árait.[729] Az áremelkedés megakadályozásához szükséges, hogy az alternatív szállítóknak életképes alternatívái legyenek.

A *TotalFina/Elf* ügyben az Európai Bizottság azon az alapon zárt ki meghatározott kapacitású tárolókat, mivel azok nem voltak életképes alternatívák a piaci szereplők számára.[730] Lindsay, angol versenyhatóságok iránymutatásaival megtámogatott álláspontja, hogy a versenytársak életképességét ugyanazon feltételek mentén kell megítélni, mint egy potenciális piacra lépést. Azaz, a kapacitás növelésének[731] valószínűnek, időben bekövetkezőnek és elegendőnek

---

[729] E tekintetben nem vizsgáljuk a versenytársak által nyújtott termékek mennyire alkalmas helyettesítők, ugyanis azt egyrészt az érintett piacon meghatározása során, másrészt annak során is vizsgáltuk, hogy a versenytársak mennyire differenciált termékeket állítanak elő.

[730] COMP/M.1628. sz. ügy (2000. február 9.) *TotalFina/Elf* [2001] HL L 143 1-73 44. bekezdés.

[731] A kapacitás növelése lehet a kihasználatlan, felesleg kapacitás kihasználásával, vagy új kapacitás teremtésével.

kell lennie.⁷³² Szintén Lindsay az alábbi tényezőket hozza fel példának arra, hogy mikor nem minősülhetnek életképes alternatívának a versenytársak⁷³³: a) versenytársak termékei másodrangúak, rosszabb minőségűek vagy a szállításuk bizonytalan; b) versenytársak márkáit a vevők más piaci szegmensbe tartozónak tekintik; c) ha az összefonódó vállalkozás szélesebb termékkört szállít vagy földrajzi területet lát el és ez hatással van a vevők szállító választására; d) a szállítók nem érték el a kritikus méretet; valamint e) a versenytársaknak vertikálisan integrált vagy különösen erős a kapcsolatuk egy vevővel.

A szállításváltási lehetőségek korlátozottságának egy sajátos versenyjogi kérdése a *többes beszerzési források* kérdése. Gyakran fordul elő egyes iparágakban, hogy egy-egy vevő több szállítóval egyszerre áll kapcsolatban. E mögött számos megfontolás húzódhat meg, de a legtipikusabb, hogy nem kíván kiszolgáltatott helyzetbe kerülni. Amennyiben megfigyelhető az érintett piacon, hogy a vevők

---

⁷³² LINDSAY – BERRIDGE: *The EC Merger Regulation: Substantive Issues* (2009) 490. Vö. még pl. IV/M.2399. sz. ügy (2001. augusztus 8.) *Friesland Coberco/Nutricia* [2002] HL C 18 14 28. bekezdés.

⁷³³ Lásd bővebben LINDSAY – BERRIDGE: *The EC Merger Regulation: Substantive Issues* (2009) 494 – 495.

többes beszerzési forrásokat vesznek igénybe, akkor ez mind az összefonódó vállalkozások, mind a vevők megítélésére jelentős hatással lehet.

A *KNP/Bührmann Tetterode/VRG* ügyben[734] az Európai Bizottság az alternatív szállítók hiányára hivatkozva úgy ítélte meg, hogy a vevők megfelelő váltási lehetőségek hiánya miatt kiszolgáltatottá válnának, nem lennének képesek *"nyomást gyakorolni az összefonódott vállalkozásra"*.[735] Az ügyben az összefonódásban érintett vállalkozások gyakoroltak egymásra jelentős versenynyomást és amennyiben volt többszörös beszerzési forrása egy vállalkozásnak, akkor az ez a két érintett vállalkozás volt.[736] A *Mercedes-Benz/Kässbohrer* ügyben[737] is jelentőséget játszott, hogy a vevők vajon fenntartanak-e többes beszerzési forrásokat. Itt a buszbeszerzések kapcsán hangsúlyozta az Európai Bizottság, hogy a társaságok 10 busz rendelése felett gyakran,

---

[734] KNP/Bührmann-Tetterode/VRG (IV/M.291. sz. ügy).

[735] Ibid 23 – 24. bekezdések.

[736] Lásd ibid 25. bekezdés.

[737] Mercedes-Benz/Kässbohrer (IV/M.477. sz. ügy).

50 felett már egyértelműen többes beszerzési forrásban gondolkodnak.[738] Ezt a piaci tényt az Európai Bizottság úgy értelmezte, hogy ezen esetekben fontosabb volt a vevők számára, hogy ne legyenek kiszolgáltatva.[739] A többes beszerzési források továbbá csökkentik a márkák szerepét a piacon, amely egyben azt is jelenti, hogy egy összefonódás után a vevők egy jelentős része dönthet úgy, hogy részben új beszerzési forrás után néz.[740] A *Blackstone/Acetex* ügyben[741] az Európai Bizottság a többes beszerzési források jelenlétét úgy értékelte, mint ami arra utal, hogy *"viszonylag könnyű váltaniuk"*[742] a vevőknek.

---

[738] Ibid 86. bekezdés.

[739] Ibid 86. bekezdés.

[740] Ibid 86. bekezdés.

[741] COMP/M.3625. sz. ügy (2005. július 13.) *Blackstone/Acetex* [2005] HL L 312 60-62

[742] Ibid 93. és 95. és 113. ás 115. bekezdések.

A többes beszerzési forrásokról a Törvényszék szintén részletesen értekezett a *Sun Chemicals* ügyben.[743] A bíróság kifejtette, hogy a vállalkozások összetett beszerzési stratégiájának része[744], hogy lehetőség szerint több gyártóval is kapcsolatban állnak. Különösen erősíti ennek jelentőségét az ítélet alapján, ha a már meglévő beszállítók kapacitás felesleggel bírnak.

---

[743] Sun Chemicals kontra Bizottság (T-282/06. sz. ügy).

[744] Ibid 171. pont. Vö. Ibid. 93. pont.

12.2.4. A versenytársak várhatóan nem növelik kínálatukat, ha az árak emelkednének

Az Európai Bizottság viszonylag hosszasan foglalkozik iránymutatásaiban a versenytársak kibocsátási döntéseire adott reakciókkal.[745] Ez a kérdés szorosan összefügg továbbá az előző pontban tárgyaltakkal. A Bizottság alaphelyzetnek a homogén termékek piacát tekinti, és iránymutatásában is elsősorban az ilyen piacokra irányadóan fejti ki álláspontját, de megjegyzi, hogy differenciált termékek esetében is lehet fontos szerepe a kapacitáskorlátoknak.[746] A homogén és mennyiségalapú verseny esetén az alapmodellnek a Cournot-modell tekinthető, és mint fentebb említettük, ilyen esetekben minél kevesebb a vállalkozás a piacon, annál magasabb az ár. Ennek az oka, hogy a versenytársak közötti összefonódásra a versenytársak legjobb válaszreakciója az lesz, hogy az összefonódás előtti mennyiséghez képest kevesebbet termelnek.

A meglévő kapacitás, a várható kapacitás, illetve a kapacitásbővítés kulcsfontosságú kérdések egy adott piacon. *Porter* egyenesen azt írja,

---

[745] Horizontális iránymutatás (2004) 32 – 35. bekezdések.

[746] Ibid 35. bekezdés.

hogy *"a kapacitásbővítés a vállalatok egyik legfontosabb stratégiai döntése [...]"*.[747] Az Európai Bizottság erre utal a *horizontális iránymutatás* 32. bekezdésében[748]: amennyiben a versenytársak nem képesek növelni a tényleges kibocsátást, akkor a fentebbi alaphelyzet irányadó. Ez az elv igaz akkor is, ha a piacon van szabad kapacitás, ugyanis ez önmagában jelenthet olyan versenytényezőt, amely miatt az összefonódás után egy vállalkozás nem törekedne az ár emelésére.[749]

Elképzelhető olyan helyzet is, amikor a versenytársak képesek lennének emelni a kibocsátásukat, de ezt nem tartják kifizetődőnek. Nem véletlen, hogy a bizottsági megközelítésben hangsúlyos szerephez jut a versenytársak *várható* reakciója.[750] Gyakran nem elegendő tehát önmagában az, ha kapacitásfelesleg van a piacon, hanem az is

---

[747] PORTER: *Versenystratégia* (2006) 297.

[748] Itt továbbá visszautal egy 2001-es határozatának 162 – 170. bekezdéseire. CVC/Lenzing (COMP/M.2187. sz. ügy).

[749] Friesland Coberco/Nutricia (IV/M.2399. sz. ügy) 27. bekezdés. Vö. még pl. COMP/M.3401. sz. ügy (2004. június 17.) *Danish Crown/Flagship Foods* [2004] HL C 181 4 11. és 33. bekezdések.

[750] CVC/Lenzing (COMP/M.2187. sz. ügy) 32 – 34. bekezdések. Vö. még Friesland Coberco/Nutricia (IV/M.2399. sz. ügy) 28. bekezdés.

szükséges, hogy a versenytársak az összefonódást követően várhatóan emeljék is a kibocsátásukat, ezzel ellensúlyozva az összefonódó felek áremelési szándékát. Erre jó példa a *UCB/Solutia* ügy[751], amelyben az Európai Bizottság szerint a fő versenytársak szabad kapacitása mellett számukra az árszínvonal fenntartása – a kibocsátás növelésével – nyereséges lenne, a skálahozadék[752] növekedés miatt: *„Emiatt bármilyen próbálkozás az árak emelésére vagy a kibocsátás csökkentésére lehetőséget teremtene a felek versenytársai számára, hogy növeljék a nyereségüket, és mivel rendelkezésükre áll szabad kapacitás, egy ilyen lépésre adott válaszuk nem tenné nyereségessé a felek lépést".*[753]

---

[751] COMP/M.3060. sz. ügy (2003. január 31.) *UCB/Solutia* [2003] HL C 78 6.

[752] Skálahozadékról akkor beszélünk, ha a termelés során felhasznált összes tényező mennyiségének valamilyen mértékű megemelésével a kibocsátás még nagyobb mértékben növelhető.

[753] UCB/Solutia (COMP/M.3060. sz. ügy) 43. bekezdés. Vö. még Friesland Coberco/Nutricia (IV/M.2399. sz. ügy) 28. bekezdés.

Az Európai Bizottság már a korai ügyekben is kiemelt figyelmet fordított a kapacitások kérdésének. A *Varta/Bosch* összefonódást[754] engedélyező határozatában kiemelte, hogy a német piacon az új entitás vezető lenne kapacitás tekintetében, és a legközelebbi versenytárs kihasználtsága már az összefonódás előtt is magas volt.[755] Az Európai Bizottság a kifogásközlésében többek között arra alapozta a 44%-os piaci részesedés alapján a gazdasági erőfölény fennállásának tényét, hogy a legközelebbi versenytárs kisebb termelési kapacitással bír[756]. Ugyanakkor egy jelentős kapacitásfelesleggel bíró vállalkozás hozzáférése a német piachoz, megszüntette ezt a problémát[757]. A *Bertelsmann/Springer* közös vállalkozás létrehozását engedélyező

---

[754] IV/M.012. sz. ügy (1991. július 31.) *Varta/Bosch* [1991] L 320 26-34.

[755] Ibid 32. bekezdés.

[756] Ibid 58. bekezdés.

[757] Ibid 61. bekezdés. A *Mannesmann/Vallourec* ügyben az igen jelentős kapacitás felesleg (60%; 40%) jelentős szerepet játszott az összefonódás versenyhatásainak értékelésében. IV/M.906. sz. ügy (1997. június 3.) *Mannesmann/Vallourec* [1997] HL C 238 15 C.1.

határozatban[758] az Európai Bizottság, miután megállapította, hogy a kereslet a jövőben várhatóan nem fog nőni, megjelölt négy alapvető szempontot, amely a kapacitások megítélésénél irányadó[759]: a) van-e a versenytársaknak jelenleg elégséges felesleges kapacitása ahhoz, hogy az eladásokat jelentős mértékben kiváltsák; b) vajon a versenytársak képesek lennének-e erőforrásaik átcsoportosításával megfelelő kapacitás megteremtésére; c) a tervezett kapacitásbővítéssel új kapacitást hoznak-e létre; valamint d) áremelkedés esetén a potenciális versenytársak tudnak-e további kapacitással belépni a piacra?

---

[758] COMP/M.3178. sz. ügy (2005. május 3.) *Bertelsmann/Springer/JV* [2006] HL L 61 17-20.

[759] Ibid 106. bekezdés. Az ügyre vonatkozóan bővebben lásd ibid. 107 – 153. bekezdések.

Az Európai Bizottság megjegyezte, hogy a kiindulási alap a meglévő kapacitáseloszlás.[760] Ideális esetben ez a kapacitás rövid időn belül, különösebb többletköltségek nélkül hadba állíthatónak kell lennie.[761]

Lindsay az Európai Bizottság gyakorlatát vizsgálva négy olyan alapvető helyzetet azonosított, amikor a versenytársaknak nem áll *érdekében* a kapacitás növelése[762]: a) költségszerkezetük olyan, hogy a kibocsátás növelése nem növelné a profitjukat; b) az eszközeiket nyereségesebb tevékenységekbe tudják fektetni; c) kvóták vagy megállapodások korlátozzák a növelést; és d) vertikálisan integráltak, és nem áll érdekükben a saját fogyasztóikon kívül másokat kiszolgálni.

A horizontális iránymutatás nem szól kifejezetten az összefonódásban részt vevő vállalkozások kibocsátás csökkentésére való *képességéről*,

---

[760] Lásd Horizontális iránymutatás (2004) 33. bekezdés és pl. Bertelsmann/Springer/JV (COMP/M.3178. sz. ügy) 106. bekezdés. Vö. még Danish Crown/Flagship Foods (COMP/M.3401. sz. ügy 11. és 33. bekezdések.

[761] Lásd pl. Danish Crown/Flagship Foods (COMP/M.3401. sz. ügy 11. és 33. bekezdések; COMP/M.3886. sz. ügy (2005. augusztus 25.) *Aster 2/Flint Ink* [2005] HL C 263 45 27. bekezdés.

[762] Lásd bővebben LINDSAY – BERRIDGE: *The EC Merger Regulation: Substantive Issues* (2009) 490 – 491. Lásd még ibid. 493 – 494.

hanem csak az erre való ösztönzésről.[763] A *Linde/BOC* ügyben[764] az Európai Bizottság kifejtette, hogy az összefonódás után a vállalkozás számára nem csak hogy lehetséges lesz a kibocsátás csökkentése, hanem képes is lesz élni azzal.[765] A felek azzal érveltek, hogy ez nem lehetséges, hiszen a hélium a gáztermelés szükséges velejárója, valamint a piacon kötött hosszú távú szerződések vannak.[766] Az Európai Bizottság azonban kimutatta, hogy képes csökkenteni gazdaságosan a kibocsátást az összefonódás után.[767] Hasonlóan az *EdF/British Energy* ügyben[768] felmerült, hogy az összefonódás után a vállalkozás abban lesz érdekelt, hogy csökkentse a kapacitását a piaci ár növelése érdekében.[769] A felek arra hivatkoztak, hogy nem lennének képesek

---

[763] Vö. Horizontális iránymutatás (2004) 32. bekezdés.

[764] COMP/M.4141. sz. ügy (2006. június 6.) *LINDE/BOC* [2006] HL C 181 13.

[765] Ibid 168. bekezdés.

[766] Ibid 168. és 171. bekezdések.

[767] Vö. Ibid 168 – 173. bekezdések.

[768] COMP/M.5224. sz. ügy (2008. december 22.) *EdF/British Energy* [2009] HL C 38 8.

[769] Ibid 25. bekezdés.

jelentősen emelni a piaci árat a kapacitás visszafogásával[770], továbbá a kapacitás csökkentése nem is áll érdekükben.[771]

Szintén egy érdekes kérdés ebben a körben, hogy a kapacitás várható bővülése miként értékelhető? A *Blackstone/Acetex* ügyben[772] az Európai Bizottság kifejtette, hogy mivel a kapacitás gyorsabban fog bővülni, mint a várható kereslet, így a kereslet ellensúlyozza a potenciális áremelést.[773] A Bizottság részletesen cáfolta a felek érveit[774], és külön hangsúlyozta, hogy az általuk benyújtott modellek alapfeltevései és így az azokból levont következtetések is megkérdőjelezhetők.[775]

---

[770] Ibid 26. bekezdés.

[771] Ibid 27. bekezdés.

[772] Blackstone/Acetex (COMP/M.3625. sz. ügy).

[773] Ibid 95. bekezdés és 113. bekezdés.

[774] EdF/British Energy (COMP/M.5224. sz. ügy) 30 – 36. bekezdések.

[775] Ibid 32 – 33. bekezdések.

12.2.5. Az összefonódással létrejövő vállalkozások képesek a versenytársak terjeszkedését hátráltatni

Az Európai Bizottság a *horizontális iránymutatások* 36. bekezdésében foglalkozik azzal a kérdéssel, hogy az összefonódással létrejövő vállalkozások mennyire lennének képesek a versenytársak terjeszkedését hátráltatni.

Itt is elsősorban két oldalról vizsgálandó a kérdés, nevezetesen, hogy a létrejövő vállalkozás képes-e, és ha igen, akkor érdekében áll-e, motivált-e abban, hogy a kisebb vállalkozásokat és a potenciális versenytársak terjeszkedését megnehezítse, vagy más módon korlátozza a versenytárs vállalkozások versenyképességét.[776] Erre példaként az Európai Bizottság a vertikális integráltságot a vevői (downstream) piacokra vonatkoztatva, a szellemi tulajdonjogok birtoklását, az interoperabilitás és az összefonódás által létrejövő vállalkozás pénzügyi erejének kérdését hozza.

Az Európai Bizottság itt olyan tényezőket említ, amelyek elsősorban a vertikális vagy konglomerátum típusú összefonódások esetén jelentős

---

[776] Horizontális iránymutatás (2004) 36. bekezdés első mondat.

tényezők. Elképzelhető azonban olyan helyzet, ahol ezek a tényezők fontos szerephez jutnak horizontális összefonódások értékelése során is. Az Európai Bizottság példája szerint az *Endemol kontra Bizottság* ügyben[777] a Törvényszék kifejtette, hogy az összefonódás által létrejövő vállalkozás strukturális kapcsolata olyan, amely óriási piacot jelent számára és erős akadály a versenytársaknak.[778] A *Kesko Oy kontra Bizottság* ügyben[779] a Törvényszék kifejtette, hogy a Kesko, valamint a Tuko és a forgalmazóik közötti kapcsolatot[780] is figyelembe kell venni.[781] A *BaByliss kontra Bizottság* ügyben[782] szintén a Törvényszék hangsúlyozta, hogy a portfólió hatásokat is figyelembe kell venni, mivel a versenytársak nem lesznek képesek egy áremelést megakadályozni

---

[777] Endemol (T-221/95. sz. ügy).

[778] Ibid 167. bekezdés.

[779] T-22/97. sz. ügy *Kesko Oy kontra az Európai Közösségek Bizottsága* [EBHT 1999. II-03775. o.] (továbbiakban: Kesko Oy (T-22/97))..

[780] Lásd ibid 143 – 146. és 148. pontok.

[781] Ibid 147. és 149. bekezdések

[782] Babyliss (T-114/02).

ezen hatások miatt.⁷⁸³ Végezetül a Törvényszék az *RJB Mining kontra Bizottság* ügyben⁷⁸⁴, amely az ESZAK Szerződést érintette, kifejtette, hogy az összefonódással létrejövő vállalkozások pénzügyi erejét is figyelembe kell venni.⁷⁸⁵

12.2.6. *Az összefonódás kiiktatja a verseny egyik fontos hajtóerejét*

A *horizontális iránymutatások* a 37-38. bekezdésekben viszonylag szűkszavúan tárgyalja azt a kérdést, amikor az összefonódással egy olyan vállalkozás tűnik el a piacról, mint önálló szereplő, amely a verseny fenntartásában fontos szerepet töltött be. A piacon egyes vállalkozások esetében a piaci részesedésük nem jelzi megfelelően a versenyben betöltött szerepüket. Erre láttunk már példát az aukciós piacok esetében. Az Európai Bizottság – helyesen – általánosságban fogalmazza meg ezt az elvet, lehetőséget hagyva arra, hogy egy-egy vállalkozás szerepét a piac összes tényezőjének figyelembe vételével

---

⁷⁸³ Ibid 344 – 365. pontok

⁷⁸⁴ T-156/98. sz. ügy *RJB Mining plc kontra az Európai Közösségek Bizottsága* [EBHT 2001. II-00337. o.] (továbbiakban: RJB Mining kontra Bizottság (T-156/98. sz. ügy))..

⁷⁸⁵ Ibid 119 – 125. pontok.

határozzuk meg. Az Európai Bizottság azonban felsorol néhány tényezőt az iránymutatásban: a) a piac fennálló koncentráltsága ebből a szempontból is jelentős tényező; b) új piacra lépők esetén a piaci részesedés csalóka lehet; c) az olyan piacokon, ahol nagy szerepe van az innovációnak, a kisebb vállalkozások is jelentős versenytényezők lehetnek; valamint d) két azonos termékpiacon tevékenykedő hasonló innovációs tevékenységet végző vállalkozás összefonódása jelentős tényezőt iktathat ki a versenyfolyamatból.

A piac strukturális tényezői és az alacsony piaci részesedésű vállalkozások szerepe közötti összefüggést az iránymutatás máshol is említi. Amennyiben a HHI 1000 és 2000 között van, a $\Delta < 250$, vagy HHI > 2000 és $\Delta < 150$, de az összefonódásban potenciális piacra lépő vagy kis piaci részesedésű nemrég piacra lépett vállalkozás vesz részt vagy az összefonódásban részt vevő felek közül egy vagy több az innovációban fontos szerepet játszik, de ez nem tükröződik a piaci részesedésekben, akkor nem érvényesülnek az iránymutatás 20. bekezdésében megfogalmazott összeegyeztethetőségi ajánlások.[786] A verseny

---

[786] Horizontális iránymutatás (2004) 20. bekezdés. Vélelmekről nem beszélhetünk ez esetben. Vö. Ibid. 21. bekezdés. Egyesek kritizálták, hogy az Európai Bizottság,mint kivételt megfogalmazta ezt a vállalkozási kört.

szempontjából a fentebbi okokból a piaci részesedésénél nagyobb jelentőséggel bíró vállalkozások eltűnése, tényleges vagy potenciális verseny, vagy hatékonyságnövekedés hiányában szinte vélelmezhetően a hatásos verseny jelentős csökkenéséhez vezethet.[787] Ilyen esetekben a *"fúziókontroll létjogosultságát az adja, hogy nincsenek hatásos magatartási korrekciós intézkedések arra az esetre, ha az összefonódás utáni piaci erővel élni akarnak"*.[788]

Lindsay további olyan helyzeteket elemez, amelyeket az Európai Bizottság az *iránymutatásban* nem említ ebben a körben (pl. közeli helyettesítőket gyártók közötti összefonódások, ha a felvásárolni kívánt

---

Álláspontjuk az volt, hogy a legtöbb, a HHI alatti összefonódás esetében egy potenciális piacra lépő vagy egy saját útját járó vállalkozás érintett lehet, így ha a kivétel válik a szabállyá, akkor a megfogalmazott HHI szintek nem lesznek túlságosan hasznosak a gyakorlatban a vállalkozások számára. VOIGT – SCHMIDT: *The Commission's Guidelines on Horizontal Mergers: Improvement or Deterioration?* (2004) 41 CMLR 1583 1590.

[787] KASEBERG: *Are Merger Control and Article 82 EC in the Same Market? The Assessment of Megrers which Facilitate Exclusionary Conduct under EC Merger Control* (2006) 27 ECLR 409 411.

[788] Lásd bővebben ibid 411.

vállalkozás árai alacsonyabbak)[789], azonban az általa említett helyzetek elemzését a *horizontális iránymutatás* más helyeken (pl. termékdifferenciálás jelentősége) megfelelően inkorporálja.

A Törvényszék előtti ügyek közül szintén *a Sun Chemicals* ügyben[790] foglalkozott a bíróság a vizsgált kérdésünkkel, ám csak semmitmondóan megjegyezve, hogy a felpereseknek nem sikerült igazolniuk, hogy az összefonódás fontos versenyerőt iktatna ki.[791] A bizonyításhoz szükséges feltételekről azonban hallgat a bíróság. Ez nem teljesen indokolatlan, ugyanis a modern versenyjogi vizsgálódások esetében szinte korlátlan lehetőség van bizonyítani, hogy miért iktatja ki az összefonódás a verseny egyik fontos hajtóerejét, ugyanakkor el kell érni a bizonyítás során a megfelelő bizonyítottsági szintet. Más szavakkal, nem célszerű előre meghatározott szempontrendszert részletesen megadni, hanem esetről esetre dönthető el, hogy az érintettek tudták-e kellő mértékig valószínűsíteni állításukat. Két fontos

---

[789] LINDSAY – BERRIDGE: *The EC Merger Regulation: Substantive Issues* (2009) 299 – 301.

[790] Sun Chemicals kontra Bizottság (T-282/06. sz. ügy).

[791] Ibid 77. pont.

alapelvet kell szem előtt tartani, hogy képes-e kiiktatni ezt a hajtóerőt, illetve, hogy motivált-e ebben?

12.3. Vertikális összefonódások

12.3.1. Bevezetés

A Fúziós Rendelet korábbi és ma hatályos formájában is utalt a vertikális összefonódásokra. A rendelet 2. cikk (1) bekezdése szerint az összefonódások elemzésekor az *"értékelés elkészítése során a Bizottságnak figyelembe kell vennie az érintett vállalkozások piaci helyzetét, valamint gazdasági és pénzügyi erejét, a szállítók és felhasználók számára nyitva álló választási lehetőségeket, hozzáférésüket a készletekhez és piacokhoz, a piacra lépés bármilyen jogi vagy más akadályát, az érintett áruk és szolgáltatások iránti kereslet-kínálat alakulását, a közbenső és végső fogyasztók érdekeit, valamint a műszaki és gazdasági fejlődés fejleményeit, feltéve hogy ez a fogyasztók számára előnyös, és nem akadályozza a versenyt."* A Fúziós Rendelet (1989) vertikális összefonódásokra utaló cikke egészen az ESZAK Szerződésig vezethető vissza[792].

---

[792] Vö. *Európai Szén- és Acélközösség létrehozásáról szóló Szerződés* 66. cikk (2) bekezdés.

Az Európai Bizottság hivatalos álláspontja szerint akkor beszélhetünk vertikális összefonódásról, amikor az összefonódásban *"olyan vállalkozások vesznek részt, amelyek az ellátási lánc különböző szintjein működnek"*[793]. Mint ahogyan a vertikális versenykorlátozó megállapodások esetében, a vertikális összefonódások esetében is folyamatosan vita tárgya azok versenykorlátozó képessége, alkalmassága. Ha megvizsgálunk egy tisztán vertikális összefonódást, akkor azt tapasztaljuk, hogy a piaci részesedések változatlanok maradnak az érintett piacok minden szintjén, és a piacok koncentráltsága sem nő. A piaci hatalom növekedését és így a versenyre káros hatásokat elviekben tehát nem lehet a piaci részesedés vagy a koncentráció növekedés alapján *"előszűrni"*[794]. A fúziós tesztről folyó viták közepette az Európai Bizottság nem csak a horizontális egyoldalú hatásokról készíttetett tanulmányt, hanem a vertikális

---

[793] Nem horizontális iránymutatás (2008) 4. bekezdés.

[794] Mint látni fogjuk, alkalmazhatunk ezen alapuló előszűrőket, de ezen esetekben nem a növekedést vizsgáljuk.

összefonódásokról is[795], amelynek mondandóját nem kívánjuk részleteiben megismételni.

A központi kérdés a vertikális összefonódások esetében is az, hogy az összefonódást követően az új entitás vissza tud-e élni piaci hatalmával, illetve ha ez gazdasági erőfölényben nyilvánulna meg, akkor az létrejön-e vagy megerősödik-e? Gyakran elfeledett momentum a vertikális összefonódások esetén, hogy a vizsgált kérdés lényegében nagyban azonos a horizontális összefonódások esetén feltett kérdéssel. A végső vizsgált szempont ugyanis mindegyik esetben az, vajon a piaci hatalmát fel tudja-e használni arra az új entitás, hogy ezáltal csökkentse a versenyt a versenytársai kárára. Amíg azonban a horizontális összefonódások esetében közvetlenül kiiktat az összefonódás egy

---

[795] CHURCH *The Impact of Vertical and Conglomemrate Mergers* (2004). Kritikájára lásd COOPER, et al.: *A Critique of Professor Church's Report on the Impact of Vertical and Conglomerate Mergers on Competition* (2005) 1 Journal of Competition Law and Economics 785, a szerző válaszára CHURCH: *The Curch Report's Analysis of Vertical and Conglomerate Mergers: A Reply to Cooper, Froeb, O'Brian, and Vita* (2005) 1 Journal of Competition Law and Economics 797.

önálló piaci szereplőként aktív versenytársat, a vertikális összefonódás esetén ennek ilyen jelét nem látjuk.

12.3.2. A vertikális összefonódásokról általában

A vertikális összefonódások esetében kezdetektől fogva a piaclezárás volt a központi kérdés. Bork a híres könyvében is arról értekezik, hogy az ilyen tranzakciók esetében *"a legjelentősebb félelem az volt, hogy egy vevő vagy egy szállító felvásárlása "lezárna" egy piacot vagy egy beszerzési forrást a versenytársak elől és így kiiktatná a versenyt"*.[796] Ő azonban arra a következtetésre jutott, hogy gyakorlatilag értelmetlen a vertikális összefonódások tilalmazása, hiszen azok hatékonyságnövelők.[797] Ettől csak rendkívül kivételes esetben tudott eltérést elképzelni.[798] Az európai versenyjog azonban nem követte ezt az engedékeny chicagói vonalat.[799]

---

[796] BORK: *The Antitrust Paradox: A Policy at War with Itself* (1978) 225.

[797] Lásd ibid 11. fejezet, különösen 245.

[798] Ibid 245.

[799] A chicagói iskolára és elemzésére lásd pl. PITOFSKY: *How the Chicago School overshot the mark the effect of conservative economic analysis on U.S. antitrust.* (Oxford University Press, Oxford ; New York, 2008) és .

A vertikális összefonódásoknak számos pozitív hatást tulajdonítanak a közgazdaságtudományban[800], amelyek közül a két legismertebb a kettős árrés megszüntetése és a tranzakciós költségek csökkentése.

A kettős árrés problémája[801] abban foglalható össze, hogy a termelési-értékesítési lánc minden szereplője bizonyos mértékű árrést alkalmaz, amennyiben egymástól független vállalkozásokról van szó, amely viszont a végfelhasználói ár emelkedéséhez vezet. A vertikális viszonyokban mind a szállító, mind a vevő abban érdekelt, hogy a *másik* csökkentse az árát, ez ugyanis a végtermék árának csökkenéséhez is vezet. A versenyjogban a kettős árrés a problematikájának felismerését és kifejtését Sprengler nevéhez kötik[802], aki rövid tanulmányában levezette, hogy a vertikális integráció, amennyiben azt nem kíséri

---

[800] Lásd pl. SCHWALBE – ZIMMER: *Law and Economics in European Merger Control* (2009) 358 – 362. és LINDSAY – BERRIDGE: *The EC Merger Regulation: Substantive Issues* (2009) 399 – 400. és a vonatkozó lábjegyzetekben felsorolt szakirodalom.

[801] Lásd még BISHOP – WALKER: *The Economics of EC Competition Law: Concepts, Application and Measurement* (2010) 191 – 194.

[802] SPENGLER: *Vertical Integration and Antitrust Policy* (1950) 58 The Journal of Political Economy .

versenykorlátozó mértékű horizontális koncentráció és hatékonyságjavulást eredményezhet, akkor alapvetően nem káros a versenyre. De nem szabad elfeledni, hogy a *„kettős árrés problémája mindig megjelenik, ha a két fél bizonyos piaci erővel rendelkezik"*.[803]

Nem nehéz belátni, hogy ha csökkennek a költségei egy vállalkozásnak, akkor *versenyhelyzetben* (vagyis jelentős piaci hatalom hiányában) az érdeke az, hogy csökkentse az árait, hiszen így új vásárlókat hódíthat el a versenytársaktól. Mivel ez a racionális magatartás várható el egy összefonódást követően, ezért az Európai Bizottságnak azt kell bizonyítania ilyen esetekben, hogy egy összefonódást követően miért nem ez a valószínű helyzet, és miért inkább egy versenykorlátozó piaci helyzet valószínű. Jelen fejezetben a hatékonyságjavulás vizsgálatát nem végezzük el, hanem arra későbbiekben fogunk kitérni.

---

[803] MOTTA: *Versenypolitika – Elmélet és gyakorlat* (2007) 331.

12.3.3. Az Európai Bíróság és a Törvényszék joggyakorlata

Az uniós bíróságok lényegében a *General Electric kontra Európai Bizottság* ügyben[804] határozták meg a vertikális összefonódások megítélésének kereteit. A Törvényszék ítéletében gyakorlatilag hármas kritériumot szabott meg: a) az Európai Bizottságnak tudni kell meggyőzően bizonyítania, hogy az összefonódás után létrejövő vállalkozás a versenyre káros magatartást tanúsítaná[805]; b) ezen magatartás valószínűleg bekövetkezik[806]; és c) ennek során *„figyelembe kell venni a magatartás folytatására ösztönző erőket és az ezen ösztönzést csökkentő vagy megszüntető körülményeket, ideértve annak lehetőségét is, hogy az adott magatartás jogellenes"*.[807]

A GE ügyet megelőzően a Törvényszék a Tetra Laval ügyben foglalkozott a vertikális hatásokkal.[808] Ebben a törvényszék kifejtette,

---

[804] General Electric (T-210/01. sz. ügy).

[805] Ibid 67 – 69. pontok.

[806] Ibid 295. pont.

[807] Ibid 303. pont.

[808] Tetra Laval I. (T-5/02. sz. ügy).

az Európai Bizottságnak bizonyítania kell, hogy „*az összefonódásnak meghatározó vagy legalább jelentékeny vertikális hatásai lennének*".[809]

Az Európai Bíróság a Tetra Laval ügyben szintén fontos megállapításokat tett.[810] Megerősítette ugyanis a Törvényszék ítéletének mondanivalóját, miszerint vertikális összefonódások esetében vizsgálni kell, hogy a piaci hatalom kiterjesztésére ösztökélte-e a vállalkozás vagy sem.[811]

Ezen túlmenően az uniós bíróságoknak a vertikális összefonódásokkal nem kellett részleteiben foglalkozniuk. Az Európai Bizottság az iránymutatásában a fentebbi elveket is figyelembe véve dolgozta ki a vertikális összefonódások értékelésének kereteit.

---

[809] Ibid 140. pont.

[810] C-12/03. sz. ügy *Európai Közösségek Bizottsága kontra Tetra Laval BV* [EBHT 2005. I-00987. o.] (továbbiakban: Tetra Laval II. (C-12/03. sz. ügy)).

[811] Ibid 74. pont.

12.3.4. A bizottsági iránymutatás[812]

Kiindulási pontként az Európai Bizottság az alábbiakat tette közzé a nem horizontális összefonódások káros versenyhatásairól: „[...] *fennállhatnak olyan körülmények, amelyek esetén a nem horizontális összefonódások jelentősen akadályozhatják a hatékony versenyt, különösen erőfölény létrehozásának vagy megerősítésének következtében. Ez elsősorban onnan ered, hogy a nem horizontális összefonódás a fogyasztókat hátrányosan érintő módon hathat arra, hogy az összefonódó vállalkozások és versenytársaik mennyiben képesek és motiváltak egymással versenyezni.*"[813] Ez konzisztens az uniós bíróságok által kijelölt kerettel. Mielőtt a brüsszeli intézmény rátérne a károsnak ítélet versenyellenes hatások részletezésére, külön fejezetben foglalkozik a piaci részesedések és a piaci koncentráció kérdésével.[814]

---

[812] Részletes bemutatására lásd pl. LINDSAY – BERRIDGE: *The EC Merger Regulation: Substantive Issues* (2009) 14. fejezet.

[813] Nem horizontális iránymutatás (2008) 15. bekezdés.

[814] Ibid III. fejezet.

Mint arra korábban utaltunk, egy vállalkozás akkor képes versenykorlátozó magatartást folytatni, ha jelentősebb szintű piaci erővel rendelkezik. A vertikális összefonódások esetében éppen ez adja az általában alkalmazott enyhébb elbírálás alapját, hiszen egy vertikális összefonódás esetében a korábban fennálló vállalkozások piaci részesedése és a piacok koncentrációja nem növekszik. Azaz szükséges, hogy az összefonódás következtében olyan változás legyen a piacon, amely lehetővé és ésszerűvé teszi a már meglévő piaci erővel történő élést.

Ennek megfelelően a kiindulási alap a vertikális összefonódások esetén is a piaci hatalom vizsgálata, amelynek jelen pillanatban elsődleges, de nem kizárólagos eszköze a piaci részesedések és a piaci koncentráció vizsgálata.[815]

Ami a mércét illeti, az Európai Bizottság kifejti, hogy „[k]*icsi a valószínűsége, hogy a Bizottság aggodalomra találjon okot akár egyeztetett, akár nem egyeztetett hatások tekintetében olyan horizontális összefonódásokkal kapcsolatban, amelyek esetében a*

---

[815] Ibid 23 – 24. és 27. bekezdések.

létrejövő vállalkozás összefonódás utáni piaci részesedése mindegyik érintett piac esetében 30 % alatt marad [19], összefonódás utáni HHI értéke pedig 2000-nél kevesebb."[816] Ez azért meglepő mérce, hiszen a vertikális összefonódások esetében mindösszesen annyi történik, hogy egy új eszközzel (a felvásárolt vállalkozás) bővül a felvásárló vállalkozás eszköztára, amelyet adott esetben versenykorlátozásra is használhat. Éppen ezért nem látni azon különbség alapját, hogy miért magasabb a vertikális összefonódások esetében a beavatkozási küszöb, mint a horizontális összefonódásoknál.[817] Közvetetten ezt támasztja alá pl. Motta, amikor azt írja, hogy *„annak megállapítása, hogy kifizetődik-e [az integrálódó vállalkozás] számára az áremelés, hasonló elemzést igényel, mint annak eldöntése, hogy a horizontális fúzióra lépő vállalatok magasabb árakat tudnak-e érvényesíteni"*.[818] Logikai úton is könnyű belátni, hogy ha egy horizontális összefonódást követően a piaci koncentrációja a HHI-vel mérve 2000, akkor az egy új állapot, amelyben a vállalkozásnak kell versenyeznie. Ehhez képest egy

---

[816] Ibid 25. bekezdés.

[817] Horizontális iránymutatás (2004) 19 – 21. bekezdések.

[818] MOTTA: *Versenypolitika – Elmélet és gyakorlat* (2007) 400.

vertikális összefonódás esetében már *eleve* 2000 a HHI, az új vállalkozás egy új eszközt szerez meg, amellyel számára ideális esetben még jobban ki tudja használni a piaci hatalmát. Ilyen különbségtétel azonban nem indokolt a piaci koncentrációs szintek között a beavatkozási küszöb tekintetében. A különbség mögött nyilvánvalóan az a versenypolitikai megfontolás áll, miszerint a vertikális összefonódások az esetek jelentős többségében az elmélet szerint kevésbé versenykorlátozóak, mint a horizontálisak.

A bizottsági iránymutatás lényegében a piaclezárást ítéli az egyetlen jelentős káros versenyhatásnak az egyoldalú hatások körében.[819] A káros hatásokat az alábbiak szerint foglalja össze az Európai Bizottság: *"Egy összefonódás az általános felfogás szerint akkor jár a piac lezárásával, amikor az összefonódás következtében korlátozódik vagy megszűnik a tényleges vagy potenciális versenytársak készletekhez és piacokhoz való hozzáférése, és ezáltal csökken e vállalkozások versenyre való képessége, illetve motivációja. A piac lezárása*

---

[819] Lásd Nem horizontális iránymutatás (2008) IV/A. fejezet.

akadályozhatja a versenytársak piacra lépését vagy terjeszkedését, illetve hozzájárulhat piacról való kivonulásukhoz."[820]

Az Európai Bizottság iránymutatása a piaclezárásnak két formáját tárgyalja részletesen, az inputlezárást[821] és a fogyasztók kizárását.[822] Ezen túlmenően mindösszesen két mondatban foglalkozik az egyéb piaclezárási lehetőségekkel, amikor kifejti, hogy káros hatással járhat az is, ha üzleti szempontból érzékeny információkhoz férhet hozzá, valamint ha más módon akadályozni tudja a versenytársak piacra lépését vagy terjeszkedését.[823] Utóbbira tipikus példa, amikor a belépő

---

[820] Ibid 29. bekezdés.

[821] Ibid 31 – 57. bekezdések. Lásd még BISHOP – WALKER: *The Economics of EC Competition Law: Concepts, Application and Measurement* (2010) 434 – 444.

[822] Nem horizontális iránymutatás (2008) 58 – 77. bekezdések. Lásd még BISHOP – WALKER: *The Economics of EC Competition Law: Concepts, Application and Measurement* (2010) 444 – 449.

[823] LINDSAY – BERRIDGE: *The EC Merger Regulation: Substantive Issues* (2009) 78. bekezdés.

vállalkozásnak a vertikum több szintjén is piacra kell lépnie a sikeres piaci szerepléshez.[824]

---

[824] Lásd bővebben ibid 432 – 433.

12.3.5. A bizottsági iránymutatás elemzése

A közgazdaságtanban széles körben elterjedt nézet, hogy a vertikális összefonódások esetében gyakorlatilag vélelmezni kellene a versenyösztönző hatásokat[825] és csak akkor legyenek tilalmazottak, amikor a versenytársak teljes mértékben marginalizálódnak, vagy eltűnnek a piacról hosszú távon. Ez a megközelítés egyértelmű hagyatéka a chicagói iskolának.[826] Egy ennyire engedékeny politika azonban távol áll az európai hagyományoktól, amelynek helytállóságát idővel a közgazdaságtan is igazolni tudta, meggyőző bizonyítékokkal szolgálva arra, hogy a piaclezárás versenykorlátozó lehet. Az iránymutatást, elfogadását követően a jelentősebb ügyekben az Európai Bizottság tipikusan megvizsgálta az összefonódás esetén a teljes és a részleges kizárás, kiszorítás lehetőségeit.[827] Azaz azt, hogy megéri-e az összefonódást követően teljesen vagy részlegesen lezárni

---

[825] Lásd pl. BISHOP, et al.: *Turning the Tables: Why Vertical and Conglomerate Mergers Are Different* (2006) 27 ECLR 403 404. és 406.

[826] Amely többek között az egyetlen monopolprofit elméletre alapozva érvel emellett.

[827] Lásd pl. Nokia/Navteq (COMP/M.4942. sz. ügy) vagy TomTom/Tele Atlas (COMP/M.4854. sz. ügy).

a piacot a valamelyik szintek egyikén tevékenykedő versenytársak előtt?

A korábban leírtak természetesen nem jelentik azt, hogy túlságosan magas lenne a beavatkozási küszöb, azonban jelzi azt, hogy az Európai Bizottság alaposan megvizsgálja a vertikális összefonódásokat is. A hagyományokat félretéve azt is mondhatjuk, hogy a modern piacelméleti kutatások kimutatták[828], miszerint a vertikális összefonódások piaclezáró hatással járhatnak, amely eredményeket az Európai Bizottság közleménye kellően tükröz.

Az iránymutatásban részletezett piaclezárás gyakorlatilag a közgazdaságtudományban ismert két fogalom két esete, nevezetesen a versenytársak költségének növeléséről (inputlezárás) vagy a versenytársak bevételének csökkentéséről (fogyasztók kizárása) van szó[829].

---

[828] Lásd bővebben SCHWALBE – ZIMMER: *Law and Economics in European Merger Control* (2009) 362 – 372.

[829] Elemzésükre lásd bővebben ibid 363 – 372.

A vertikális összefonódások a piaci érdekviszonyok átrendeződésével járhatnak. Azaz elképzelhető, hogy a korábban független vállalkozás például érdekelt volt abban, hogy a termelési-értékesítési lánc alacsonyabb szintjén elhelyezkedő vevők mindegyikét kiszolgálja. A függetlenségének elvesztésével azonban a magasabb és az alacsonyabb szinten elhelyezkedő vállalkozások érdeke alkalmazkodik az új piaci helyzethez, amelynek egyik lehetséges variánsa az, hogy megszűnik az érdek az alacsonyabb szinten helyezkedő versenytársak kiszolgálására. Ezeket a helyzeteket elemzi részletesen az Európai Bizottság az iránymutatásában.[830] Az input lezárás végső soron a „terjeszkedési elmélet" (leverage theory) kifejeződése vertikális viszonylatban.

A terjeszkedési elmélet lényege az alábbiakban foglalható össze. A piac egyik szintjén lévő, ott piaci hatalommal bíró vállalkozás azáltal, hogy vertikálisan integrálódik, képes ezt a piaci hatalmát úgymond átemelni a vertikális lánc másik szintjére. A bizottsági iránymutatás versenykorlátozó hatások között a kizárás versenykorlátozó hatásának

---

[830] Nem horizontális iránymutatás (2008) 31 – 57. bekezdések.

elismerésével elfogadja, hogy ez egy összefonódás következményeként felmerülő reális káros versenyhatás.

Korábban kifejtettük, hogy koncentráció vagy piaci részesedés azonnali növekedésével nem jár a vertikális összefonódás, azonban a piaci hatalom ettől még növekedhet. Az Európai Bizottság az alábbiak szerint fogalmaz a közleményében: *„A nem horizontális összefonódások csak abban az esetben veszélyeztetik a hatékony versenyt, ha az összefonódó vállalkozás legalább az egyik érintett piacon jelentős piaci erővel bír (amely azonban nem feltétlenül jelent erőfölényt)."*[831] Azonban a piaci erő nem csak már meglévő piaci erő, hanem az összefonódás következtében létrejövő erő is lehet. Erre utal az elemzés keretében az, hogy az Európai Bizottság akkor tilt meg egy összefonódást, ha azt követően és annak köszönhetően képes lesz élni a piaci helyzetével, és ezáltal akadályozni a hatásos versenyt.[832] Azaz, a tényleges piaci hatalom létrejöttének az oka lehet az összefonódás.

---

[831] Ibid 23.

[832] Természetesen elképzelhető olyan helyzet is, amikor is az összefonódó vállalkozások közül a piaci hatalommal bíró vállalkozás már korábban is képes lett volna korlátozni a versenyt, de az összefonódásnak köszönhetően válik motiválttá e tekintetben.

Ennek hiányában ugyanis az Európai Bizottság nem avatkozhat be. Elég itt csak emlékeztetni az Európai Bíróság joggyakorlatára, miszerint „[...] *amennyiben egy koncentráció nem az okozója olyan gazdasági erőfölény létrehozásának vagy megerősítésének, amely az érintett piacon fennálló verseny helyzetre jelentős hatással lenne, akkor azt a közös piaccal összeegyeztethetőnek kell nyilvánítani."*[833]

A leggyakoribb eset a bizottsági ügyekben, hogy a vertikális összefonódásban érintett vállalkozások közül legalább egy már rendelkezik jelentősebb piaci hatalommal, ennek hiányában ugyanis a nem horizontális iránymutatás alapján az Európai Bizottság nem valószínűsít beavatkozást. Azt azonban, hogy van-e tényleges versenykorlátozó hatás, nem lehet megmondani még olyan bizonyossággal sem, mint pl. a horizontális összefonódások esetében, ahol a piac koncentráltsága a piac jellemzőinek függvényében eligazítást ad a várható hatások kapcsán.

Végezetül ki kell térnünk a vertikális összefonódások egy sajátos típusára, amelyek az utóbbi években kerültek igazán látótérbe. Ezek az

---

[833] Kali és Salz (C-68/94. és C-30/95. sz. egyesített ügyek) 110. pont.

ún. *diagonális összefonódások.*[834] Diagonális összefonódások esetében olyan helyzetekről beszélünk, amikor a vertikális összefonódás úgy megy végbe, hogy az upstream piacon elhelyezkedő termék helyettesítője a downstream piacon megtalálható termék. Erre a klasszikus, tankönyvi példát a cink, réz, sárgaréz, acél termékek szolgáltatják.[835]

A réz és cink alapanyaga a sárgaréznek. A cink bizonyos iparágakban helyettesítője az acélnak, amelynek alapanyaga viszont a vas és szén. Ebben a helyzetben elképzelhető egyoldalú hatás olyan helyzetekben, ha a cinkgyártó megvásárolja az acélgyártót.

---

[834] Lásd még BISHOP – WALKER: *The Economics of EC Competition Law: Concepts, Application and Measurement* (2010) 449 – 451.

[835] Lásd HIGGINS: *Diagonal Merger* (1997) 12 Review of Industrial Organization 607.

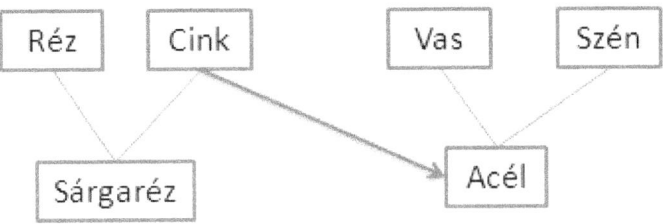

Erre példa a *Google/DoubleClick*[836] összefonódás. A vertikális integráció esetében többek között kizárás nélküli egyoldalú áremelés valószínűségét is vizsgálta az Európai Bizottság. Az ügyben felmerült, hogy a DoubleClick reklámozók felé alkalmazott árainak emelése megnövelné a reklámozó teljes reklámköltségét a szó és képi keresések együttese esetén, ugyanis a DoubleClick terméke inputként szolgál ehhez. A szó és képi keresések együttese a nem integrált szókeresés helyettesítő terméke. A két termék közötti áttérést az összefonódást követően a vállalkozás internalizálná, amely akár áremelkedéshez is

---

[836] COMP/M.4731. sz. ügy (2008. március 11.) *Google/DoubleClick* [2008] C 184 10-12. Lásd még LEWIS – LOFARO: *Google/DoubleClick: The Search for Theory of Harm* (2008) 29 ECLR 717.

vezethetne. Végül ezt az Európai Bizottság, jóllehet plauzibilis elméletként megvizsgálta, az adott ügyben elvetette.

12.4. Konglomerátum típusú összefonódások

12.4.1. Bevezetés

Az Európai Bizottság gyakorlatilag a vertikális összefonódásokkal sokáig azonos körben kezelte az ún. konglomerátum típusú összefonódásokat. Az összefonódások két típusáról egy tanulmányt készíttetett[837], továbbá azonos iránymutatásban foglalkozik velük.[838] Ugyanakkor érdemes felhívni a figyelmet arra, hogy a konglomerátum hatások már idejekorán az Európai Bizottság látókörébe kerültek.[839] Az Európai Bizottság XIX. versenypolitikáról szóló jelentésében 1990-ben már

---

[837] CHURCH *The Impact of Vertical and Conglomemrate Mergers* (2004).

[838] Nem horizontális iránymutatás (2008).

[839] Lásd pl. EURÓPAI BIZOTTSÁG *Nineteenth Report on Competition Policy* (1990) 257. bekezdés.

hangsúlyozta, hogy a konglomerátumok könnyebben tudnak kiszorító stratégiához folyamodni.[840]

Konglomerátum típusú egy összefonódás, amennyiben az összefonódó vállalkozások: a) kiegészítő termékeket gyártanak; b) szomszédos piacokon aktívak; vagy c) teljesen független termékeket gyártanak. Negatív oldalról megközelítve, a konglomerátum típusú összefonódások azon vállalkozások közötti összefonódások, amely vállalkozások között nincs sem létező, sem pedig potenciális versenytársi, illetve nincs szállító-vásárló kapcsolat, azaz amikor nem merülnek fel horizontális vagy vertikális versenykérdések.[841]

Az Európai Bizottság iránymutatása az alábbiak szerint határozta meg a konglomerátum típusú összefonódásokat: *"A konglomerátum létrejöttéhez vezető összefonódások olyan összefonódások, amelyben a résztvevő felek közti kapcsolat nem horizontális (mint az azonos érintett piacon tevékenykedő versenytársak esetében), de nem is vertikális*

---

[840] Ibid 257. bekezdés.

[841] BISHOP – WALKER: *The Economics of EC Competition Law: Concepts, Application and Measurement* (2010) 451.

(mint a szállítók és vevők esetében)."[842] Szintén a vertikális összefonódásokkal mutat hasonlóságot a konglomerátum típusú, amikor is gyakorlatilag nem a piaci szerkezet megváltozásából önmagából eredően következik a versenyre káros hatás, hanem ahhoz jövőbeli magatartás is szükséges.[843]

---

[842] Nem horizontális iránymutatás (2008) 5. bekezdés.

[843] Vö. Tetra Laval I. (T-5/02. sz. ügy) 150. pont.

12.4.2. A konglomerátum típusú összefonódásokról általában

A konglomerátum típusú összefonódásokat a szakirodalom alapvetően nem tartja károsnak, amely elképzelést az uniós bíróságok is jóváhagytak ítéleteikben.[844] Ha fel lehet állítani rangsort, akkor abban a versenykorlátozó potenciál szempontjából a horizontális és a vertikális összefonódások után szerepelne, utolsóként. A szakirodalom számos pozitív hatást tulajdonít a konglomerátum típusú összefonódásoknak, mint pl. a) választékgazdaságosság; b) tevékenységek jobb összehangolása és a tranzakciós költségek csökkenése; c) Cournot-hatás[845]; d) árukapcsolás hatékonyságnövelő hatása; e) árdiszkrimináció pozitív lehetséges hatásai; vagy e) egyéb hatékonyságjavulás.[846]

---

[844] Lásd pl. Ibid 155. pont.

[845] A Cournot-hatás, amikor két kiegészítő termék ára alacsonyabb lesz, ha nem két tulajdonos, hanem egy árulja azokat. Lásd bővebben CHURCH *The Impact of Vertical and Conglomemrate Mergers* (2004) xxi. és folyt.

[846] Lásd bővebben a pozitív hatásokra pl. SCHWALBE – ZIMMER: *Law and Economics in European Merger Control* (2009) 376 – 381. vagy BISHOP, et al. *The Efficiency-Enhancing Effects of Non-Horizontal Mergers* (2005) 73 – 104.

Itt is megállapítható továbbá, hogy a vertikális összefonódásokhoz hasonlóan a piac koncentráltsága és az érintett vállalkozások piaci részesedése nem változik a konglomerátum típusú összefonódást követően. Ahhoz tehát, hogy egy az Európai Bizottság bizonyítani tudja a versenyre káros hatást, ismételten annak kellő valószínűsítésére van szükség, hogy a két vállalkozás tevékenységének összefonódás útján történő kombinálásával az új entitás nem csak képes, hanem motivált is legyen a versenykorlátozó magatartást folytatására.

A konglomerátum típusú összefonódások esetében az alapvető megfontolás abból indul ki, hogy versenyre káros hatások akkor következhetnek be, ha az összefonódással érintett termékek együttesének árusítása kedvezőbb versenyhelyzetbe hozza a kérdéses vállalkozásokat, mintha erre nem lenne módjuk.[847] A legjelentősebb versenyellenes hatás azonban itt is a kizárás, ami e körben általában árukapcsolás útján valósulhat meg.[848]

---

[847] Lásd részletesebben BISHOP – WALKER: *The Economics of EC Competition Law: Concepts, Application and Measurement* (2010) 452 – 455.

[848] Lásd pl. Ibid 454 – 460. vagy SCHWALBE – ZIMMER: *Law and Economics in European Merger Control* (2009) 381 – 386.

12.4.3. Az Európai Bíróság és a Törvényszék gyakorlata

Ellentétben a vertikális összefonódásokkal, konglomerátum típusú összefonódások viszonylag szép számmal kerültek az Európai Unió bíróságai elé. A kiindulási pont a konglomerátum típusú összefonódás elemzésekor az, hogy *"a konglomerátum jellegű összefonódás hatásai gyakran semlegesnek, sőt akár jótékonynak is tekinthetők az érintett piacokon folyó verseny tekintetében"*.[849]

A konglomerátum típusú összefonódások esetén az Európai Unió bíróságai a közös gazdasági erőfölénnyel vontak párhuzamot, amikor kimondták, hogy *"[a] Bizottságnak a konglomerátumhatással járó összefonódásra vonatkozó elemzését az ítélkezési gyakorlat által a közös gazdasági erőfölény létrehozásának tekintetében meghatározottakhoz hasonló követelmények szabják meg. Így a Bizottságnak valamely előreláthatóan versenyellenes konglomerátumhatással járó összefonódásra vonatkozó értékelése azon körülmények különösen figyelmes vizsgálatát feltételezi, amelyek*

---

[849] Tetra Laval I. (T-5/02. sz. ügy) 155. pont.

jelentőséggel bírnak e hatásnak az érintett piac versenyfeltételei tekintetében történő elemzése szempontjából."[850]

Ami a várható versenyhatásokat illeti, a Törvényszék azt hangsúlyozta, hogy mind strukturális, mind magatartási ösztönzők alapján is valószínűsíthető az, hogy versenyellenes hatásokkal kell számolni. Érdemes e tekintetben hosszabban idéznünk a Törvényszék szavait: *„Egy összefonódás potenciálisan versenyellenes konglomerátumhatásainak elemzése [...] több különös problémát vet fel az ilyen ügylet jellegével kapcsolatban. [...] Ezzel összefüggésben* [a Törvényszék] *először a konglomerátumhatások időbeli vonatkozásait vizsgálja, majd az e hatások különös jellegével kapcsolatos vonatkozásokat, amelyek lehetnek szerkezeti jellegűek abban az értelemben, hogy közvetlenül egy gazdasági szerkezet létrehozásából erednek, vagy magatartási jellegűek abban az értelemben, hogy csak akkor merülnek fel, ha az ügylet eredményeképpen létrejövő egység*

---

[850] Ibid 155. pont. (Idézet a hivatalos magyar fordításból, azonban részben pontosítva. Törekedtünk azonban arra, hogy megtartsuk az eredeti fordítást.) Helybenhagyta Tetra Laval II. (C-12/03. sz. ügy) 40. pont.

meghatározott kereskedelmi gyakorlatot folytat."[851] Ezt később a Törvényszék tovább részletezte, amikor kifejtette, hogy „[...] *meg kell különböztetni egyfelől azt a helyzetet, amelyben valamely konglomerátumhatással járó összefonódás közvetlenül módosítja a verseny feltételeit a második piacon, és e piacon erőfölény létrejöttét vagy megerősödését okozza az első piacon már meglévő erőfölény hatására, másfelől pedig azt a helyzetet, amelyben az erőfölény létrejötte vagy megerősödése a második piacon nem az összefonódás közvetlen következménye, hanem csak bizonyos idő elteltével következik be az új egység azon a piacon tanúsított magatartásának eredményeként, amely piacon már erőfölénnyel bír. Ez utóbbi esetben nem az összefonódás eredményeként kialakuló szerkezet hozza létre vagy erősíti meg az erőfölényt a rendelet 2. cikke (3) bekezdésének értelmében, hanem a szóban forgó jövőbeni magatartás."*[852]

---

[851] Tetra Laval I. (T-5/02. sz. ügy) 147. pont.

[852] Ibid 154. pont.

Alapjában véve az Európai Unió bíróságainak joggyakorlatában két káros versenyhatás került részletesen elemzésre az előző fejezetben már bemutatott a terjeszkedési elmélet[853] és a portfólió hatás.[854]

Az árukapcsolás vonatkozásában az uniós versenyjog egyik híres esete az Európai Bizottság *General Electric/Honeywell* esete[855] volt. A határozatot a felek megtámadták[856] és így a Törvényszék előtt kötött ki, amely a konglomerátum hatások tekintetében elégtelennek találta az Európai Bizottság érveit.

---

[853] Lásd a vertikális összefonódások vonatkozásában kifejtetteket.

[854] Portfólió hatásról akkor beszélünk, ha a vállalkozás által forgalmazott termékek széles skálája biztosít versenyelőnyt számára. Amennyiben a portfólió összefonódás következtében bővül, akkor a Fúziós Rendelet alapján versenyproblémák elemzése válhat szükségessé.

[855] GE/Honeywell (COMP/M.2220. sz. ügy). Az esetet számtalan mű tárgyalja a szakirodalomban. Lásd pl. GRANT – NEVEN: *The Attempted Merger Between General Electric and Honeywell: A Case Study of Transatlantic Conflict* (2005) 1 Journal of Competition Law and Economics 595 vagy FOX: *GE/Honeywell: The U.S. Merger that Europe Stopped - A Story of the Politics of Convergence*..

[856] GE kontra Bizottság (T-210/01. sz. ügy) és T-209/01. sz. ügy *Honeywell International, Inc. kontra az Európai Közösségek Bizottsága* [EBHT 2005. II-05527. o.] (továbbiakban: Honeywell kontra Bizottság (T-209/01. sz. ügy))..

Nem sokkal később a *Tetra Laval/Sidel* ügyben[857] ismét a Törvényszék[858], majd az Európai Bíróság elé[859] került a kérdés. Az Európai Bizottság elképzelése az volt, hogy az összefonódás után az egyik piacon meglévő erőfölényt a vállalkozás át tudja emelni a másikra azzal, hogy a vevőket rákényszeríti a két termék együttes vásárlására. A Törvényszék, bár megsemmisítette az Európai Bizottság határozatát, állást foglalt a vizsgált kérdésben és elismerte azt, hogy a terjeszkedési elmélet a versenyjogban is alkalmazható versenyelmélet. A Törvényszék kimondta, hogy *"abban az esetben, ha a szóban forgó piacok szomszédosak, és az összefonódásban érintett felek egyike már erőfölénnyel bír ezen piacok egyikén, akkor lehetséges, hogy az ezen összefonódás által egyesített eszközök és képességek azonnal olyan feltételeket eredményeznek, amelyek – az erőfölény kiterjesztése révén – lehetővé teszik az új egység számára a viszonylag közeli jövőben erőfölény megszerzését a másik piacon. Különösen abban az esetben*

---

[857] COMP/M. 2416. sz. ügy (2001. október 30.) *Tetra Laval/Sidel* [2004] HL L 043 0013

[858] Tetra Laval I. (T-5/02. sz. ügy)

[859] Tetra Laval II. (C-12/03. sz. ügy)

lehetséges ez, ha a szóban forgó piacok hajlamosak azonos irányt követni, és ha az összefonódásban érintett egyik fél erőfölényén felül a másik fél, illetve a másik felek egyike a második piacon vezető helyzetben van".[860]

A portfólió hatás kérdésköre a *Schneider/Legrand*[861] és a *BaByliss* ügyekben[862] került az uniós bíróságok elé.

A *Schneider/Legrand* ügyben[863] az Európai Bizottság részben arra alapozta a tiltó határozatát[864], hogy a két vállalkozás közötti összefonódással az erős piaci pozíció erős forgalmazói hálózattal párosulna Európa szerte. Az ügyben nem foglalkozott részletesen a

---

[860] Tetra Laval I. (T-5/02. sz. ügy) 151. bekezdés. Érdemes a 152. bekezdést is idézni: *„A rendelet 2. cikke (3) bekezdésének bármilyen más értelmezése azzal a veszéllyel járna, hogy megfosztja a Bizottságot a kizárólag vagy főként konglomerátumhatással járó összefonódások feletti ellenőrzés lehetőségétől."*

[861] Schneider Electric kontra Bizottság (T-310/01. sz. ügy).

[862] Babyliss (T-114/02).

[863] Schneider Electric kontra Bizottság (T-310/01. sz. ügy).

[864] COMP/M.2283. sz. ügy (2001. október 10.) *Schneider/Legrand* [2004] HL L 101 0001.

portfólió hatással a Törvényszék, de elviekben megerősítette azt, hogy a portfólió hatás alapján megtiltható az összefonódás.

Részletesebben foglalkozott azonban a *BaByliss ügyben* a kérdéssel a Törvényszék. Ebben ugyanis egyrészt kimondta, hogy adott esetben nem csak hogy lehetséges, hanem szükséges is a portfólió hatások vizsgálata.[865] Az adott ügyben egyenesen arra jutott a Törvényszék is, hogy az érintett vállalkozások súlya, termékválasztékuk és a védjegyportfólió miatt a versenytársak nem lennének képesek felvenni a versenyt az összefonódást követően létrejövő vállalkozással.[866]

---

[865] Babyliss (T-114/02) 342 – 343., és különösen 353. pontok

[866] Ibid 345. és 355 – 356, 360, 362 és 365. pontok.

12.4.4. A bizottsági iránymutatás

A vertikális összefonódásokkal egy iránymutatásban kezeli az Európai Bizottság a konglomerátum típusú összefonódásokat. Ebben a brüsszeli intézmény kifejti, hogy *"[b]ár elfogadott, hogy a konglomerátum létrejöttéhez vezető összefonódások az esetek többségében nem vezetnek versenyproblémákhoz, bizonyos különleges esetekben hátrányos hatással lehetnek a versenyre."*[867]

A nem egyeztetett hatások vonatkozásában az Európai Bizottság egyértelműen a piaclezárást tekinti versenyre káros hatásnak a konglomerátum típusú összefonódások esetében, és szintén az arra való képesség, valamint motiváltság, továbbá a választékra és az árakra gyakorolt átfogó hatás áll a vizsgálódási szempontjainak középpontjában.[868] A piaclezárásra való képesség során lényegileg az árukapcsolás megvalósíthatóságának elemzési szempontjait ismerhetjük meg. Az Európai Bizottság ezzel gyakorlatilag az árukapcsolásra „előkészületet" kívánja megakadályozni, amikor egy

---

[867] Nem horizontális iránymutatás (2008) 92. bekezdés.

[868] Ibid 93 – 118. bekezdések.

konglomerátum típusú összefonódást ezen az alapon megtilt. Amikor pedig a választékra és az árakra gyakorolt hatást elemzi az Európai Bizottság az iránymutatásában, lényegileg ezt egészíti ki a vertikális piaclezárás során megismert szempontokkal.

12.4.5. A bizottsági iránymutatás elemzése

A konglomerátum típusú összefonódások során érzékelhető legjobban az, hogy ilyenkor a versenyre káros hatások alapjában véve a *„hatékonysági támadás körül összpontosulnak"*.[869] A chicagói közgazdaságtan jeleskedett annak bemutatásában, hogy az ilyen megfontolások miért nem állják meg a helyüket, azonban ismételten megfigyelhető az európai hagyományok érvényesülése az időszaki közgazdaságtani elméletekkel szemben, miszerint nem elsöprő mértékben, de fontos szempont a verseny érdekében az ép piaci struktúra fenntartása.[870]

Az Európai Bizottság az iránymutatásában nem tulajdonít különösebb jelentőséget a pénzügyi erőből fakadó versenyellenes stratégiáknak. A modern közgazdaságtan kész tényként kezeli azt, hogy a tőke a hatékony vagy sikeresnek ígérkező vállalkozások számára

---

[869] BISHOP – WALKER: *The Economics of EC Competition Law: Concepts, Application and Measurement* (2010) 454.

[870] Vö. fentebb idézett Tetra Laval I. (T-5/02. sz. ügy) 147. pont.

rendelkezésre áll.[871] Bolton et al. tanulmányukban többek között felvázolnak egy ésszerű és versenyre káros pénzügyi kiszorító stratégiát.[872] A stratégia sikerének egyik feltétele, hogy a kiszorítást alkalmazó vállalkozás képes legyen azt belső forrásokból finanszírozni vagy jobb feltételek mellett jusson hozzá a külső forrásokhoz.[873] A pénzügyi felfaló stratégia tagadása a fentebb említett hitelhez jutási feltételezésen alapszik. A való világban azonban többek között már csak az információs aszimmetria[874] miatt sem állja meg helyét a feltételezés. Tekintettel arra, hogy a felfaló stratégiák esetében az uniós joggyakorlat nem követeli meg a veszteség visszaeredeztethetőségének bizonyítását, így ésszerű és a joggyakorlatba ágyazott módon a pénzügyi források bővülésére

---

[871] Lásd pl. BISHOP – WALKER: *The Economics of EC Competition Law: Concepts, Application and Measurement* (2010) 453 – 454.

[872] BOLTON, et al.: *Predatory Pricing: Strategic Theory and Legal Policy* (2000) 88 Georgetown Law Journal 2239.

[873] Ibid 2290 – 2292. Lásd még VAN DEN BERGH – CAMESASCA: *European Competition Law and Economics: A Comparative Perspective* (2006) 285.

[874] SCHWALBE – ZIMMER: *Law and Economics in European Merger Control* (2009) 387. Bővebben a kérdésre lásd még MOTTA: *Competition Policy – Theory and Practice* (2004) 420 – 421.

alapozott káros konglomerátum hatás is jelenthet adott esetben az összefonódás megtiltására alapot.[875] A modern játékelméleti alapokon nyugvó közgazdasági eredmények felvázolnak tehát olyan helyzeteket, amikor egy konglomerátum hatású összefonódás következménye valószínűsíthetően versenyre káros kimenet lesz.[876] Az Európai Bizottság, amikor kizárólag az árukapcsolással foglalkozott, és a kiszorító stratégiák egyéb megvalósulási formáival nem vagy alig, akkor elmulasztotta a lehetőséget, hogy inkorporálja a modern közgazdaságtudomány eredményeit, ezzel továbbfejlesztve az európai versenyjogot.

---

[875] A szakirodalom azonban szkeptikus e tekintetben. Lásd pl. SCHWALBE – ZIMMER: *Law and Economics in European Merger Control* (2009) 387. Meg kell ugyanakkor jegyezni, hogy a szakirodalom általában alapfeltételként kezeli a veszteség visszanyerésére való képességet, amit a jog nem követel meg hasonló stratégiák esetén az Európai Unióban.

[876] Lásd bővebben a sikeres stratégiákra VAN DEN BERGH – CAMESASCA: *European Competition Law and Economics: A Comparative Perspective* (2006) 284 – 289.

13. Hatékonyságjavulás és a nem egyeztetett hatások

A hatékonyságjavulás kérdése régóta áll a figyelem középpontjában. Közkeletű vélekedés, hogy a fúziók és felvásárlások egyik legjelentősebb indoka az, hogy hatékonyságjavulással vagy egyéb szinergiákkal járnak. A közgazdaságtudomány azonban, úgy tűnik, eddig nem tudta ezt a közkeletű vélekedést a horizontális összefonódások esetén empirikus úton alátámasztani.[877] Nem véletlen, hogy még Posner is azon az állásponton van, hogy nincs szükség a hatékonysági védekezés általános lehetőségére.[878] A továbbiakban elfogadjuk azt a feltételezést, hogy amennyiben nem jön létre vagy

---

[877] Lásd pl. RÖLLER, et al.: *Efficiency gains from mergers.* (Wissenschaftszentrum Berlin für Sozialforschung, Berlin, 2000) 9. és 35. Bővebben ibid Vö. még LINDSAY – BERRIDGE: *The EC Merger Regulation: Substantive Issues* (2009) 28 – 29. és ILZKOVITZ – MEIKLEJOHN: *European merger control: do we need an efficiency defence?* In ILZKOVITZ – MEIKLEJOHN: European Merger Control: Do We Need an Efficiency Defence? (Edward Elgar, Cheltenham, 2006) 49. Vö. POSNER: *Antitrust Law* (2001) 133 – 136.

[878] POSNER: *Antitrust Law* (2001) 133. Lásd még ILZKOVITZ – MEIKLEJOHN: *European merger control: do we need an efficiency defence?* 76 – 78.

nem erősödik jelentős piaci erő, akkor az összefonódások az esetek jelentős részében hatékonyságjavulással járnak.

A hatékonyságjavulás szerepe az összefonódások értékelése során és a hatékonysági védekezés kérdése az egyik leginkább feldolgozott területe a fúziókontrollnak[879], így eltekintünk a téma bemutató tárgyalásától. 1968-as alapvető jelentőségű tanulmányában *Williamson* bemutatta, hogy egy horizontális összefonódás miért járhat hatékonyságjavulással.[880] Könnyű belátni[881], hogy intenzív verseny esetén a vállalkozások abban érdekeltek, hogy az árakat lejjebb vigyék, hiszen így újabb vevőket tudnak elhódítani a versenytársaktól. Amennyiben ilyen helyzetben egy összefonódás hatékonyságjavulást eredményez, akkor az pozitívan értékelendő, hiszen az intenzív verseny arra kényszeríti a vállalkozást, hogy a hatékonysággal járó előnyöket a

---

[879] Lásd szakirodalomra pl. LINDSAY – BERRIDGE: *The EC Merger Regulation: Substantive Issues* (2009) 558. 1. lj.

[880] WILLIAMSON: *Economies as an Antitrust Defense: The Welfare Tradeoffs* (1968) 58 The American Economic Review 18. Ennek rövid kritikájára lásd pl. HOVENKAMP: *Federal Antitrust Policy: The Law of Competition and Its Practice* (2005) 119.

[881] Lásd bővebben fentebb 107. A tökéletes verseny és a monopólium.

fogyasztókhoz eljuttassa alacsonyabb árak formájában. Ezzel azonban több probléma is adódik. Egyrészt, a hatékonyságjavulásnak valóban be is kell következnie, másrészt a piacokon ilyen eredményt automatikusan kikényszerítő erős verseny ritka. Ugyanakkor a fenti értelmezés konzisztens az Európai Bíróság és Törvényszék joggyakorlatával, amely kimondja, az hogy „*a versenytársak árcsökkentéséből fakadó nyomás a vállalkozást saját árainak leszállítására ösztönzi, általánosan összeegyeztethetetlen az erőfölényt jellemző független magatartással.*"[882] Azaz amennyiben erős a versenynyomás, akkor nem lehet gazdasági erőfölényről beszélni. Ebben az esetben pedig a hatékonyságjavulásnak fontos versenyösztönző hatása van.

A hatékonyságjavulás elvi szinten eltérően kezelendő a horizontális és a vertikális összefonódások esetében. Fentebb ismertettük[883], hogy a horizontális összefonódások hatékonyságjavulás hiányában a fogyasztókra káros hatással járnak. A vertikális és egyéb nem

---

[882] GE kontra Bizottság (T-210/01. sz. ügy) 116. pont és Hoffmann-La Roche (85/76. sz. ügy) 71. pont.

[883] Lásd fentebb 115. és folyt.

horizontális összefonódások esetében ugyanakkor ez az alapfeltevés nem állja meg a helyét.

13.1. Hatékonyságjavulás és a horizontális összefonódások

Horizontális összefonódás a piac koncentrációja esetében a gyakorlatban szinte kivétel nélkül növelik a piaci erőt. Az előzőekben[884] utaltunk arra, hogy tökéletes vagy intenzív verseny esetében a hatékonyságjavulást a piac kikényszerítheti. A horizontális összefonódások esetében azonban más esetben is járhat előnnyel a társadalom számára a hatékonyságjavulás. Amennyiben a hatékonyságjavulás eredményeként a termelői többlet növekedése nagyobb, mint a piaci erő növekedése miatti magasabb árból eredő holtteher veszteség, akkor az társadalmilag hasznos. Mivel azonban a versenypolitika az Európai Unióban nincs figyelemmel a termelői többlet növekedéséből származó jótékony hatásokra, hanem kizárólag a fogyasztói jólét növekedést fogadja el pozitív hatásként, ezért a hatékonyságjavulásból eredő említett pozitív hatás nem értékelhető egy összefonódás javára.

---

[884] Lásd 362. és folyt.

A fentebb kifejtettek alapján logikusan következik az, hogy csak olyan hatékonyságjavulás vehető figyelembe, amely eljut a fogyasztókhoz. A horizontális iránymutatás e feltételen túlmenően további két feltétel teljesülését követeli meg, nevezetesen a hatékonyságjavulásnak összefonódás specifikusnak és igazolhatónak kell lennie.[885] Utóbbiakkal nem foglalkozunk részletesen, ugyanis az összefonódás specifikusság követelménye az okozati összefüggéshez, az igazolhatóság pedig a bizonyítási teherhez és nem a versenyhatások értékeléséhez kapcsolódik.

---

[885] Lásd részletesen Horizontális iránymutatás (2004) VII. fejezet. Lásd még LINDSAY – BERRIDGE: *The EC Merger Regulation: Substantive Issues* (2009) 572 – 583.

13.2. Hatékonyságjavulás és a nem-horizontális összefonódások

A vertikális és a konglomerátum összefonódások esetében a horizontális összefonódásokkal ellentétes alapvetés igaz főszabályként, nevezetesen az előbbiek az esetek legnagyobb százalékában hatékonyságjavulással járnak.[886]

Tipikus példája a vertikális összefonódásokkal járó hatékonyságjavulásnak a kettős árrés[887] megszüntetése. A konglomerátum típusú összefonódások kapcsán a kettős árrés problematikájának megfelelője az ún. *Cournot hatás*: amennyiben a vállalkozások kiegészítő termékeket gyártanak, akkor a vállalkozások abban érdekeltek, hogy a másik vállalkozás csökkentse a saját

---

[886] Lásd bővebben BISHOP, et al. *The Efficiency-Enhancing Effects of Non-Horizontal Mergers* (2005) különösen 107. és folyt., BISHOP – WALKER: *The Economics of EC Competition Law: Concepts, Application and Measurement* (2010) 466 – 469., LINDSAY – BERRIDGE: *The EC Merger Regulation: Substantive Issues* (2009) 404 – 406. és 453 – 454. és CHURCH *The Impact of Vertical and Conglomemrate Mergers* (2004) 281 – 286.

[887] Lásd fentebb 330.

termékének az árát.[888] Két vállalkozás összefonódása ahhoz vezet, hogy a nevezett hatást internalizálni tudják, hasonlóan a kettős árrés megszűnéséhez. A fentebbiekhez hasonlóan a nem horizontális összefonódások gyakran csökkentik a tranzakciós költségeket is.[889]

A fentebbiek alapján nem meglepő, hogy a nem-horizontális iránymutatás 23 alkalommal hivatkozik a hatékonyságjavulásra.[890] A vertikális és a konglomerátum összefonódások esetén – mint fentebb kifejtettük[891] – nincs piaci koncentrációnövekedés, azaz nem vonható le egyértelmű következtetés a piaci erő növekedésére nézve. Ennek hiányában pedig nem lehet szembeállítani a hatékonyságjavulást a holtteher veszteséggel, hanem esetről esetre szükséges annak

---

[888] Bővebben lásd BISHOP – WALKER: *The Economics of EC Competition Law: Concepts, Application and Measurement* (2010) 467. és részletesen CHURCH *The Impact of Vertical and Conglomemrate Mergers* (2004) 131 – 133.

[889] Lásd pl. BISHOP – WALKER: *The Economics of EC Competition Law: Concepts, Application and Measurement* (2010) 468 – 469.

[890] Nem horizontális iránymutatás (2008).

[891] Lásd 326. és 345.

vizsgálata, hogy teljesül-e a horizontális iránymutatásban meghatározott három feltétel.[892]

---

[892] Vö. Nem horizontális iránymutatás (2008) 17., 54. és 99. lj.

13.3. A hatékonyságjavulás figyelembevételének jogalapja

Az Európai Unió versenyjogában sokáig kétséges volt, hogy pozitív, vagy negatív hatásként kell-e értékelni a hatékonyságjavulást?

A Fúziós Rendelet (1989) végső tervezetében szerepelt utalás arra, hogy amennyiben egy összefonódás pozitív gazdasági hatásai meghaladják a versenyben bekövetkező sérelem szintjét, akkor az engedélyezhető.[893] Későbbiekben az 1989-es rendelet nem tartalmazott kifejezett hivatkozást a hatékonyságjavulás figyelembevételének lehetőségére. A kifejezett utalást a 2004-es rendelet vezette be a 29. preambulum bekezdésében: *"Egy összefonódás közös piaci versenyre gyakorolt hatásának meghatározásához helyénvaló figyelembe venni az érintett vállalkozások által bemutatott, alátámasztott és valószínűsíthető hatékonyságjavulást. Lehetséges, hogy az összefonódás révén megvalósuló hatékonyságjavulás ellensúlyozza a versenyre gyakorolt*

---

[893] Amended Proposal for a Council Regulation (EEC) on the Control of Concentrations Between Undertakings 16. preambulumbekezdés.

hatásokat, és különösen a fogyasztóknál máskülönben jelentkező lehetséges hátrányokat, és ennélfogva az összefonódás a hatékony versenyt, különösen erőfölény létrehozásának vagy megerősítésének következményeként, nem akadályozza jelentősen a közös piacon vagy annak egy jelentős részén. [...]".

Egy-két kivételtől eltekintve az Európai Bizottság elutasította a hatékonyságjavulásra történő hivatkozást, legalábbis abban az értelemben, hogy az ellensúlyozhatja a káros versenyhatásokat, az összefonódás engedélyezéséhez vezetve egy egyébként gazdasági erőfölényt létrehozó összefonódás esetén.[894] 1996-ban egészen odáig ment az Európai Bizottság, hogy hivatalosan állást foglalt amellett, hogy a hatékonysági védekezésre nincs mód a Fúziós Rendelet (1989) alapján.[895]

---

[894] Lásd bővebben LINDSAY – BERRIDGE: *The EC Merger Regulation: Substantive Issues* (2009) 564 – 566. és SCHWALBE – ZIMMER: *Law and Economics in European Merger Control* (2009) 323 – 330.

[895] OECD *Competition Policy and Efficiency Claims in Horizontal Agreements* (1996) 54. A hatékonysági védekezés korabeli elemzésére lásd NOËL: *Efficiency Considerations in the Assessment of Horizontal Megeres under European and U.S. Antitrust Law* (1997) 18 ECLR 498.

A Fúziós Rendelet preambulumának 29. bekezdése előírja, hogy az Európai Bizottság adjon eligazítást a hatékonyságjavulás figyelembevételével kapcsolatban, amely a horizontális és nem-horizontális iránymutatásokban öltött testet. Az előbbi részletesen foglalkozik a kérdéssel[896], az utóbbi visszautal a horizontális iránymutatásra számos helyen[897].

Mind a rendeletből, mind a kapcsolódó iránymutatásokból kitűnik, hogy homályosan fogalmaznak a hatékonysági védekezés pontos szerepéről. Ennek egyik oka, hogy a hatékonysági védekezés megítélése ellentmondásos, valamint számos – alábbiakban tárgyalt – olyan kérdést vet fel, amely miatt a kérdést nem lehetett ilyen módon rendezni.

---

[896] Horizontális iránymutatás (2004) VII. fejezet.

[897] Lásd 892. lj.

13.4. A hatékonyságjavulás figyelembevételének korlátai

A jogszabályok, az uniós bíróságok és az Európai Bizottság mai napig folytatott joggyakorlata alapján különbséget kell tennünk három eset között. Az első eset az, amikor az összefonódás káros versenyhatással jár, de nem hoz létre vagy erősít meg gazdasági erőfölényt. A második esetben az összefonódás gazdasági erőfölényt hoz létre vagy erősít meg. A harmadik eset pedig az, amikor az összefonódás nem jár a fúziós rendelet által károsnak ítélet versenyhatásokkal.

13.4.1. Gazdasági erőfölényt létrehozó vagy megerősítő összefonódás esetén a hatékonyságjavulás figyelembevételének korlátai

A szakirodalomban kérdéses, hogy amennyiben egy összefonódás gazdasági erőfölényt hoz létre vagy erősít meg, akkor engedélyezhető-e a SIEC teszt alapján, amennyiben a káros hatásokat a horizontális iránymutatásokban megfogalmazott feltételeknek megfelelő hatékonyságjavulásból eredő előnyök meghaladják?

A válasz a kérdésre a jog mai állása alapján egyértelmű nem. Ez a SIEC teszt megfogalmazásából és a gazdasági erőfölény fogalmából következik. Korábban kifejtettük[898], hogy a SIEC teszt alapján nem engedélyezhető egy olyan összefonódás, amely gazdasági erőfölényt hoz létre vagy erősít meg.[899] A gazdasági erőfölény egységes és kialakult fogalma, hogy az *„erőfölény az adott vállalkozás olyan gazdasági hatalmi helyzetét jelenti, amelyben az a szóban forgó piacon a hatékony piaci versenyt jelentősen korlátozhatja, méghozzá azáltal, hogy módjában áll a többi versenytárstól, az ügyfelektől és végső soron a fogyasztóktól érzékelhető függetlenséggel eljárni".*[900]

Nem nehéz belátni, hogy amennyiben egy vállalkozás hatékonyabbá válik, akkor az azt jelenti, hogy a korábbiakhoz képest nagyobb a mozgástere, hiszen a hatékonyságjavulást következtében pl. alacsonyabb költség mellett tudja előállítani a termékeket. Ezt

---

[898] Lásd fentebb 83. és folyt: „

Erőfölény teszt, SLC teszt és SIEC teszt".

[899] Ez alól az egyetlen kivétel az elbukó vállalkozás esete.

[900] Megerősítette pl. Hoffmann-La Roche kontra Centrafarm (102/77. sz. ügy) 38. pont, Michelin (C-322/81) 30. pont, Hilti kontra Bizottság (T-30/89. sz. ügy) 90. pont, vagy a fúziós ügyek közül a Gencor kontra Bizottság (T-102/96. sz. ügy) 200. pont, GE kontra Bizottság (T-210/01. sz. ügy) 85. pont.

követően eldöntheti, hogy megtartja a keletkező termelői többletet, vagy alacsonyabb árak formájában eljuttatja a fogyasztókhoz. Ugyanakkor gazdasági erőfölény esetében nincs versenynyomás, amely ennek bekövetkeztét biztosítja.[901]

A gazdasági erőfölény fogalma jogi fogalom, és a központi elem a független viselkedésre való képesség. Hangsúlyozandó, hogy nem kell ténylegesen olyan magatartást folytatnia, amely káros a versenyre, hanem az is elegendő, ha képes a független viselkedésre. Mint az az uniós bíróságok joggyakorlatából is kitűnik, a fúziókontroll célja elsősorban a piac szerkezeti változásainak felügyelete: „[a fúziókontroll] *célja a piaci szerkezetek és nem a vállalkozások magatartásának ellenőrzése*".[902]

Amennyiben egy gazdasági erőfölényben lévő vállalkozás hatékonyabbá válik – ha más tényező nem változik –, akkor a hatékonyságjavulást megelőző állapothoz képest nő a független

---

[901] Vö. 882. lábjegyzet.

[902] Gencor kontra Bizottság (T-102/96. sz. ügy) 314. pont. Vö. még ARD kontra Bizottság (T-158/00. sz. ügy) 192. pont.

viselkedésre való képessége. Ehhez képest más értelmezés nem képzelhető el, ez szükségszerű következmény. Természetesen ez nem érinti azt, hogy e függetlenségével a fogyasztók javára (továbbadja az előnyöket) vagy kárára (nem adja tovább az előnyöket) él-e majd. A fentebbieknek egyenes következménye, hogy a gazdasági erőfölény jogi fogalmával nem egyeztethető össze a hatékonysági védekezés. Ezt az értelmezést alátámasztja az is, hogy egyetlen jogforrás sem tartalmaz arra utalást, hogy egy gazdasági erőfölényt létrehozó vagy megerősítő összefonódás engedélyezhető lenne azért, mert hatékonyságjavulással jár.[903] Hovatovább, erre az uniós és amerikai fúziókontroll történetében sem akad példa. Sem az Európai Bíróságok, sem pedig az Európai Bizottság egy határozatában nem mondta azt még ki, hogy egy gazdasági erőfölényt létrehozó vagy megerősítő

---

[903] Megjegyzendő, hogy a horizontális iránymutatás 84. bekezdése kimondja: „*Igen valószínűtlen, hogy az olyan összefonódás, ami monopóliumhoz közeli piaci helyzetet vagy hasonló mértékű piaci erőt eredményez, a közös piaccal összeegyeztethetőnek nyilvánítható azért, mert a hatékonyságjavulásból eredő előnyök elegendőek lesznek a potenciális versenyellenes hatások ellensúlyozására.*" Ebből *a contrario* arra is lehet következtetni, hogy amennyiben az összefonódás nem teremt monopólium közeli helyzetet, akkor az elviekben a belső piaccal összeegyeztethetővé nyilvánítható lehet ezen az alapon.

összefonódás engedélyezhető lehet ezen az alapon. Álláspontunk szerint ez nem is lenne az előzőekben kifejtettek miatt konzekvens jogértelmezés. Szintén utaltunk rá fent[904], hogy az Európai Bíróság a fogyasztói jólét védelme mellett a versengő piaci szerkezetet is védeni rendeli a versenypolitika útján. Ez szintén alátámasztja, hogy a gazdasági erőfölény létrehozása vagy megerősítése összefonódás útján nem ellensúlyozható hatékonyságjavulással.

A közelmúltban a Törvényszék egy ítéletében részletesen foglalkozott a hatékonyságjavulás kérdésével. A *Ryanair kontra Bizottság* ügyben[905] a peres felek között kérdéses volt, hogy az összefonódást engedélyezni kellett volna-e azért, mert az a káros versenyhatásokat ellensúlyozó hatékonyságjavulással járna. A bíróság részletesen tárgyalta a hatékonyságjavulás bizonyításával kapcsolatos kérdéseket.[906] Az ítélet megelőző bizottsági határozat igen magas piaci részesedésekre alapozva nem tartotta valószínűnek, hogy a hatékonyságjavulás, ha

---

[904] Lásd 87.

[905] Ryanair kontra Bizottság (T-342/07. sz. ügy).

[906] Lásd ibid 386 – 443. pontok.

teljesülnének az iránymutatásban foglalt feltételek, akkor is csak igen jelentős mértékű hatékonyságjavulás esetén lenne képes a hatásos verseny lényeges akadályozásának ellensúlyozására.[907] A Törvényszék, akárcsak az Európai Bizottság, nem tér ki kifejezetten az általunk vizsgált kérdésre. Az ítéletben kifejtettek szerint ugyanakkor az bizonyos, hogy elviekben elképzelhető olyan helyzet, amikor a piaci szerkezetre nézve kedvezőtlen hatású összefonódás a hatékonyságjavulás következtében engedélyezhető lehet.

Végezetül arra is utalni kell, hogy a fúziós reform során a jogszabály megalkotásának története is a fenti értelmezést támasztja alá. Az Európai Bizottság akkori versenypolitikai biztosa egyetértett azzal, hogy legyen lehetőség a hatékonysági védekezésre abban az értelemben, hogy az akár egy gazdasági erőfölényt létrehozó összefonódást is engedélyezhetővé tesz.[908] Később azonban visszaléptek ettől az

---

[907] Ryanair/Aer Lingus (COMP/M.4439. sz. ügy) 1103. bekezdés.

[908] MONTI: *Review of the EC Merger Regulation - Roadmap for the reform project*, 2002. június 4. (Brüsszel)..

egyértelmű megfogalmazástól.[909] Azaz, a jogszabályok történeti értelmezése is azt sugallja, hogy gazdasági erőfölény létrejötte vagy erősítése esetén nem kívánták alkalmazni a hatékonysági védekezést.

---

[909] Lásd pl. LOWE: *The substantive standard for merger control, and the treatment of efficiencies in merger analysis: an EU perspective*, 2002. október 30. (New York).

13.4.2. Káros versenyhatással járó összefonódások esetén a hatékonyságjavulás figyelembevételének korlátai, amennyiben az összefonódás nem hoz létre vagy erősít meg gazdasági erőfölényt

A hatékonyságjavulásnak, mint a piaci hatalmat ellensúlyozó kedvező hatásnak, elsősorban azon esetekben lehet jelentős szerepe, amelyekben nem jönne létre vagy erősödne meg gazdasági erőfölény, de az összefonódás a hatásos versenyt jelentősen akadályozná.[910] Ezen helyzetek esetén a piac szerkezete nem változik annyira károsan, mint amikor gazdasági erőfölénybe kerülne egy vállalkozás. Ez egyben azt is jelenti, hogy a fúziókontroll piaci szerkezetet védő céljával is inkább összhangban lévő helyzetről beszélhetünk. A gazdasági erőfölény tesztről SIEC tesztre váltás lényegében az ilyen helyzetek „kezelésére" történt. A gazdasági erőfölényt el nem érő piaci hatalom esetén is felmerülhetnek káros versenyhatások.

Amennyiben az eljárás során az Európai Bizottság arra a következtetésre jut, hogy olyan káros versenyhatások léphetnek fel, amelyek a hatásos versenyt jelentősen akadályozzák a belső piacon, de

---

[910] Lásd még fentebb 80. és folyt.

gazdasági erőfölény nem jön létre, akkor a vállalkozás bizonyíthatja, hogy a káros versenyhatásokat ellensúlyozzák a hatékonyságjavulásból fakadó előnyök.

Tekintettel arra, hogy ezen esetben nincs gazdasági erőfölény, így az összefonódást követően a vállalkozás nem képes a piac többi szereplőjétől nagymértékben függetlenül viselkedni. Ez azt jelenti, hogy a vállalkozás ki van téve versenynyomásnak, csak éppen az nem vezet ahhoz, hogy a fogyasztói jólét ne csökkenjen. Ilyenkor, ha az összefonódásban részes vállalkozások bizonyítani tudják az egyéb feltételek mellett[911], hogy a hatékonyságjavulás miatt a fogyasztói jólét nem csökken, akkor az kedvezően hat az összefonódás elbírálására. Ez a követelmény teljes mértékben összeegyeztethető a korábbi joggyakorlattal, valamint a fúziós elemzés módszertanával. A hatékonysági védekezést többek az EUMSZ 101. cikk működéséhez hasonlítják. A 101. cikk alkalmazása során először arról kell dönteni, hogy versenykorlátozó-e egy megállapodás, majd ha itt igenlő a válasz, akkor kell megnézni, hogy a 101. cikk (3) bekezdése vagy annak alapján

---

[911] Lásd Horizontális iránymutatás (2004) VII. fejezet és LINDSAY – BERRIDGE: *The EC Merger Regulation: Substantive Issues* (2009) 572 – 854.

hozott másodlagos jogforrások szerint mentesülhet-e? A hatékonysági védekezés esetén is gyakran találkozni hasonló megfontolásokkal, miszerint először megvizsgáljuk, hogy várhatók-e káros versenyhatások, és ha igen, akkor alkalmazzuk a hatékonysági védekezést, mint „mentesülési alapot". Ez azonban nem egyeztethető össze sem a jogszabályok szövegével, sem pedig a jogszabályok és a joggyakorlat fejlődésével.

A Fúziós Rendelet 2. cikk (2) és (3) bekezdései határozzák meg, hogy egy összefonódás mikor egyeztethető össze belső piaccal. Az ennek során figyelembe veendő szempontokat a 2. cikk (1) bekezdése határozza meg. Az utóbbi b) pontjából „nőtte ki magát" a hatékonysági védekezés. A 2. cikk (1) bekezdés b) pontja ugyanis utal arra, hogy figyelembe kell venni a műszaki és gazdasági fejlődést, ha az a fogyasztók számára előnyös, és nem akadályozza a versenyt.[912]

Amennyiben tehát az összefonódás eredményeként nem jön létre vagy erősödik meg gazdasági erőfölény, akkor a versenyelemzés során nem

---

[912] Lásd még LOWE: *The substantive standard for merger control, and the treatment of efficiencies in merger analysis: an EU perspective*, 2002. október 30. (New York).

két, hanem egy lépcsőben vizsgáljuk, hogy várhatók-e a fogyasztók számára káros versenyhatások vagy sem? Amennyiben összességében arra a következtetésre jutunk, hogy nem, akkor engedélyezhető egy összefonódás. Ha viszont arra, hogy káros versenyhatások várhatók, akkor viszont hatósági beavatkozásnak van helye.

Érdemes felidéznünk a Fúziós Rendelet 25. preambulum bekezdését, miszerint a SIEC tesztre váltás oka az volt, hogy *„adott körülmények között, azok az összefonódások, amelyek az összefonódó felek által korábban egymással szemben támasztott versenykényszerek megszüntetését vonják maguk után, és amelyek egyúttal csökkentik a verseny fennmaradó versenytársakra nehezedő nyomását, még az oligopólium tagjai közötti egyeztetés valószínűségének hiányában is a verseny jelentős akadályozásához vezethetnek."* Ha az összefonódást követően a hatékonyságjavulás pl. alacsonyabb árak formájában eljut a fogyasztókhoz, az inkább növeli a fennmaradó versenytársakra nehezedő versenynyomást. Nem olyan helyzetről van tehát szó, amelyre az erőfölény tesztet a jogalkotó kibővítette SIEC teszt formájában.[913]

Ha tehát a fentebbi feltételek teljesülnek, és azokat az összefonódásban részes vállalkozások bizonyítani is tudják, akkor végeredményben a *Williamson* féle érvelés jól szemlélteti a piaci helyzetet, hiszen a versenynyomás következtében csökkenek a piacon az árak és a jóléti növekedés elsősorban a fogyasztók oldalán jelenik meg annak ellenére, hogy a piaci hatalom is nő.

---

[913] Vö. fentebb 90. és folyt.

13.4.3. A hatékonyságjavulás figyelembevétele a Fúziós Rendelet értelmében káros versenyhatásokkal nem járó összefonódások esetében

Az Európai Unió szintjén fúziókontroll csak bizonyos méretű tranzakciók esetén írt elő bejelentési kötelezettséget. Emellett megfigyelhető, hogy a bejelentett összefonódások igen jelentős részét engedélyezik.[914] Ezeknek egyik oka az a vélekedés, hogy amennyiben az összefonódás nem eredményez jelentős piaci hatalmat vagy nem növeli a már meglévőt, akkor nagy valószínűséggel olyan hatékonyságjavuláshoz vezet, amely kedvező a gazdasági verseny szempontjából. Ugyanezen megfontolás az alapja annak, hogy a vertikális és konglomerátum összefonódásokat a fentebb ismertetett okokból[915] lényegesen enyhébben kezeli az Európai Bizottság.

A fúziókontroll során az egyoldalú hatások kezelése tehát azon a megfontoláson nyugszik, hogy mindaddig, amíg nem áll fenn jelentős

---

[914] Aktuális statisztikára lásd http://ec.europa.eu/competition/mergers/statistics.pdf. (Utoljára ellenőrizve: 2011. január 1.)

[915] Lásd fentebb 368.: „Hatékonyságjavulás és a nem-horizontális összefonódások".

piaci erő, addig feltételezzük, hogy az összefonódás hatékonyságjavulással fog járni, erős gazdasági verseny mellett ugyanis akkor van értelme két vállalkozás összefonódásának, ha így a korábbihoz képest kedvezőbb helyzetbe kerül a vállalkozás. Ennek az elvnek a kikényszerítését pedig a gazdasági versenyre bízzuk. Természetesen az élénk verseny még nem jelzi pl. a gazdasági erőfölény hiányát[916], így a mostani megállapításaink arra vonatkoznak, amikor nem áll fenn jelentős piaci erő.

13.5. Összegzés

---

[916] Lásd pl. Hoffmann-La Roche (85/76. sz. ügy) 70. pont, General Electric (T-210/01. sz. ügy) 117. pont és France Telecom (T-340/03. sz. ügy) 101. pont: *„Még az adott piacon fennálló, akár élénk verseny sem zárja ki, hogy e piacon erőfölény álljon fenn, amely elsősorban azzal jellemezhető, hogy lehetővé teszi a vállalkozás számára olyan magatartás folytatását, amely piaci stratégiájában nincs tekintettel e versenyre, anélkül azonban, hogy ebből káros hatások érnék [...] Vagyis a verseny esetleges fennállása a piacon valóban releváns körülmény az erőfölény meglétének értékelése szempontjából, ám e tekintetben önmagában nem meghatározó körülmény."*

A korábbiakban láthattuk, hogy az összefonódások során a klasszikus értelemben vett hatékonysági védekezés nem létezik az uniós versenyjogban. Nem lehetséges tehát, hogy egy gazdasági erőfölényt létrehozó vagy megerősítő összefonódást engedélyezzen az Európai Bizottság azon az alapon, hogy az jelentős hatékonyságjavulással fog járni. Erre a két legjelentősebb ok az alábbi. Egyrészt az uniós versenyjog Európai Bíróság által követett értelmezése erre nem ad lehetőséget, másrészt erősebb az a vélelem, hogy a hosszú távú hatással járó strukturális káros hatás (gazdasági erőfölény létrejötte, megerősödése) károsabb, mint a biztosan csak rövid távon bekövetkező fogyasztóknál jelentkező előny. A fentebb vázolt megközelítési mód a választható versenypolitikai megoldások közül nemcsak, hogy az uniós bíróságok joggyakorlatával összeegyeztethető, hanem nagymértékben tükrözi a harvardi és ordoliberális iskola eredményeiből kinövő fúziókontroll hagyományait is.[917] Az oligopol elméletek egyértelmű tanulsága, hogy a piaci koncentráció igenis

---

[917] Lásd pl. HOVENKAMP: *Federal Antitrust Policy: The Law of Competition and Its Practice* (2005) 219 – 221.

számít.[918] Ennek pedig a jelenlegi kétpilléres értékelés kellő hangsúlyt ad.

Tekintettel a gazdasági verseny működési elveire, megállapítható, hogy amennyiben nem jön létre vagy erősödik meg gazdasági erőfölény, a hatékonyságjavulás ellensúlyozhatja az összefonódással járó esetleges káros versenyhatásokat, de ezeket a vállalkozásoknak kell tudniuk bizonyítaniuk. E tekintetben különbség figyelhető meg aközött, hogy horizontális vagy nem horizontális összefonódásokról van szó. Előbbi esetben a rendkívül nehéz bizonyítani a hatékonyságjavulás oly mértékét és valószínűségét, amely eleget tesz az Európai Bizottság horizontális iránymutatásában megfogalmazott és a Törvényszék által a *Ryanair kontra Bizottság* ügyben[919] részletesen elemzett feltételeknek. A nem horizontális összefonódások esetében azonban jelentős hatással van erre a kérdésre is az a vélekedés, hogy azok elsősorban hatékonyságjavulással járnak. Ez esetben tehát bár a

---

[918] Lásd még BAKER – SHAPIRO: *Reinvigorating Horizontal Merger Enforcement.* In PITOFSKY: How the Chicago School Overhsot The Mark - The Effect of Conservative Economic Analysis on U.S. Antitrust. (Oxford University Press, New York, 2008) 252 – 253.

[919] Ryanair kontra Bizottság (T-342/07. sz. ügy).

bizonyítandó kérdések ugyan azok, mint a horizontális összefonódások esetében, bizonyítási kötelezettség könnyebben teljesíthető.

Záró gondolatok

"A közösségi szintű fúziókontroll sem nem szintézise, sem nem a legkisebb közös többszöröse a nemzeti fúziókontroll szabályozásoknak. Az az önálló közösségi versenypolitikából fejlődött ki és sajátos [uniós] célokat valósít meg."[920] A disszertáció nyitó gondolatával kezdem annak lezárását is. Az Európai Unióban a fúziókontroll kialakulása szorosan kapcsolódik annak sajátos, tagállami kompromisszumok, valamint az uniós versenyjog Európai Bíróság által alapvetően meghatározott fejlődéséhez. A hosszas politikai kompromisszumképtelenséget követően 1989-ben fogadták el a tagállamok az első fúziós rendeletet. Ekkor kompromisszumra lényegében már csak két alapvető jelentőségű kérdésben volt szükség. Az első a tagállamok és az akkori EGK közötti hatáskörmegosztás.[921] A második, a fúziós teszt tartalma. Az első bizottsági javaslattól az 1989-es szövegig számos tervezet készült, amelyek a végül elfogadott

---

[920] LEHNER, et al.: *Key questions of Community merger control and their economic background.* 49.

[921] Ezt a kérdést a disszertáció nem tárgyalja részletesen. Lásd részletesen pl. KOCH: *Fundamentals of European Merger Control.* 1904 – 1910.

szöveget leszámítva, szinte kivétel nélkül tartalmaztak utalást arra, hogy a fúziókontroll eljárás során az Európai Bizottságnak iparpolitikai szempontokat is figyelembe kell vennie az összefonódások elbírálása során. Végül az ún. erőfölény teszt győzedelmeskedett, amely egyben a versenyszempontok kizárólagosságát is biztosította.

Az 1989-es fúziós rendelet[922] tartalmazott azért a 2. cikk (1) bekezdésében olyan megfogalmazást, ami az iparpolitika szolgálatába állítható lett volna, de a versenypolitikáért felelős biztosok következetesen kiálltak amellett, hogy az eljárás nem szolgálhat iparpolitikai szempontokat. Természetesen egy-egy tiltó határozat esetén az Egyesült Államokban mind a kormányzat, mind a tudomány képviselői felemelték a hangjukat. Tipikus érvük volt az iparpolitikai vád. Meggyőző bizonyítékokat rendszerint nem tudtak azonban a nyilvánosság elé tárni. Sokkal inkább megfigyelhető volt az, hogy a két jogrendszerben más szintre helyezték a hangsúlyt a tekintetben, hogy egy összefonódást követően mikor sérül a verseny.

---

[922] Fúziós Rendelet (1989).

Azt követően, hogy elfogadták a fúziós rendeletet, az iparpolitika kontra verseny vitáról a hangsúly fokozatosan áthelyeződött a gazdasági erőfölény teszt kontra SLC teszt vitára. A gazdasági erőfölény teszt és az SLC teszt közötti lényegi különbség abban ragadható meg, hogy az előbbi bizonyos strukturális vélelmeket állít fel a hatásos versenyt biztosító piacszerkezet kapcsán. Ehhez képest az SLC teszt inkább a végső fogyasztók legfeljebb középtávú jólétnövekedését vagy csökkenését ragadja meg. A majd 14 éves bizottsági gyakorlat és az Európai Bíróság joggyakorlata alapján 2004-re egy továbbfejlesztett fúziós tesztet fogadtak el a tagállamok a SIEC teszt formájában. Ez a strukturális vélelmek megőrzése mellett több lehetőséget ad az SLC teszt előnyeinek kihasználására.

Az EGK-ban, majd később az Európai Unióban a fúziós teszt az uniós versenyjog fejlődésének szerves következménye. Az Egyesült Államokban a fúziós szabályozás tekintetében lényegében több korszak volt megfigyelhető. Ezzel ellentétben, az Európai Unióban a fúziós teszt a korábbi joggyakorlatból fejlődött ki és máig megmaradt az azzal egységes értelmezés. Ennek jó példája az, hogy a gazdasági erőfölény fogalmát mind a fúziókontroll, mind az EUMSZ 102. cikke esetében is azonos tartalommal bír.

A fúziós rendelet 1989-es elfogadását követően ugyanakkor az uniós versenyjog új fejezetet is nyitott. Az első pár évben az Európai Bizottság elé 50-60 ügy került évente, azonban ezt követően évente 100-400 közötti bejelentett összefonódást kellett megítélni. Ez ahhoz vezetett, hogy az eljárások során az Európai Bizottság igen jelentős tapasztalatra tett szert, és folyamatosan finomította joggyakorlatát.

Az egyoldalú-, és az egyeztetett hatások fogalma egy viszonylag új terminológia, amely lényegében a 2004-ben megújított fúziós rendeletet[923] követően került be a „hivatalos terminológiába". Az Európai Bizottság 2004-re egy hosszú reformfolyamatot követően felhasználta a közgazdaságtudomány legújabb vívmányait és azokat a joggyakorlatra vonatkoztatva átültette iránymutatásaiba. A fúziókontroll területén ennek két nyilvánvaló példája a horizontális[924] és a nem-horizontális iránymutatás[925].

---

[923] Tanács 139/2004/EK rendelete (2004. január 20.) a vállalkozások közötti összefonódások ellenőrzéséről HL ibid HU.ES fejezet 08 kötet 03 40. o.

[924] Horizontális iránymutatás (2004).

[925] Nem horizontális iránymutatás (2008).

Az összesen több mint 4500 összefonódás iránti engedélyezési kérelem elbírálása során az Európai Bizottságnak lehetősége volt arra, hogy a tradicionális, klasszikus eszközök mellett a közgazdaságtudomány legújabb eszközeit is kipróbálja annak eldöntése érdekében, hogy egy összefonódás versenyre káros hatással jár-e, illetve, hogy gazdasági erőfölényt hoz-e létre vagy erősít meg.

A klasszikus eszközök mint a piaci részesedések vagy a koncentráció szintjének vizsgálata továbbra is elsődleges szereppel bír annak meghatározásakor, hogy egy összefonódás engedélyezhető-e a fúziós rendelet alapján. Ennek okai egyrészt az eszközök alkalmasságában, másrészt abban keresendők, hogy lényegében az uniós bíróságok joggyakorlata jelenleg megköveteli ezek alkalmazását.

A klasszikus eszközök mellett idővel teret nyertek azon módszerek, amelyekkel elméletben akár egészen pontosan is meghatározható lehet egy összefonódás fogyasztókra gyakorolt rövid- vagy akár középtávú hatása. Ugyanakkor az eddig előforduló esetek alapján megfigyelhető, hogy az új módszereket az Európai Bizottság elsősorban arra használja, hogy alátámassza a klasszikus módszerekkel levont következtetéseit. Azaz, lényegében „fontolva halad", teszteli a lehetséges határokat, és ellenőrzi a klasszikus módszerek alkalmazhatóságának gyakorlati határait.

Az uniós bíróságok a közgazdasági érvek kapcsán széles jogkört hagytak az Európai Bizottságnak, arra hivatkozván, hogy az a mérlegelési jogkörbe tartozik. A közgazdaságtudomány eredményei alkalmazásának széles körű elterjedése azonban a szakirodalomban is egyre inkább a figyelem középpontjába kerül a bírósági felülvizsgálat szempontjából.[926] Az eddigi tapasztalatok alapján úgy tűnik, az uniós bíróságoknak nem okoz különösebb gondot a közgazdasági érvek és eszközök szélesebb körű bizottsági alkalmazása. E tekintetben, egy közelmúltbeli ügyben a Törvényszék részletesen mérlegelte a felhozott

---

[926] Lásd pl. LIANOS: *'Judging' Economists: Economic Expertise in Competition Law Litigation: A European View*. In LIANOS – KOKKORIS: The Reform of EC Competition Law: New Challanges. (Kluwer Law International, Alphen Aan Den Rijn, 2010); CAFFARRA – WALKER: *An Exploration into the use of Economics before Courts in Europe* (2010) 1 Journal of European Competition Law Practice ; vagy BOTTEMAN *Mergers, Standard of Proof and Expert Economic Evidence* (2006).

érveket, és megvizsgálta az Európai Bizottság által használt eszközöket.[927]

A SIEC teszt lehetőséget adott arra, hogy megőrizve a korábbi joggyakorlatot az Európai Bizottság a gazdasági erőfölényt létre nem hozó vagy meg nem erősítő összefonódások kapcsán új versenyelméleteket teszteljen annak érdekében, hogy megállapítsa, az adott ügyben a feltételezett versenyre káros hatások valóban jogos feltételezések-e? Valóban jár-e káros versenyhatással az összefonódás?

A joggyakorlat vizsgálata alapján levonható az a következtetés, hogy a SIEC teszt nem azonosítható az SLC teszttel. Az is nyilvánvaló, hogy tekintettel a fúziós rendelet egyértelmű megfogalmazására, miszerint a hatásos verseny jelentős akadályozása fogalmat úgy kell értelmezni, mint amely az erőfölény fogalmán túl csak az összefonódásnak azon vállalkozások nem egyeztetett magatartásából eredő versenyellenes hatásaira terjed ki, amelyek nem rendelkeznének erőfölényes helyzettel az érintett piacon. Ebből azonban következik az a

---

[927] Lásd Ryanair kontra Bizottság (T-342/07. sz. ügy).

megállapítás is, hogy a gazdasági erőfölény létrehozása vagy megerősítése „csak" egy, a lehetséges versenyellenes hatások közül.

A SIEC teszt úgy változtatta meg a fúziós tesztet, hogy kibővítette a tilalom körét. Ez azt jelenti, hogy mind a gazdasági erőfölény létrehozása vagy megerősítése, mind a hatásos verseny jelentős akadályozásának egyéb módjai is tiltottak. Ezzel jelentősen elmozdult a jogfejlődés a korábbi bizonytalan helyzettől, amikor is a korábban hatályos fúziós rendelet alapján úgy tűnik a második pillér lényegében nem bírt különösebb jelentős szereppel.

A két tényleges pillér jól tükrözi az uniós versenyjog szerves fejlődését. A gazdasági erőfölény létrehozása vagy megerősítése, mint önálló káros versenyhatás megőrizte az európai versenyjog azon értékét, miszerint a piac versenyző szerkezetének fenntartása önmagában védendő érték, amely segíti hatásos verseny fenntartását. Éppen a disszertáció leadását megelőzően nyilatkozta Almunia versenypolitikai biztos azt, hogy a fúziókontroll esetén a *„megelőzés jobb, mint az* *orvosság*".[928] A gazdasági erőfölényt létrehozó vagy megerősítő összefonódásokon túlmenően a másik pillér kapcsán lehetőség van arra, hogy kizárólag a fogyasztók számára káros versenyhatásokat értékelje az Európai Bizottság. A hatásos verseny jelentős akadályozása feltétel tehát lehetővé teszi, hogy az Európai Bizottság a fogyasztók számára káros versenyhatásokat értékelje. Az uniós jogfejlődés során így először van arra lehetőség, hogy a hatékonysági védekezés valós és reális lehetőség legyen a fúziókontroll eljárásban, amennyiben a strukturális hatások nem olyan erősek, hogy a várt hatékonyságjavulásból származó előnyöket „felülírják".

---

[928] SPEECH/11/96 ALMUNIA: *Taking stock and looking forward: a year at the helm of EU competition.* Párizs, 2011. február 11.

Tézisek

Az uniós versenyjog gyökerei az ESZAK-EGK-Euratom szerződéseket megelőző időre nyúlnak vissza. Különösen jelentős hatása volt a későbbi jogfejlődésre az ordoliberalista vagy Freiburgi-iskola kialakulásának. Az iskola képviselői a versenyjogra, többek között mint a gazdasági hatalom szétaprózásának eszközére tekintettek. Jelentős veszélyeket rejt ugyanis a túlságosan nagy *magán gazdasági hatalom létrejöttét engedélyező* és az azzal való visszaélését *elnéző* jog hiánya. Ebből a gondolkodásból könnyen levezethető a fúziókontroll alapvető jellemzője, nevezetesen a káros piaci struktúrák létrejöttének és az azzal való visszaélés megakadályozására való törekvés.

Az ESZAK Szerződés kidolgozása során a versenyszabályok, így különösen az acél- és széniparra irányadó fúziós szabályok jelentős vitákat eredményeztek. Németország az iparág koncentrációjában volt érdekelt, a későbbi alapító tagállamok fennmaradó része pedig ennek az ellenkezőjében. Végül a kérdés rendeződését követően megszületett Európában az első olyan versenytörvény, amely fúziókontrollra vonatkozó szabályokat tartalmazott.

Az ESZAK Szerződéssel ellentétben az EGK Szerződés nem tartalmazott fúziókontrollra vonatkozó szabályokat. Ez tudatos döntés kellett legyen, okai azonban nem teljesen világosak. Közvetett források alapján négy ok rajzolódik ki, melyek a következők: az iparpolitikai szempontok fontossága; később kívánták rendezni másodlagos jogforrásokban a kérdést; a tagállamok nem kívánták átruházni a hatáskört az összes iparág vonatkozásában; vagy egyáltalán nem tartották fontosnak a fúziókontroll kérdését és így annak rendezését a keretszerződésben.

Az Európai Bizottság tisztviselői már 1965-ben jogi szabályozás bevezetésén gondolkodtak, azonban csak 1973-ra jutott el odáig, hogy tényleges normaszöveg tervezettel álljon elő. Ezt követően számtalan módosítással, 1989-ben sikerült elfogadni a tanácsi rendeletet.

A rendelet elfogadását közvetlenül megelőzően a tervezetekben a tiszta versenyteszt és az iparpolitikai szempontok váltakozva jelentek meg. Az elfogadott szöveg végül is az előbbi kategóriába tartozó gazdasági erőfölény tesztet tartalmazta. A rendelet elfogadását követően az Európai Bizottság egyértelművé tette, hogy a fúziós teszt alkalmazása során szó sem lehet iparpolitikai igények érvényesítéséről.

Ezzel a szupranacionális szintű fúziókontrollra irányadó szabályozás az Európai Unióban kizárta azt, hogy iparpolitikai vagy egyéb szakpolitikai szempontok kifejezett és hangsúlyos szerepet nyerjenek a rendelet alkalmazása során.

A Fúziós Rendeletben (1989) megjelenő erőfölény teszt két pillérre épült. Az összefonódásnak a gazdasági erőfölény létrejötte, vagy megerősödése mellett a hatásos versenyt is jelentősen korlátoznia kellett ahhoz, hogy az Európai Bizottság megtiltsa azt. A fúziós teszt utóbbi pillérét azonban az első pillér teljesülése esetén az Európai Bizottság gyakorlatilag automatikusan vélelmezte. Bár a Törvényszék gyakorlata alapján zavaros kép bontakozik ki a második pillér szerepe kapcsán, az Európai Bíróság ítéletei alapján megállapítható, hogy a második pillér jelentősége lényegében abban merült ki, hogy az biztosította az erőfölény és a hatásos versenyre nézve káros eredmények közötti okozati összefüggés és egy ún. de minimis szabály érvényesülését. Ez utóbbi azt jelenti, hogy a hatásos versenyre érzékelhető hatással nem járó összefonódások nem voltak tiltottak. Az Európai Bíróság joggyakorlata egyértelműen kimondja azt is, hogy amennyiben egy vállalkozás gazdasági erőfölényben van, akkor ebből eredően szükségszerűen képes akadályozni, korlátozni a hatásos versenyt. A gyakorlatban ez azt jelentette, hogy az Európai Bizottság gazdasági erőfölény létrejötte vagy megerősödése esetén lényegében automatikusan vélelmezte a második pillér feltételeinek teljesülését. Az a gazdasági erőfölény fogalmából eredő inherens következmény.

A gazdasági erőfölény teszt az Európai Bíróság értelmezését alapulva kellően rugalmasnak bizonyult ahhoz, hogy a hatásos verseny korlátozását megakadályozza az Európai Bizottság. 2004-ben a 139/2004/EK tanácsi rendelet (Fúziós Rendelet) bevezette a SIEC tesztet. A Fúziós Rendeletbe (1989) foglalt erőfölény tesztben a két pillér szerepe eltérő volt, mint a ma hatályos SIEC teszt esetén. Szemben a fentebb kifejtett önálló szereppel, a SIEC teszt alatt a gazdasági erőfölény létrehozása vagy megerősítése a hatásos verseny korlátozásának mindössze egyik, jóllehet leggyakoribb formája.

A SIEC teszt felfelé nem nyitott, csak lefelé. Ez alatt azt értem, hogy a SIEC teszt alapján gazdasági erőfölényt létrehozó vagy megerősítő összefonódás nem engedélyezhető. Megtiltható viszont a gazdasági erőfölényt létre nem hozó, valamint meg nem erősítő összefonódás, ha az a hatásos versenyt a piacon jelentősen akadályozza.

A SIEC teszt azonban nem csak a gazdasági erőfölény teszttől különbözik markánsan, hanem pl. az USA-ban alkalmazott SLC teszttől is. A kettő közötti eltérés lényege a hatásos verseny és a hatékony verseny közötti különbségre, valamint a gazdasági erőfölény fogalmára vezethető vissza. A hatásos verseny és a hatékony verseny között nem tehető egyenlőségjel, a fogyasztók szempontjából ugyanis lehet hatékony rövid távon a piaci verseny, pl. mert jelentősen alacsonyabb árak érvényesülnek. A hatásos verseny azonban ennél többet jelent, nevezetesen olyan piaci szerkezet fenntartását, amely hosszú távon is biztosítja a fogyasztói jólét védelmét. A hangsúly itt tehát elsősorban a piaci szerkezet felé tolódik, míg a hatékony verseny esetén a fogyasztói jólét vizsgálata kerül előtérbe. A második lényegi eltérés, hogy a SIEC teszt gazdasági erőfölény létrehozása vagy megerősítése esetén megdönthetetlenül vélelmezi a hatásos verseny jelentős akadályozását, azaz az összefonódást meg kell tiltani. Ez alól az egyetlen, a jog által is elfogadott kivétel az elbukó vállalkozások esete.

A szakirodalom öt olyan helyzetet azonosított, amelyeket a gazdasági erőfölény teszt nem biztos, hogy megfelelően tudott kezelni: (i) ha differenciált termékpiacon közeli versenytársak közötti összefonódásról volt szó; (ii) ha a piaci szereplők száma háromról kettőre csökken, de az összefonódásban nem részes fél jelentős mértékben piacvezető és nem valószínű, hogy közös gazdasági erőfölény jött volna létre; (iii) ha az összefonódásban részt vevőknek alacsony a piaci részesedése az összes eladáshoz vagy kapacitáshoz viszonyítva, de a versenytársak kibocsátása korlátozott; (iv) ha alacsony piaci részesedés mellett az összefonódásban részt vevők képesek „mindent vagy semmit" ajánlatot tenni; (v) végezetül ha egy ún. saját útját járó vállalkozást érintett az összefonódás.

A szakirodalomban azonosított érvek azonban nem, vagy alig állják meg a helyüket. A váltás a gazdasági erőfölény tesztről a SIEC tesztre tehát véleményem szerint nem volt szükséges. A váltás szükségessége mellett felhozott esetek, egyike sem olyan, amely a gazdasági erőfölény teszt alapján ne lett volna adott esetben megtiltható. A váltás ugyanakkor számos pozitív hatással járt.

A SIEC teszt elfogadását követően a korábbi kétpilléres fúziós teszt lényegében egy pilléressé olvadt, ugyanakkor az még várat magára, hogy vajon az Európai Bíróság leválasztja-e a hatásos verseny jelentős akadályozásának fogalmát a gazdasági erőfölény fogalmáról. Ez alatt azt kell érteni, hogy vajon más tartalmat ad-e a gazdasági erőfölény fogalmának a két esetben? Álláspontom szerint ez nem valószínű, tekintettel arra, hogy az Európai Bíróság eddig is konzisztensen értelmezte az EUMSZ 102. cikkébe és a Fúziós Rendeletben található gazdasági erőfölény fogalmat. Ugyanakkor mivel már nem csak a gazdasági erőfölény létrejövetele vagy megerősítése esetén tiltható meg egyoldalú hatások miatt egy összefonódás, így a gazdasági erőfölény mércéje szigorítható lehet. Egyelőre erre utaló joggyakorlat nem látszik kialakulóban.

A piaci hatalom a versenypolitika és különösen a fúziós tesztek központi kérdése. A vállalkozások azon magatartásai, amelyek nem hoznak létre piaci hatalmat, vagy nem a piaci hatalommal történő visszaélések, ideális esetben a versenyjog megítélési körén kívül esnek. A fúziókontroll esetében sincs ez másként, amennyiben azt az államok, vagy a mi esetünkben az Európai Unió, a rendeltetésüknek megfelelően alkalmazzák. Végső soron a fúziókontroll célja a modern versenyjogokban a versenyhatóságok szerint a fogyasztói jólét maximalizálása a versengő piaci szerkezet fenntartása útján, tehát annak megakadályozása, hogy olyan piaci hatalom jöjjön létre, amelyet a jövőben a fogyasztói jólét kárára képes kiaknázni a létrejövő entitás. Aláhúzandó, hogy a cél nem a fogyasztói jólét maximalizálása, hanem a versengő piaci szerkezet fenntartása útján ennek elérése. Az Európai Bíróság a közelmúltban több jelentős ügyben is hangsúlyozta, hogy az EUMSZ versenyszabályainak célja többes, így a közvetlen fogyasztói érdekek védelme mellett a versenyszabályok védelemben részesítik a versenytársakat, valamint a piac szerkezetét és ezáltal magát a piaci versenyt is.

A tökéletes verseny és a monopóliumokkal jellemzett piacok a való életben viszonylag ritkák. Ezzel szemben gyakran figyelhetünk meg oligopol piacokat. Az oligopóliumok, illetve az így jellemezhető piacszerkezet tárgyalása a modern versenypolitika központi kérdése a fúziókontrollban.

Ha elfogadjuk premisszának, hogy a káros versenyhatással járó magatartás kifejtéséhez jelentős piaci hatalom szükséges, akkor az egyedüli piaci hatalom kifejtése mellett további szóba jöhető alternatíva, amikor kevés szereplő együttesen bír piaci hatalommal. Sokszereplős piacokon, egyedüli piaci hatalom hiányában, jellemzően tartós versenyprobléma nem állhat fenn a piacok megfelelő működése esetén.

A 2004-re kiteljesedő fúziós reformmal jelent meg a hivatalos fogalomhasználatban az ún. egyoldalú hatások fogalma. A fúziókontroll kapcsán elterjedő fogalom, ugyanakkor nem váltotta fel a gazdasági erőfölény fogalmának használatát, a két fogalom között ugyanis jelentős érdemi eltérés figyelhető meg. A gyakorlatban az összefonódások vizsgálatakor három alapvető helyzetet különböztetünk meg. Egyrészt az ún. egyoldalú hatásokon belül különbséget teszünk azon összefonódások között, amelyek gazdasági erőfölényt hoznak létre vagy erősítenek meg, másrészt azok között, amelyek oligopol piacokon lehetőséget adnak egyoldalú, nem jelentéktelen áremelésre. A harmadik helyzet pedig, amikor oligopol piacon a piaci szereplők magatartása a többi szereplő magatartásától függ, és magatartásukkal a többiek magatartását befolyásolni kívánják a vállalkozások.

Minden vállalkozás bír valamilyen szintű piaci hatalommal. A mérce a tökéletes verseny esetén érvényesülő (verseny)ár, amely a valóságban szinte sosem fordul elő. A piaci hatalomnak így jelentősnek és tartósnak kell lennie ahhoz, hogy a versenypolitika látókörébe kerüljön. Elképzelhető, hogy egy vállalkozás önmaga jelentős piaci hatalomra tesz szert, vagy pedig a vállalkozások közösen tesznek szert jelentős piaci hatalomra. A versenyjog nemcsak az egyedüli, hanem a közös jelentős piaci hatalom ellen is fellép. Amikor egyedüli jelentős piaci hatalom jönne létre egy összefonódás következtében, akkor azt egyoldalú vagy nem egyeztetett hatásoknak nevezzük, amikor több vállalkozás közös jelentős piaci hatalma jönne létre, amellyel való élés a piac többi szereplőjének magatartásától függ, akkor azt egyeztetett hatásnak hívjuk.

Egy piac elemzésekor alapvető jelentősége van annak, hogy azon milyen jellegű verseny folyik. Eltérő ugyanis a piaci kimenet például ha a vállalkozások a piaci tevékenységük során a termékek árát határozzák meg első lépésben vagy ha a megtermelt mennyiséget. Hasonlóan nagy jelentősége van annak, hogy az érintett termékek egymáshoz képest homogének vagy a piacon jelentős a termékdifferenciálás. Az egyes piacok elemzésének ún. oligopólium modellekkel adhatunk keretet.

A piacokon elsősorban az jellemző, hogy minden piaci szereplőnek van valamilyen mértékű piaci hatalma, ezért a piaci ár, hacsak nem érvényesül valamilyen különleges körülmény, valahol a versenyár és a monopolár között lesz. Amennyiben a versenyfolyamat jól működik, akkor az korrigálja az egyes vállalkozások egyéni piaci hatalmát, így a társadalom számára nem jelent különösebb aggodalomra okot adó körülményt.

A versenyjogi szabályok végrehajtása során a versenyhatóságok különböző módszereket alkalmaznak a piaci hatalom mérésére. A piaci hatalom mérhető közvetlenül és közvetve. Ha ismernénk a keresleti rugalmasságot, amellyel egy vállalkozás szembesül, akkor a Lerner-index felhasználásával közvetlenül tudnánk mérni a piaci hatalmat, és nem kellene az érintett piac meghatározásával és a piaci részesedésekkel foglalkoznunk. Az összefonódások esetében egyre gyakoribb a piaci hatalom közvetlen megközelítő mérése, mégis túlnyomórészt a közvetett eszközöket használjuk a mindennapi gyakorlatban.

Az alábbiakban rövid felsorolásszerű tézisekben ismertetjük az egyes közvetlen és közvetett módszereket és a legfontosabb következtetéseket.

A piaci hatalom közvetett mérésének alapjául a versenyjogban elsősorban az érintett piac szolgál, pontosabban az érintett piacon fennálló piaci részesedés. Az úgymond hagyományos megközelítés szerint az alábbi módszertant követi a versenyelemzés. Először meg kell határozni az érintett piaco(ka)t, majd kiszámolni a piaci részesedéseket, és aztán elvégezni a versenyelemzést, hogy vajon az összefonódás után felmerül-e várhatóan versenyprobléma, különösen figyelembe véve az összefonódás utáni piaci részesedéseket.

A piaci hatalom közvetett mérésére a versenyjogban többek között a piaci részesedések szolgálnak. A piaci részesedés az egészen elenyészőtől a 100%-os piaci részesedésig terjedhet. Paradox módon, mint látni fogjuk, még 100%-os piaci részesedés sem jelent feltétlen piaci hatalmat, nem jelenti azt, hogy közgazdasági értelemben véve monopóliumról beszélhetnénk. Ugyanakkor a rendkívül alacsony részesedés biztosan nem jelent versenyjogilag kifogásolható piaci hatalmat. A piaci részesedések alkalmazása önmagában szinte törvényszerűen első és második fajú hibákhoz vezetnek, azaz lehetnek olyan összefonódások, amelyek esetén szükséges lenne beavatkozni, de nem történik meg, illetve fordítva, amelyeknél nem kellene, de az megtörténik.

A Fúziós Rendelet egy explicit és egy implicit vélelemmel él a piaci részesedések vonatkozásában. 25%-os piaci részesedés alatt gyakorlatilag vélelmezhető, hogy nem jön létre gazdasági erőfölény, továbbá nem akadályozza az összefonódás a hatásos versenyt. Az implicit vélelem a gazdasági erőfölény létrehozására történő utalásban található. Az uniós bíróságok viszonylag egységes gyakorlata szerint 50%-os piaci részesedés felett vélelmezhető a gazdasági erőfölény fennállta. Az Európai Bizottság azt a tényt, hogy a 25%-os piaci részesedési vélelemmel szemben a Fúziós Rendelet (1989) nem tartalmazott és nem tartalmaz pozitív vélelmet a gazdasági erőfölény létrejöttére, a kezdetektől úgy értelmezte, hogy ez széles mozgásteret biztosít számára. A gyakorlata természetesen az Európai Bíróság – részben a gazdasági erőfölénnyel való visszaélést tiltó mai EUMSZ 102. cikkének – esetjogára épült.

Az érintett piacon a piaci részesedések meghatározása több módszertan alapján történhet. A módszertan az érintett piac jellegzetességeitől függően változhat. A módszerek közötti lényeges különbségtétel, hogy a piaci részesedéseket a piaci egyensúlyi helyzet (pl. bevétel, termelés) vagy a szerkezeti tényezők (pl. birtokolt eszközök, termelői kapacitás, tartalékok) alapján rendeljük a vállalkozásokhoz. Ennek igazi jelentőségét az SVT-modellbe helyezve érthetjük meg. A gyakorlatban a piaci egyensúlyi helyzetet meghatározó tényezők azok, amelyeket leginkább alkalmaznak, amelyek pedig a piaci teljesítményből eredő tényezők. A kettő módszer által adott eredmény között lényeges eltérés lehetséges, amelynek oka, hogy a strukturális tényezőkből eredő piaci részesedések alapján gyakorolt piaci hatalom könnyen megváltoztathatja a teljesítmény alapján számolt részesedéseket. Érdemes kiemelni, hogy a mivel a fúziókontroll esetében jövőbe tekintő elemzésről van szó, így minden esetben alaposan megfontolandó a kapacitás alapján számolt piaci részesedés figyelembevétele, ugyanis ez legtöbb esetben viszonylag könnyen megfigyelhető, továbbá a kapacitásbővítés és a kapacitások lekötöttsége a legtöbb esetben jó időre előre számolható.

A piaci részesedések önmagukban csak jelzésértékűek, és más tényezőkkel együttesen célszerű csak végkövetkeztetéseket levonni a piaci hatalom vonatkozásában. Hacsak nincs tökéletes egyeztetés a piaci szereplők között, akkor a piaci részesedés növekedése a piaci hatalom növekedését is jelenti. (Tökéletes egyeztetés esetén a piaci részesedések növekedése nem jelenti feltétlenül a piaci hatalom növekedését is, hiszen az egyeztetésnek köszönhetően azok bizonyosan nem tükrözték a tényleges piaci hatalmát az egyes vállalkozásoknak.) Megállapítható továbbá, hogy magas piaci részesedésekkel bíró vállalkozások esetében jelentős szinergiákat, vagy méretgazdaságossági előnyöket kell ahhoz elérni, hogy csökkenjen az összefonódás után az ár. A közösségi fúziókontroll kezdeti időszakában a piaci részesedések mértéke tekintetében az Európai Bizottság az első kritikus pontot 40%-os összefonódás utáni piaci részesedésnél látta. A második kritikus pontot pedig 60%-nál, de hangsúlyozta, hogy még e felett sem várható automatikus tiltó határozat. A kezdeti 40-50% körüli piaci részesedések, mint kritikus mező, azonban idővel elolvadtak és az Európai Bizottság néha már egészen alacsony piaci részesedés mellett is megállapított egyedüli gazdasági erőfölényt összefonódásos ügyekben. Már ideje korán nyilvánvaló volt, hogy az 50%-os piaci részesedéssel kapcsolatos bírósági joggyakorlatban rögzített vélelem nem jelent az 50%-os piaci részesedés alatt biztonságot. Az uniós bíróságok következetesen tartják magukat az 50%-os piaci vélelem érvényesüléséhez.

A piaci koncentráció ismerete az érintett piacon hasznosabb, mint a piaci részesedések önmagukban, azonban logikailag az utóbbiból számítható ki az előbbi. A koncentráció mértéke az adott piacon önmagában nem elegendő egy összefonódás megítélésére, mivel egyéb tényezőknek is jelentős a szerepe. A koncentrációs mutatók és a piaci hatalom közötti egyértelmű összefüggés erősen megkérdőjelezhető. Mindazonáltal megfelelő feltételek esetén jó kiindulási alapként szolgálhatnak, illetve viszonylag jól használhatók a piaci hatalom hiányának jelzésére.

A piaci koncentráció mérésének és gyakorlati alkalmazásának jelentőségét az ún. harvardi-iskola által előszeretettel *SVT-modellként* illusztrált koncepcióban, melynek alapelemeit Mason és Bain fejlesztették ki, értelmezhetjük. Az SVT-modell a struktúra-viselkedés-teljesítmény hármas koncepcióján alapul, miszerint egy piac szerkezete, struktúrája meghatározza a piacon szereplő vállalkozások viselkedését, az pedig a piac teljesítményét. Érdemes felhívni a figyelmet a logikai kapcsolatra, a piaci szerkezetéből lehetséges következtetni a piac teljesítményére. Bár az SVT-modell több tekintetben továbbfejlesztésre szorult, a modern versenyjogi elemzéseknek még mindig alapvető elemét képezi. Sőt, a fúziókontroll létének ez a modell az alapja. Az SVT-modell eleinte bizonyíthatóan igen meghatározó volt az Európai Bizottság gondolkodásában.

Sokan úgy vélik, hogy a magas nyereség a monopólium vagy alacsony szintű verseny, a normális nyereség a verseny, míg a veszteség a túlzásba vitt verseny jele. A harvardi-iskola képviselői szerint a magas nyereség a piac rossz teljesítményének jelzője. Ez azonban alapvetően téves megközelítésnek bizonyult a gyakorlatban, annak ellenére, hogy egyes versenyhatóságok gyakorlatában ez még ma is meg-megjelenik. Ugyanakkor a valóságot tükröző megállapítás az, hogy a piaci szerkezet és a gazdasági profit között van valamilyen összefüggés. Az ellentmondások ellenére a nyereségesség bizonyos esetekben szolgálhat a piaci erő közvetett mérésére. A nyereségességet többféle formában is lehet mérni, így pl. nettó jelenérték alapján, belső megtérülési ráta, árbevétel arányos nyereség, vagy a számviteli megtérülési ráta. A nyereségesség mérése olyan, mint a közgazdászok számára az érintett piac fogalma, csak fordított irányban. Az érintett piac egy versenyjogi „terminus technicus" és a közgazdaságtanban máshol nem is lehet vele találkozni. A nyereségességet az Európai Bizottság a Fúziós Rendelet (1989) elfogadása körüli időszakban szkeptikusan szemlélte, mivel egyértelmű összefüggést feltételezett a piaci koncentráció és a nyereségesség között.

A fentebbi fejtegetés, illetve a nyereségességi ráta elemzése nem tévesztendő össze az ár-koncentráció elemzéssel, amelynek során azt vizsgáljuk például keresztmetszeti elemzéssel, hogy egy adott iparágban a magasabb vagy alacsonyabb koncentrációs szint milyen árakkal párosul.

Az utóbbi két évtizedben jelentősen megnőtt a realitása a piaci hatalom megközelítő közvetlen mérésének. A fúziókontrollban immár mondhatni napi szinten alkalmazott új technikák igen gyakran az ökonometria és a játékelmélet elemeit ötvözik. Ezeket a technikákat az Európai Bizottság a kezdetektől úgy fogta fel, mint amelyek arra legalább alkalmasak, hogy előzetesen felmérjék a piaci versenyhelyzetet, és kiválasszák a megfelelő szempontokat a mélyebb elemzéshez. Itt érdemes kitérni arra, hogy a piaci hatalom közvetlen mérése is megközelítő mérés, azaz e tekintetben rokon vonásokat mutat a közvetett eszközökkel. Ami megkülönbözteti azoktól az, hogy a megközelítő közvetett mérés gyakorlati kompromisszum eredménye, hiszen gyakran a szükséges adatok nem állnak rendelkezésre teljes mértékben, vagy azok összegyűjtése olyan aránytalan mértékű erőforrás ráfordítást igényelne. A fentebbiek okán tehát ezen módszerek esetében is élünk egyszerűsítésekkel, előfeltevésekkel a gyakorlatban.

Farrell és Shapiro 2008-ban fogalmazták meg újszerű elgondolásukat, amely differenciált termékpiacokon, Bertrand alapú verseny esetén horizontális összefonódások vonatkozásában az ár/költség hányad és a vállalkozások termékei közötti közvetlen helyettesíthetőségből levezetve kiiktatja a piacmeghatározás szükségességét, és megközelítőleg méri a piaci hatalmat. A tesztnek az "árfelhajtó erő" (upward pricing pressure) elnevezést adták. Az elmélet lényege, hogy az összefonódó vállalkozások közötti közvetlen verseny megszűnéséből származó hátrányokat állítja szembe a határköltség csökkenéssel, amelyek nettó hatását veszi alapul. Az elmélet viszont nem követeli meg az iparág teljes egyensúlyi elemzését és „mindösszesen" az összefonódás előtti áradatokon és költségeken (árrés) alapul, az áttérési arány meghatározása mellett. Az árfelhajtó erő elméletének alkalmazása egyrészt még tényleges tesztelésre vár, másrészt komplex elemzések és ezek alapján fúziós határozatok meghozatalára önmagában nem alkalmazható. Tekintettel arra, hogy az alkalmazásához szükséges adatok beszerzésére egyébként is szükség van, így jó eszközként szolgálhat ahhoz, hogy a versenyhatóság eldönthesse, a bejelentett összefonódás esetén lesz-e szükség alaposabb vizsgálat megindítására. Azonban, még ha az adott módszertan bizonyos összefonódások esetében elméletben alkalmas is lenne az érintett piac meghatározása nélküli végleges döntéshozatalra, az uniós jog mai állása mellett úgy tűnik, az érintett piac meghatározása megkerülhetetlen.

A tőzsdei reakciók is viszonylag jól tükrözik, hogy egy vállalkozásnak nőni fog-e a nyeresége egy összefonódás után, ami viszont vagy piaci hatalomra, vagy pedig hatékonyságjavulásra utalhat. Hogy melyikről van szó, az az adott tranzakció részletes elemzését igényli. Ha tőzsdei várakozások az ár emelkedését valószínűsítik, úgy mind az összefonódó felek, mind a versenytársak részvényeinek ára emelkedik. Amennyiben csak költségcsökkenést várnak áremelkedés nélkül, akkor az összefonódó felek részvényeinek ára emelkedik, a versenytársaké csökken. Amennyiben hatékonyságnövekedést is várnak, akkor a vásárlók árfolyama emelkedik, ha a piaci erő növekedését, akkor pedig a vásárlók árfolyama csökken. A korábban ismertetett hipotézisek viszonylag stabil közgazdasági alapokon nyugszanak, miszerint horizontális összefonódások esetében a legtöbb alkalmazható modell azt sugallja, hogy a horizontális összefonódások általában (differenciált termékek esetében a termékdifferenciálással súlyozva) magasabb piaci árat eredményeznek egyensúlyi állapotban. Az egyensúlyi állapot pedig minden versenytárs vállalkozásra irányadó. A piaci ár emelkedése általában ahhoz vezet, hogy az összefonódó felek és azok versenytársainak nyereségessége rövid távon emelkedik. Az erre épülő várakozások miatt pedig azok részvényárfolyama is emelkedni fog. Ez akkor igaz, ha nem olyan összefonódásról van szó, ami jelentősen növeli a hatékonyságot, amely hatékonyságjavulás jótékony hatásaiból a vásárlók is részesednek alacsonyabb árak formájában. Ez utóbbi megállapításból az a következtetés is levonható, hogy az összefonódó felek részvényárfolyamából önmagában nem lehet kiolvasni, hogy az azért emelkedik, mert áremelkedést vagy mert jelentős hatékonyság növekedést vár a piac. A számos pozitív elem mellett ugyanakkor a tőzsdei reakciók önmagában történő használata nem tűnik lehetségesnek az összefonódások engedélyezéséhez, többek között, mivel számos feltételnek kell teljesülnie a fentebbi intuitív következtetések helytállóságához. Az alkalmazás egyik alapvető korlátja a fúziókontroll terén, hogy az csak az egyoldalú hatások mérésére alkalmas, valamint nem célszerű alkalmazni konglomerátum típusú összefonódások esetén. Egy másik hátránya, hogy a versenyhatóság így arra hagyatkozik, hogy az eleve *feltételezetten* hatékonyan vagy közepesen hatékonyan működő tőzsdepiac hogyan ítéli meg az összefonódást. Az árfolyamban azonban benne található az a feltételezés is, hogy a versenyhatóság vajon jóváhagyja-e az összefonódást, vagy sem. A módszertannak alapvető korlátja az alaphipotéziseken túlmenően, hogy ha a versenytársak nagyon sokféle terméket gyártó vállalkozások, akkor, ha a bevételük csak egy kis hányadát termelik a kérdéses piacon, nem feltétlenül tükröződik az árfolyamban a versenykorlátozó hatás.

Érdemes felidézni, miszerint a fúziókontroll egész létezésének egyik elméleti alapja, hogy feltételezzük, a piacok egy bizonyos előre meg nem határozható koncentráltsági szint felett hajlamosak versenykorlátozó magatartásokat indukálni, így az ilyen helyzetek mesterséges létrejöttét a jogalkalmazó szervek meg kívánják előzni. Az ár-koncentráció elemzés során a piac koncentráltságát és az érvényesülő árakat, illetve a kettő közötti összefüggéseket vetjük össze. Annak ellenére, hogy az alapfeltevést, miszerint magasabb koncentráció mellett csökken a verseny intenzitása, ritkán kérdőjelezik meg alapjaiban, az ár-koncentrációelemzést kevés kivételtől eltekintve nem használják kifejezetten a versenyhatóságok az összefonódások hatásainak vizsgálatára. Erre nincs is szükség, hiszen a koncentráció és az ár közötti összefüggést a hagyományos elemzési módszerek inkorporálják. Az eljárás alapvetően olyan esetekben vezethetne sikerre, ahol izolálni tudjuk az összefonódás hatását más hatásoktól, mint pl. eladási mennyiségek, termékmix, marketing költségek, forgalmazási költségek stb. A módszertan elterjedt iparágak elemzése során, de egy összefonódás hatásainak vizsgálatára önmagában nem alkalmas.

A természetes kísérletek olyan viszonyítási pontokra vagy összehasonlítási alapokra támaszkodó módszerek, amelyek összehasonlítják a vizsgált magatartás hatását olyan helyzetekkel, amelyekre a kérdéses magatartás nem volt hatással. Az összefonódások esetében a természetes kísérletek különösen hasznosak lehetnek, mivel az összefonódás még nem következett be, így annak hatását sem lehet mérni. A jövőben bekövetkező összefonódások elemzése érdekében olyan eseményeket lehet természetes kísérletként elemezni, amelyek már bekövetkeztek a múltban, és kellő mértékben visszatükrözik az adott ügy tényállását, körülményeit. A természetes kísérletek jellegükből fakadóan inkább elméleti kérdések, alapfeltevések ellenőrzésére használhatók egy eljárás során, egy természetes kísérlet eredménye kevéssé valószínű, hogy önmagában döntő bizonyítékot szolgáltatna.

Egyes összefonódások olyan piacokon zajlanak, melyeken gyakoriak a versenyeztetési eljárások. Ezen eljárások alapos elemzése fontos információkkal szolgálhat a versenytársak piaci helyzetéről és tényleges piaci erejükről. A módszer igen elterjedt az Európai Bizottság gyakorlatában, amely azt jelzi, hogy az Európai Bizottság szemében komoly bizonyító erővel bír, és az Európai Bíróság klasszikusan tág teret enged a közgazdasági elemzések bizonyítékként történő felhasználásának. Ellentétben a korábbi módszerekkel, az aukciós elemzések fúziós szimulációk formájában önmagukban is megalapozhatják egy összefonódás engedélyezését vagy megtiltását. Az elemzések során részletes piaci összefüggéseket tudunk vizsgálni, elemezvén a piaci szereplők egymásra gyakorolt hatását is. Nem véletlen tehát, hogy a módszertan egyre nagyobb jelentőségre tesz szert azokon a piacokon, amelyeken a versenyeztetési eljárások a jellemzőek, vagy ha gyakoriak az ajánlattételek.

A természetes kísérletek esetében induktív módszert alkalmazunk. Egyes megfigyelt, megtapasztalt események alapján vonunk le következtetéseket. Ezzel szemben a fúziós szimulációk deduktív alapon működnek, azaz bizonyos adatokból, feltételezésekből és axiómákból logikai úton vonunk le következtetéseket. Fúziós szimulációk során gyakorlatilag az történik, hogy a versenytársak, piaci szereplők közötti viszonyt jellemző elfogadott közgazdasági modelleket alkalmazunk egy tervezett összefonódás versenyre gyakorolt hatásainak számszerűsítése érdekében. A vizsgált hatás az áremelés mértéke. A fúziós szimulációk alkalmazási terepe elsősorban az egyoldalú hatások vizsgálata horizontális összefonódások esetében, differenciált termékekre jellemző Bertrand versenyben. A versenyproblémákat felvető összefonódások jelentős része oligopol piacon történik, ahol kevés szereplő tevékenykedik, amelyek egymás magatartását részletesen figyelemmel követik, és reagálnak a legkisebb változásra is. Ennek pedig kölcsönösen tudatában is vannak, azaz a magatartásukba már eleve beépítik a logikusan várható reakciókat. Ez viszont pontosan egy olyan feltételezés, amely a Bertrand típusú modell esetén hiányzik. Hovatovább, a verseny minőségében bekövetkezhet változás egy összefonódás eredményeként (pl. a nem kooperatívból kooperatív lesz; a verseny inkább erősödik a stratégiai magatartásoknak köszönhetően), amelyet a modellezés jelenleg egyértelműen nem tud kezelni. A szimulációs modellek értelmezése gyakran még a közgazdászok számára is embert próbáló feladat, így alkalmazásuk jó ideig még bizonyosan kiegészítő eszközként fog megjelenni. Inkább valószínű a hagyományos megközelítéssel való szimbiózisban élés, mivel a szimulációs modellek választásához ismernünk kell a piacokat, amelyek megismerésének egyik alapvető eszköze éppen az érintett piac meghatározása. A szimulációs modellek esetleges szélesebb körű elterjedése felvet egy további problémát is, nevezetesen, hogy az érintettek várhatóan versenyző modelleket terjesztenek elő az eljárásban, amely viszont azt eredményezi, hogy első körben az Európai Bizottságnak, majd végül az uniós bíróságoknak kell dönteniük a bizonyítékok kapcsán. Ez az uniós jogrendszerből eredően helyzeti előnyt ad az Európai Bizottságnak, tekintettel a széles mérlegelései jogkörére.

A modern versenyjogban a központi kérdés a piaci hatalom mellett az lett, hogy egy összefonódás kapcsán belátható-e egy hihető és valószínű versenyhatás bekövetkezése? Itt szándékosan kerüljük az érintett piacra utalást, ugyanis egyes elméletek esetén elviekben érintett piac meghatározása sem szükséges.

Az Európai Bizottság a Fúziós Rendelet (1989) elfogadásakor alapvetően horizontális-, vertikális- és konglomerátum típusú összefonódásokat különböztetett meg. Ezek közül is elsősorban a horizontális összefonódások voltak, amelyeket az akkori versenypolitikai biztos leginkább versenyellenesnek ítélt. Az a megközelítés azóta csak erősödött, ellenben mindmáig jellegzetessége az uniós fúziókontrollnak, hogy a vertikális és konglomerátum hatásnak is adott esetben nagy jelentőséget tulajdonít. A horizontális-vertikális-konglomerátum koordináta rendszer máig fennáll, azonban a hangsúly áthelyeződött az ún. versenyhatások kérdésére. A két vonatkozó közlemény szerint alapvetően egyeztetett és nem egyeztetett hatásokat különböztethetünk meg mindhárom összefonódás típus esetén.

Az Európai Bizottság a közleményeiben egyoldalú vagy nem egyeztetett hatásokként utal azon helyzetekre, amikor az összefonódások *„fontos versenykényszereket iktatnak ki egy vagy több vállalkozás tekintetében, aminek következtében ezek a vállalkozások megnövekedett piaci erővel rendelkeznek anélkül, hogy magatartásuk egyeztetéséhez folyamodnának".* Itt utalni kell arra a polémiára, miszerint a Fúziós Rendelet szerint az erőfölény teszt és a SIEC teszt egymástól eltérő fogalmak, ugyanakkor az Európai Bizottság egyes tisztviselői azokat gyakorlatilag azonosnak ítélték. Mi a korábbi megállapításainkkal egyezően abból indulunk ki, hogy a SIEC teszt felfelé zárt (az erőfölény teszt alkalmazandó), lefelé viszont az erőfölény tesztnél tágabb, azaz a gazdasági erőfölényt létre nem hozó vagy meg nem erősítő összefonódások is megtilthatók.

Az Európai Bizottság ún. horizontális iránymutatásában foglaltak helyesen rögzítik, miszerint egy-egy tényező önmagában nem értékelhető, és a piaci hatalom pontos közvetlen mérése hiányában bármilyen információ csak más információkkal együttesen értékelendő.

Elméleti oldalról közelítve az első vizsgálandó kérdés a piacon folyó verseny jellemzői. A korábban ismertetett modelleket is felhasználva egy összefonódás elemzése során az alábbi helyzeteket célszerű megkülönböztetnünk. A verseny alapvető tényezői az ár/mennyiség alapú verseny és a termékek homogenitása vagy heterogenitása. A kiindulási pont egy összefonódás hatásainak közgazdasági megalapozottságú vizsgálatakor mindig e tényezők meghatározása kellene, hogy legyen.

Két versenytárs közötti összefonódásra alapvetően más választ adnak a megmaradó versenytársak attól függően, hogy az összefonódás következtében létrejövő entitás olyan piacon versenyez-e, amelyen a vállalkozások az árról döntenek vagy olyanon, amelyen a mennyiségről.

A válaszreakció formája azonban főszabályként gyakorlatilag irreleváns, ugyanis hatékonyságjavulás hiányában a fogyasztói jólét csökken.

A horizontális iránymutatás szerint a piaci részesedés és a piaci erő között főszabályként egyenes összefüggés van. A piaci részesedések és azok növekedése bár fontos tényező, önmagában azonban nem elegendő egy összefonódás versenyhatásainak teljes elemzéshez. Ha az összefonódással érintett iparágban termékdifferenciálás jellemző, akkor a magas piaci részesedések nem biztos, hogy jelentős piaci erő mutatói. A hagyományos elemzés során a piaci részesedéseket statikusan vizsgáljuk. Ekkor azt feltételezzük, hogy egy összefonódást követően az elpártoló fogyasztók a többi versenytárs piaci részesedésének arányában pártolnak át azokhoz. E feltételezés helytállósága azonban igencsak kétséges differenciált termékek esetében. Az adott piaci részesedések ugyanis a fogyasztók első választását tükrözik, ilyenkor azonban a második választás és a második és harmadik választás közötti különbség mértéke lenne érdekes, hiszen a fogyasztók ideális esetben ahhoz fognak pártolni, akinek a termékét a legjobb helyettesítőnek vélik.

Különbséget kell tennünk aközött, hogy valaki a piacon versenyzés folytán kerül monopolhelyzetbe, vagy ér el jelentős piaci erőt és aközött, hogy a vállalkozás ezt összefonódások, fúziók útján éri el. Az egész fúziókontroll léte és működése ezen az alapon nyugszik. Ha nem így lenne, elegendő lenne a piaci hatalom ex post ellenőrzése.

A versenyelemzés egy komplex folyamat, amelynek során lényegében minden olyan jelentős tényezőt figyelembe kell venni, amely érdemben erősítheti vagy gyengítheti egy vállalkozás független cselekvési lehetőségét a versenynyomás kiküszöbölésére. Ennek elemzése során rendelkezésünkre állnak bizonyos strukturális feltételezések, amelyeken túlmenően azonban szükséges bármely egyéb tényező figyelembevétele, ha az a tényező érdemben hatással van a vállalkozás piaci magatartására. Az Európai Bizottság megközelítése alapján az utóbbi időben ebből a szempontból lényegében nem releváns, hogy horizontális, vertikális vagy konglomerátum típusú összefonódásról van-e szó. Lényegében mindegyik esetében az alábbi szempontok alapján kell értékelni a bizonyítékokat: képes-e egy vállalkozás korlátozni a versenyt, ha igen, akkor az ilyen magatartás valószínű-e?

A képesség-motiváltság alapján történő elemzés ugyanakkor nehezen illeszthető össze az Európai Bíróság joggyakorlatával és a gazdasági erőfölény jogi fogalmával. A gazdasági erőfölény fogalma ugyanis lényegében azt takarja, hogy képes-e egy vállalkozás függetlenül viselkedni a piac többi szereplőjétől. A fúziós rendelet korábbi és most hatályos változata is ugyanakkor önmagában a gazdasági erőfölény létrejöttét is tiltja. Ebből eredően a motiváltság vizsgálata irreleváns tényező. Ennek leginkább szemléletes példája a hatékonyságjavulás figyelembevételének lehetősége.

Amennyiben egy vállalkozás gazdasági erőfölénybe kerül (vagy ilyen helyzetet erősít) egy összefonódást követően, akkor az azt jelenti, hogy képes a piac többi szereplőjétől nagymértékben függetlenül viselkedni. Ha emellett vagy ezt úgy éri el, hogy még hatékonyabbá válik, az lényegében azt jelenti, hogy még inkább függetlenül tud viselkedni a piac többi szereplőjétől. Azaz, a hatékonyságjavulás nem lehet a gazdasági erőfölényt ellensúlyozó tényező a jog jelen állása szerint. E tekintetben nem reális feltételezni azt, hogy más lenne a gazdasági erőfölény fogalma az EUMSZ 102. cikke és a fúziókontroll körében, egy ilyen feltételezés ugyanis nem összeegyeztethető az Európai Bíróság joggyakorlatával.

A hatékonyságjavulás explicit értékelése ugyanakkor végre reális lehetőség egy összefonódás értékelése során, hiszen a gazdasági erőfölényt létre nem hozó vagy meg nem erősítő összefonódások esetén, amennyiben azok a SIEC teszt értelmében káros versenyhatásokkal járnának, a káros versenyhatások ellensúlyozására hivatkozva a hatékonyságjavulást figyelembe kell vennie az Európai Bizottságnak.

Irodalomjegyzék

I. Bizottsági határozatok

1. IV/M.012. sz. ügy (1991. július 31.) *Varta/Bosch* [1991] HL L 320 26-34.

2. IV/M.042. sz. ügy (1991. április 12.) *Alcatel/Telettra* [1991] HL L 122 48-55.

3. IV/M.043. sz. ügy (1991. május 29.) *Magneti Marelli/CEAC* [1991] HL L 222 38-41.

4. IV/M.053. sz. ügy (1991. október 2.) *Aerospatiale-Alenia/de Havilland* [1991] HL L 334 42-61.

5. IV/M.068. sz. ügy (1991. július 19.) *Tetra Pak/Alfa-Laval* [1991] HL L 290/0035.

6. IV/M.129. sz. ügy (1991. szeptember 2.) *Digital/Philips* [1991] HL C 235 0.

7. IV/M.157. sz. ügy (1992. október 5.) *Air France/Sabena* [1992] HL C 272 0.

8. IV/M.190. sz. ügy (1992. július 22.) *Nestlé/Perrier* [1992] L 356 1-31.

9. IV/M.214. sz. ügy (1992. szeptember 30.) *Du Pont/ICI* [1993] HL L 7 13-24.

10. IV/M.222. sz. ügy (1992. november 12.) *Mannesmann/Hoesch* [1993] HL L 114 34-48.

11. IV/M.269. sz. ügy (1994. június 8.) *Shell/Montecatini* [1994] HL L 332 48-70.

12. IV/M.278. sz. ügy (1993. február 17.) *British Airways/Dan Air* [1993] HL C 68 5.

13. IV/M.291. sz. ügy (1993. május 4.) *KNP/Bührmann-Tetterode/VRG* [1993] L 217 35-48.

14. IV/M.315. sz. ügy (1994. január 31.) *Mannesmann/Vallourec/Ilva* [1994] HL L 102 15-37.

15. IV/M.430. sz. ügy (1994. június 21.) *Procter & Gamble/VP Schickedanz (II)* [1994] HL L 354 32.

16. IV/M.477. sz. ügy (1995. február 14.) *Mercedes-Benz/Kässbohrer* [1995] HL L 211 1-29.

17. IV/M.523. sz. ügy (1995. január 19.) *Akzo Nobel/Monsanto* [1995] HL C 37 3.

18. IV/M.603. sz. ügy (1995. november 14.) *Crown Cork & Seal/CarnaudMetalbox* [1996] HL L 075 38-60.

19. IV/M.623. sz. ügy (1996. január 16.) *Kimberly-Clark/Scott* [1996] HL L 183 1-56.

20. IV/M.906. sz. ügy (1997. június 3.) *Mannesmann/Vallourec* [1997] HL C 238 15.

21. IV/M.1157. sz. ügy (1998. november 11.) *Skanska/Scancem* [1999] L 183 1-28.

22. IV/M.1309 sz. ügy (1999. április 28.) *MATRA/AEROSPATIALE* [1999] C 133 5.

23. IV/M.1383. sz. ügy (1999. december 29.) *Exxon/Mobil* [2004] L 103 1-136.

24. IV/M.1439. sz. ügy (1999. október 13.) *Telia/Telenor* [2001] HL L 040 1-62.

25. IV/M.1524. sz. ügy (1999. szeptember 22.) *Airtours/First Choice* [2000] HL 93 0001.

26. COMP/M.1628. sz. ügy (2000. február 9.) *TotalFina/Elf* [2001] HL L 143 1-73.

27. COMP/M.1636. sz. ügy (2000. március 21.) *MMS/DASA/ASTRIUM* [2003] HL L 314 1-25.

28. IV/M.1684. sz. ügy (2000. január 25.) *Carrefour/Promodes* [2000] HL L 164 5.

29. COMP/M.1672. sz. ügy (2000. március 15.) *Volvo/Scania* [2001] L 143 0074-0132.

30. COMP/M.1879. sz. ügy (2000. szeptember 29.) *Boeing/Hughes* [2004] HL L 63 53-66.

31. COMP/M.2074. sz. ügy (2000. szeptember 28.) *Tyco/Mallinckrodt* [2000] C 318 6.

32. COMP/M.2187. sz. ügy (2001. október 17.) *CVC/Lenzing* [2004] HL L 82 20-72.

33. COMP/M.2220. sz. ügy (2001. július 3.) *General Electric/Honeywell* [2004] HL L 48 1-85.

34. COMP/M.2283. sz. ügy (2001. október 10.) *Schneider/Legrand* [2004] HL L 101 0001.

35. COMP/M.2420. sz. ügy (2001. október 30.) *Mitsui/CVRD/CAEMI* [2004] L 92 50-90.

36. IV/M.2399. sz. ügy (2001. augusztus 8.) *Friesland Coberco/Nutricia* [2002] HL C 18 14.

37. COMP/M. 2416. sz. ügy (2001. október 30.) *Tetra Laval/Sidel* [2004] HL L 043 0013.

38. COMP/M.2978. sz. ügy (2004. január 7.) *Lagardère/Natexis/VUP* [2004] L 125 0054-0060.

39. COMP/M.3060. sz. ügy (2003. január 31.) *UCB/Solutia* [2003] HL C 78 6.

40. COMP/M.3178. sz. ügy (2005. május 3.) *Bertelsmann/Springer/JV* [2006] HL L 61 17-20.

41. COMP/M.3191. sz. ügy (2003. október 2.) *Philip Morris/Papastratos* [2003] C 258 4.

42. COMP/M.3216. sz. ügy (2004. október 26.) *Oracle/PeopleSoft* [2005] L 208 6-12.

43. COMP/M.3268. sz. ügy (2003. október 30.) *Sydkraft/Graninge* [2003] C 297 22.

44. COMP/M.3333. sz. ügy (2004. július 19.) *SONY/BMG* [2005] HL 62 30-33.

45. COMP/M.3886. sz. ügy (2005. augusztus 25.) *Aster 2/Flint Ink* [2005] HL C 263 45.

46. COMP/M.3401. sz. ügy (2004. június 17.) *Danish Crown/Flagship Foods* [2004] HL C 181 4.

47. COMP /M.3436. sz. ügy (2004. október 26.) *Continental/Phoenix* [2006] HL L 353 7-11.

48. COMP/M.3625. sz. ügy (2005. július 13.) *Blackstone/Acetex* [2005] HL L 312 60-62.

49. COMP/M.3653. sz. ügy (2005. július 13.) *Siemens/VA Tech* [2006] L 353 19-35.

50. COMP/M.3686. sz. ügy (2005. március 30.) *Honeywell/Novar* [2005] C 104 20.

51. COMP/M.3687. sz. ügy (2005. augusztus 25.) *Johnson & Johnson/Guidant* [2006] HL L 173 16-19.

52. COMP/M.3696. sz. ügy (2005. december 21.) *E.ON/MOL* [2005] L 253 20-28.

53. COMP/M.3779. sz. ügy (2005. június 24.) *Pernod Ricard/Allied Domecq* [2005] HL C 196 2.

54. COMP/M.3867. sz. ügy (2005. december 22.) *Vattenfall/Elsam and E2 Assets* [2006] C 184 8.

55. COMP/M.3916. sz. ügy (2006. április 26.) *T-Mobile Austria/tele.ring* [2007] L 88 44-46.

56. COMP/M.4141. sz. ügy (2006. június 6.) *LINDE/BOC* [2006] HL C 181 13.

57. COMP/M.4297. sz. ügy (2006. november 13.) *Nokia/Siemens* [2007] HL C 0 6.

58. COMP/M.4336. sz. ügy (2006. december 20.) *MAN/Scania* [2006] HL C 274 3.

59. COMP/M.4403. sz. ügy (2007. április 4.) *Thales/Finmeccanica/Alcatel Alenia Space/Telespazio* [2009] C 34 5-10.

60. COMP/M.4439. sz. ügy (2007. június 27.) *Ryanair/Aer Lingus* [2008] HL C 47 9-20.

61. COMP/M.4505. sz. ügy (2007. február 20.) *Freeport-McMoran Copper & Gold/Phelps Dodge Corporation* [2007] HL C 99 4.

62. COMP/M.4647. sz. ügy (2007. december 5.) *AEE/Lentjes* [2009] HL C 101 54.

63. COMP/4662. sz. ügy (2007. december 4.) *Syniverse/BSG (Wireless Business)* [2007] HL C 131 25-29.

64. COMP/M.4731. sz. ügy (2008. március 11.) *Google/DoubleClick* [2008] HL C 184 10-12.

65. COMP/M.4854. sz. ügy (2008. május 14.) *TomTom/Tele Atlas* [2008] HL C 237 8-13.

66. COMP/M.4942. sz. ügy (2008. július 2.) *Nokia/Navteq* [2009] HL C 13 8-13.

67. COMP/M.5141. sz. ügy (2008. december 17.) *KLM/Martinair* [2009] HL C 51 4-8.

68. COMP/M.5224. sz. ügy (2008. december 22.) *EdF/British Energy* [2009] HL C 38 8.

69. COMP/M.5355. sz. ügy (2009. március 12.) *BASF/CIBA* [2009] HL C 122 5.

II. A Törvényszék és az Európai Bíróság ítéletei

1. 78-70. sz. ügy *Deutsche Grammophon Gesellschaft mbH kontra Metro-SB-Großmärkte GmbH & Co. KG* [EBHT 1971. 00487. o.]

2. 6/72. sz. ügy *Roemer Főtanácsnok indítványa: Europemballage Corporation és Continental Can Company Inc. kontra az Európai Közösségek Bizottsága* [EBHT 1973. 00215. o.]

3. 6/72. sz. ügy *Europemballage Corporation és Continental Can Company Inc. kontra az Európai Közösségek Bizottsága* [EBHT 1973. 00215. o.]

4. 40-73-48-73., 50-73., 54-73-56-73., 111-73., 113-73. és 114-73. sz. ügy *Coöperatieve Vereniging "Suiker Unie" UA és társai kontra az Európai Közösségek Bizottsága* [EBHT 1975. 01663. o.]

5. 26-76. sz. ügy *Metro SB-Großmärkte GmbH & Co. KG kontra Európai Közösségek Bizottsága* [EBHT 1977. 01875. o.]

6. 27/76. sz. ügy *United Brands Company és United Brands Continental BV kontra Európai Közösségek Bizottsága* [EBHT 1978. 207. o.]

7. 85/76. sz. ügy *Hoffmann-La Roche & Co. AG kontra az Európai Közösségek Bizottsága* [EBHT 1979. 00461. o.]

8. 102/77. sz. ügy *Hoffmann-La Roche & Co. AG kontra Centrafarm Vertriebsgesellschaft Pharmazeutischer Erzeugnisse mbH* [EBHT 1978. 01139. o.]

9. 22/78. sz. ügy *Hugin Kassaregister AB és Hugin Cash Registers Ltd kontra az Európai Közösségek Bizottsága* [EBHT 1979. 01869. o.]

10. 100-103/80. sz. ügy *Musique Diffusion française és mások kontra Európai Közösségek Bizottsága* [EBHT 1983. 1825. o. o.]

11. 210/81. sz. ügy *Oswald Schmidt, agissant sous la dénomination Demo-Studio Schmidt, kontra az Európai Közösségek Bizottsága* [EBHT 1983. 03045. o.]

12. 322/81. sz. ügy *NV Nederlandsche Banden Industrie Michelin kontra az Európai Közösségek Bizottsága* [EBHT 1983. 03461. o.]

13. 75/84. sz. ügy *Metro SB-Großmärkte GmbH & Co. KG kontra az Európai Közösségek Bizottsága* [EBHT 1986. 03021. o.]

14. 142/84. és 156/84. sz. ügy *Mancini főtanácsnok indítványa:British-American Tobacco Company Ltd és R. J. Reynolds Industries Inc. kontra az Európai Közösségek Bizottsága* [EBHT 1987. 04487. o.]

15. 142/84. és C-156/84. sz. ügy *British-American Tobacco Company Ltd és R. J. Reynolds Industries Inc. kontra az Európai Közösségek Bizottsága* [EBHT 1987. 04487. o.]

16. 62/86. sz. ügy *AKZO Chemie BV kontra az Európai Közösségek Bizottsága* [EBHT 1991. I-3359. o.]

17. 247/86. sz. ügy *Société alsacienne et lorraine de télécommunications et d'électronique (Alsatel) v SA Novasam* [EBHT 1988. 05987. o.]

18. T-30/89. sz. ügy *Hilti AG kontra az Európai Közösségek Bizottsága* [EBHT 1991. II.1439. o.]

19. T-83/91. sz. ügy *Tetra Pak International SA kontra az Európai Közösségek Bizottsága* [EBHT 1994. II-00755. o.]

20. C-250/92. sz. ügy *Gøttrup-Klim és társai Grovvareforeninger kontra Dansk Landbrugs Grovvareselskab AmbA* [EBHT 1994. I-5641. o.]

21. T-2/93. sz. ügy *Société anonyme à participation ouvrière Compagnie nationale Air France kontra az Európai Közösségek Bizottsága* [EBHT 1994. II-00323. o.]

22. T-3/93. sz. ügy *Société anonyme à participation ouvrière Compagnie nationale Air France kontra az Európai Közösségek Bizottsága* [EBHT 1994. II-00121. o.]

23. T-24/93. sz. ügy *Compagnie maritime belge transports SA és Compagnie maritime belge SA, Dafra-Lines A/S, Deutsche Afrika-Linien GmbH & Co. és Nedlloyd Lijnen BV kontra az Európai Közösségek Bizottsága* [EBHT 1996. II-1207. o.]

24. C-68/94. és C-30/95. sz. ügy *Francia Köztársaság és Société commerciale des potasses et de l'azote (SCPA) és Entreprise minière et chimique (EMC) kontra az Európai Közösségek Bizottsága* [EBHT 1998. I-1375. o.]

25. T-290/94. sz. ügy *Kaysersberg SA kontra az Európai Közösségek Bizottsága* [EBHT 1997. II-02137. o.]

26. T-221/95. sz. ügy *Endemol Entertainment Holding BV kontra az Európai Közösségek Bizottsága* [EBHT 1999. II-01299. o.]

27. C-7/97. sz. ügy *Oscar Bronner GmbH & Co. KG kontra Mediaprint Zeitungs- und Zeitschriftenverlag GmbH & Co. KG, Mediaprint Zeitungsvertriebsgesellschaft mbH & Co. KG és Mediaprint Anzeigengesellschaft mbH & Co. KG.* [EBHT 1998. I 07791 o.]

28. T-102/96. sz. ügy *Gencor Ltd kontra az Európai Közösségek Bizottsága* [EBHT 1999. II-00753 o.]

29. T-22/97. sz. ügy *Kesko Oy kontra az Európai Közösségek Bizottsága* [EBHT 1999. II-03775. o.]

30. T-228/97. sz. ügy *Irish Sugar plc kontra az Európai Közösségek Bizottsága* [EBHT 1999. II-02969. o.]

31. T-65/98. sz. ügy *Van den Bergh Foods Ltd kontra az Európai Közösségek Bizottsága* [EBHT 2003. II-4653. o.]

32. T-156/98. sz. ügy *RJB Mining plc kontra az Európai Közösségek Bizottsága* [EBHT 2001. II-00337. o.]

33. T-191/98, T-212/98-T-214/98. sz. ügy *Atlantic Container Line AB és társai kontra az Európai Közösségek Bizottsága* [EBHT 2003. II-3275. o.]

34. T-342/99. sz. ügy *Airtours plc kontra az Európai Közösségek Bizottsága* [EBHT 2002. II-02585. o.]

35. T-158/00. sz. ügy *Arbeitsgemeinschaft der öffentlich-rechtlichen Rundfunkanstalten der Bundesrepublik Deutschland (ARD) kontra az Európai Közösségek Bizottsága* [EBHT 2003. II-03825. o.]

36. T-374/00. sz. ügy *Verband der freien Rohrwerke eV, Eisen- und Metallwerke Ferndorf GmbH és Rudolf Flender GmbH & Co. KG kontra az Európai Közösségek Bizottsága* [EBHT 2003. II-2275. o.]

37. T-168/01. sz. ügy *GlaxoSmithKline Services Unlimited kontra az Európai Közösségek Bizottsága* [EBHT 2006. II-02969. o.]

38. C-198/01. sz. ügy *Consorzio Industrie Fiammiferi (CIF) kontra Autorità Garante della Concorrenza e del Mercato* [EBHT 2003. I-08055. o.]

39. T-209/01. sz. ügy *Honeywell International, Inc. kontra az Európai Közösségek Bizottsága* [EBHT 2005. II-05527. o.]

40. T-210/01. sz. ügy *General Electric Company kontra az Európai Közösségek Bizottsága* [EBHT 2005. II-05575. o.]

41. T-310/01. sz. ügy *Schneider Electric SA kontra az Európai Közösségek Bizottsága* [EBHT 2002. II-04071. o.]

42. C-481/01. P. (R.). sz. ügy *A Bíróság elnökének végzése: NDC Health GmbH & Co. KG et NDC Health Corporation kontra az Európai Közösségek Bizottsága és IMS Health Inc.* [EBHT 2002. I-03401. o.]

43. T-5/02. sz. ügy *Tetra Laval BV kontra Európai Bizottság* [EBHT 2002. II-04381. o.]

44. T-114/02. sz. ügy *BaByliss SA kontra az Európai Közösségek Bizottsága* [EBHT 2003. II-01279. o.]

45. C-12/03. sz. ügy *Európai Közösségek Bizottsága kontra Tetra Laval BV* [EBHT 2005. I-00987. o.]

46. T-340/03. sz. ügy *France Télécom SA kontra az Európai Közösségek Bizottsága* [EBHT 2007. II-00107. o.]

47. T-177/04. sz. ügy *easyJet Airline Co. Ltd kontra az Európai Közösségek Bizottság* [EBHT 2006. II-01931. o.]

48. T-279/04. sz. ügy *Éditions Odile Jacob SAS kontra Európai Közösségek Bizottsága* [EBHT 2007. o.]

49. T-87/05. sz. ügy *Energias de Portugal, SA kontra az Európai Közösségek Bizottsága* [EBHT 2005. 03745. o.]

50. T-151/05. sz. ügy *Nederlandse Vakbond Varkenshouders (NVV), Marius Schep és Nederlandse Bond van Handelaren in Vee (NBHV) kontra az Európai Közösségek Bizottsága* [EBHT 2009. II-01219. o.]

51. T-282/06. sz. ügy *Sun Chemical Group BV, Siegwerk Druckfarben AG és Flint Group Germany GmbH kontra az Európai Közösségek Bizottsága* [EBHT 2007. II-02149. o.]

52. C-501/06 P, C-513/06 P, C-515/06 P és C-519/06 P. sz. ügy *GlaxoSmithKline Services Unlimited kontra az Európai Közösségek Bizottsága (C-501/06 P) és Az Európai Közösségek Bizottsága kontra GlaxoSmithKline Services Unlimited (C-513/06 P) és European Association of Euro Pharmaceutical Companies (EAEPC) kontra az Európai Közösségek Bizottsága (C-515/06 P) és Asociación de exportadores españoles de productos farmacéuticos (Aseprofar) kontra az Európai Közösségek Bizottsága* [EBHT 2009. I-09291. o.]

53. T-342/07. sz. ügy *Ryanair Holdings plc kontra Európai Bizottság* [EBHT 2010. 00000. o.]

54. C-8/08. sz. ügy *T-Mobile Netherlands BV, KPN Mobile NV, Orange Nederland NV és Vodafone Libertel NV kontra Raad van bestuur van de Nederlandse Mededingingsautoriteit* [EBHT 2009. I-04529. o.]

III. Könyvek, tanulmányok

1. *Merger control in the EEC: a survey of European competition laws.* (Kluwer Law and Taxation, Deventer ; London, 1988)

2. Adler, Howard Jr. és Murray J. Belman *Antimerger Enforcement in Europe - Trends and Prospects* (1973) 8 Journal of International Law and Economics 31

3. Areeda, Phillip: *Antitrust law: an analysis of antitrust principles and their application.* (Little, Brown and Company, Boston, Toronto, 1980)

4. Areeda, Phillip és Herbert Hovenkamp: *Fundamentals of antitrust law.* (Aspen Law & Business, New York, 2003)

5. Axinn, Stephen M. és Mark Glick: *Dual Enforcement of Merger Law in the EEC: Lessons from the American Experience.* In Hawk: 1992 and EEC/US competition and trade law. (Transnational, Ardsley on Hudson, 1990)

6. Bailey, Elizabeth M., et al. *Merger Screens: Market Share-Based Approaches Versus "Upward Pricing Pressure"* (2010) The Antitrust Source 1

7. Baker, Jonathan B. *Mavericks, Mergers and Exclusion: Proving Coordinated Competitive Effects under the Antitrust Laws* (2002) 77 New York University Law Review 135

8. Baker, Jonathan B. és Carl Shapiro: *Reinvigorating Horizontal Merger Enforcement.* In Pitofsky: How the Chicago School Overhsot The Mark - The Effect of Conservative Economic Analysis on U.S. Antitrust. (Oxford University Press, New York, 2008)

9. Banks, Karen *Mergers and Partial Mergers under EEC Law* (1987-1988) 11 Fordham International Law Journal 255

10. Bassola, Bálint: *A chicagói iskola versenypolitikai nézeteinek bemutatása*. Versenyjogi Kutatóközpont: Budapest, 2010. Nr.:

11. Bengtsson, Claes: *Simulating the Effect of Oracle's Takeover of PeopleSoft*. In van Bergeijk és Kloosterhuis: Modelling European Mergers - Theors, Competition Policy and Case Studies. (Edward Elgar, Cheltenham, 2005)

12. Biedenkopf, Kurt H. *The Applicability of Common Market Antitrust Law to Acquisitions and Mergers* (1969-1970) 2 Case W Res J Int'L Law 75

13. Bishop, Matthew: *European or National? The Community's New Merger Regulation*. In Bishop és Kay: European mergers and merger policy. (Oxford University Press, Oxford, 1993)

14. Bishop, Simon és Andrea Lofaro *A Legal and Economic Consensus - The Theory and Practice of Coordinated Effects in EC Merger Control* (2004) 49 Antitrust Bulletin 195

15. Bishop, Simon, et al. *Turning the Tables: Why Vertical and Conglomerate Mergers Are Different* (2006) 27 ECLR 403

16. Bishop, Simon, et al. *The Efficiency-Enhancing Effects of Non-Horizontal Mergers* (2005)

17. Bishop, Simon és Mike Walker: *Economics of E.C. Competition Law: Concepts, Application and Measurement*. (Sweet and Maxwell, London, 2002)

18. Bishop, Simon és Mike Walker: *The Economics of EC Competition Law: Concepts, Application and Measurement*. (Sweet & Maxwell, London, 2010)

19. Bolton, Patrick, et al. *Predatory Pricing: Strategic Theory and Legal Policy* (2000) 88 Georgetown Law Journal 2239

20. Bork, Robert H.: *The Antitrust Paradox: A Policy at War with Itself*. (Basic Books, New York, 1978)

21. Botteman, Yves *Mergers, Standard of Proof and Expert Economic Evidence* (2006) 2 Journal of Competition Law and Economics 71

22. Böge, Ulf *Reform der Europäischen Fusionskontrolle* (2004) WuW 138

23. Brandeis, Louis D. *The Living Law* (1916) 10 Illinois Law Review 416

24. Brenkers, Randy és Frank Verboven: *Market Definition with Differentiarted Products - Lessons from the Car Market*. In Choi: Recent Developments in Antitrust - Theory and Evidence. (MIT Press, Cambridge, 2007)

25. Brittan, Leon *The Law and Policy of Merger Control in the EEC* (1990) 15 EL Rev 351

26. Brittan, Leon *Competition Policy in the European Community: What's New in the Old World* (1990-1991) 14 World Comp 5

27. Brittan, Leon: *Competition policy and merger control in the Single European Market*. (Grotius, Cambridge, 1991)

28. Brittan, Leon: *European competition policy: keeping the playing-field level*. (Published by Brassey's for CEPS;, London ; New York, 1992)

29. Budzinski, Oliver és Arndt Christiansen *The Oracle/PeopleSoft case: Unilateral Effects, Simulation Models and Econometrics in Contemporary Merger Control* (2007) 34 Legal Issues of Economic Integration 133

30. Caffarra, Cristina és Mike Walker *An Exploration into the use of Economics before Courts in Europe* (2010) 1 Journal of European Competition Law Practice

31. Camesasca, Peter D.: *European Merger Control: Getting the Efficiencies Right*. (Intersentia, Antwerpen ; Oxford, 2000)

32. Canellos, Peter C. és Horst S. Silber *Concentration in the Common Market* (1970) VII CMLR 5

33. Carlton, Dennis W. és Jeffrey M. Perloff: *Modern Industrial Organisation*. (Pearson Addison Wesley, 2005)

34. Carlton, Dennis W. és Jeffrey M. Perloff: *Modern piacelmélet*. (Panem, Budapest, 2003)

35. Caspari, Manfred *EEC Enforcement Policy and Practice an Official View* (1985) 54 Antitrust Law Journal 599

36. Church, Jeffrey *The Impact of Vertical and Conglomemrate Mergers* (2004)

37. Church, Jeffrey *The Curch Report's Analysis of Vertical and Conglomerate Mergers: A Reply to Cooper, Froeb, O'Brian, and Vita* (2005) 1 Journal of Competition Law and Economics 797

38. Cini, Michelle és Lee McGowan: *Competition policy in the European Union*. (Macmillan, Basingstoke, 1998)

39. Clark, John és R. Shyam Khemani: *Market Definition and Assignment of Market Shares*. In A Framework for the Design and Implementation of Competition Law and Policy. (The International Bank for Reconstruction and Development/THE WORLD BANK and the Organisation for Economic Co-operation and Development, Paris, 1999)

40. Coleman, Mary és James Langenfeld: *Natural Experiments*. In Collins, et al.: Issues in Competition Law and Policy. (MIT Press, Chicago, 2008)

41. Cooper, James, et al. *A Critique of Professor Church's Report on the Impact of Vertical and Conglomerate Mergers on Competition* (2005) 1 Journal of Competition Law and Economics 785

42. Coscelli, Andrea és Simon Baker *The Role of Market Shares in Differentiated Product Markets* (1999) 20 ECLR 412

43. Cox, Alan J. és Jonathan Portes *Mergers in Regulated Industries: the Uses and Abuses of Event Studies* (1998) 14 Journal of Regulatory Economics

44. Craig, Paul és Gráinne de Búrca: *EU Law - Text, Cases and Materials*. (Oxford University Press, Oxford, 2008)

45. Deringer, Arved *Auf dem Wege zu einer europäischen Fusionskontrolle - Bericht über einen Verordnungsvorschalg* (1974) 9 EuR 99

46. Dorsey, Thimothy J. *The European Community Merger Regulation: Questions Answered, Uncertainties Remain* (1993) 8 Tulane European & Civil Law Forum 95

47. Downes, T. Antony és Julian Ellison: *The legal control of mergers in the EC*. (Blackstone Press, London, 1991)

48. Dumont, Beatrice *Are European Competition Authorities Wrong? - Estimating Market Power From Abnormal Stock Returns* (2006) 51 Antitrust Bulletin 411

49. Dupré, Bruno: *EEC merger control and the oligopoly : legal and economic analysis in the light of the American experience*. (European University Institute, Florence, 1993)

50. Duso, Tomaso, et al. *Is the Event Study Methodology Useful for Merger Analysis? A Comparison of Stock Market and Accounting Data* (2007) SSRN eLibrary

51. Duso, Tomaso, et al. *The Political Economy of European Merger Control: Evidence using Stock Market Data* (2006) SSRN eLibrary

52. Eckbo, B. Espen *Horizontal mergers, collusion, and stockholder wealth* (1983) 11 Journal of Financial Economics 241

53. Ehlermann, Claus-Dieter *Die europäische Fusionskontrolle - erste Erfahrungen* (1991) WuW 535

54. Elland, William *Merger Control by the EC Commission* (1987) 8 ECLR 163

55. Epstein, Roy J. és Daniel L. Rubinfeld *Effects of Mergers Involving Differentiated Products* (2004)

56. Farrell, Joseph és Carl Shapiro *Horizontal Mergers: An Equilibrium Analysis* (1990) 80 The American Economic Review

57. Farrell, Joseph és Carl Shapiro: *Antitrust Evaluation of Horizontal Mergers: An Economic Alternative to Market Definition*. (SSRN, 2008)

58. Fine, Frank L. *The Philip Morris judgment: does Article 85 now extend to mergers?* (1987) 8 ECLR 333

59. Fine, Frank L.: *Mergers and joint ventures in Europe : the law and policy of the EEC*. (Graham & Trotman, London ; Boston, 1989)

60. Fisher, Franklin M. *The Social Costs of Monopoly and Regulation: Posner Reconsidered* (1985) 93 The Journal of Political Economy

61. Fisher, Franklin M.: *Detecting Market Power*. In Collins, et al.: Issues in Competition Policy. (ABA Section of Antitrust Law, Chicago, 2008)

62. Fisher, Franklin M. *Economic Analysis and "Bright-Line" Tests* (2008) 4 Journal of Competition Law and Economics 129

63. Fisher, Franklin M. és John J. McGowan *On the Misuse of Accounting Rates of Return to Infer Monopoly Profits* (1983) 73 The American Economic Review 82

64. Fox, Eleanor M.: *GE/Honeywell: The U.S. Merger that Europe Stopped - A Story of the Politics of Convergence*. In Fox és Crane: Antitrust Stories. (Foundation Press, New York, 2007)

65. Freyer, Tony A.: *Antitrust and Global Capitalism 1930-2004*. (Cambridge University Press, Cambridge, 2006)

66. Fridolfsson, Sven-Olof és Johan Stennek: *Why Event Studies Do Not Detect Anti-Competitive Mergers*. Research Institute of Indistrial Economics: 2000. Nr.: No. 542.

67. Fridolfsson, Sven-Olof és Johan Stennek: *Why Mergers Reduce Profits and Raise Share Prices: A Theory of Pre-Emptive Mergers*. Centre for Economic Policy Research: 2000. Nr.: DP2357.

68. Gerber, David J. *Law and the Abuse of Economic Power in Europe.* (1987) 62 Tulane Law Review 57

69. Gerber, David J. *Constitutionalizing the Economy: German Neo-Liberalism, Competition Law and the "New" Europe* (1994) 42 The American Journal of Comparative Law 25

70. Gerber, David J.: *Law and Competition in Twentieth Century Europe: Protecting Prometheus.* (Clarendon Press, Oxford, 1998)

71. Gerber, David J.: *Law and Competition in Twentieth Century Europe: Protecting Prometheus.* (Oxford University Press, Oxford, 1998)

72. Giocoli, Nicola: *Competition vs. Property Rights: American Antitrust Law, the Freiburg School and the Early Years of European Competition Policy.* (SSRN, 2007)

73. Goppelsröder, Marie és Maarten Pieter Schinkel: *On the Use of Economic Modelling in Merger Control.* In Van Bergeijk és Kloosterhuis: Modelling European Mergers - Theory, Competition Policy and Case Studies. (Edward Elgar, Cheltenham, UK, 2005)

74. Gormsen, Liza Lovdahl *The Parallels between the Harvard Structural School and Article 82 EC and the Divergences between the Chicago- and Post-chicago schools and Artilce 82 EC* (2008) 4 European Competition Journal 211

75. Grant, Jeremy és Damien J. Neven *The Attempted Merger Between General Electric and Honeywell: A Case Study of Transatlantic Conflict* (2005) 1 Journal of Competition Law and Economics 595

76. Grout, Paul A. és Anna Zalewska *Measuring the Rate of Return for Competition Law* (2008) 4 Journal of Competition Law and Economics 155

77. Grout, Paul A. és Anna Zalewska: *Profitability Measures.* In Collins, et al.: Issues in Competition Law and Policy. (MIT Press, Chicago, 2008)

78. Hall, Margaret *Merger Control - The Persistence of an Illusion* (1982) 3 ECLR 347

79. Harkrider, John *Proving Anticompetitive Impact: Moving Past Merger Guidelines Presumptions* (2005) Columbia Business Law Review 317

80. Hertfelder, Johannes: *Die consumer welfare im europäischen Wettbewerbsrecht - Eine Analyse der Rechtspraxis der Kommission und dir europäischen Gerichte.* (Nomos, Baden-Baden, 2010)

81. Higgins, Richard S. *Diagonal Merger* (1997) 12 Review of Industrial Organization 607

82. Hirsch, Günther, et al. (szerk.): *Competition Law: European Community Practice and Procedure - Article-by-Article Commentary.* (Sweet & Maxwell, London, 2008)

83. Hirschman, Albert O. *The Paternity of an Index* (1964) 54 The American Economic Review

84. Horvath, Janos *Suggestion for a Comprehensive Measure of Concentration* (1970) 36 Southern Economic Journal 446

85. Hovenkamp, Herbert: *Federal Antitrust Policy: The Law of Competition and Its Practice.* (Thomson/West, 2005)

86. Hylton, Keith N.: *Antitrust law: Economic Theory and Common Law Evolution.* (Cambridge University Press, Cambridge, 2003)

87. Ilzkovitz, Fabienne és Roderik Meiklejohn: *European merger control: do we need an efficiency defence?* In Ilzkovitz és Meiklejohn: European Merger Control: Do We Need an Efficiency Defence? (Edward Elgar, Cheltenham, 2006)

88. Immenga, Ulrich és Ernst-Joachim Mestmäcker (szerk.): *Kommentar zum Europäischen Kartellrecht.* (Verlag C. H. Beck, München, 2007)

89. Ivaldi, Marc: *Mergers and the New Guidelines: Lessons form Hachette-Editis*. In van Bergeijk és Kloosterhuis: Modelling European Mergers: Theory, Competition Policy and Case Studies. (Edward Elgar, Cheltenham, UK, 2005)

90. Ivaldi, Marc, et al. *The Economics of Unilateral Effects - Interim Report for DG Competition, European Commission* (2003)

91. Jacquemin, Alexis, et al.: *Horizontal mergers and competition policy in the European Community*. (European Commission, Brussels, 1989)

92. Janicki, Thomas *Perspektiven der Fusionskontrolle im gemeinsamen Binnenmarkt* (1989) WuW 193

93. Janicki, Thomas *EG-Fusionskontrolle auf dem Weg zur praktischen Umsetzung* (1990) WuW 195

94. Kalbfleisch, Pieter: *European Merger Control: A Case of Second Mover Advantage?* In van Bergeijk és Kloosterhuis: Modelling European Mergers - Theory, Competition Policy and Case Studies. (Edward Elgar, Cheltenham, UK, 2005)

95. Kamp, Jaap *Antitrust in the Common Market: The American Way?* (1974) 12 American Business Law Journal 110

96. Kaseberg, Thorsten *Are Merger Control and Article 82 EC in the Same Market? The Assessment of Megrers which Facilitate Exclusionary Conduct under EC Merger Control* (2006) 27 ECLR 409

97. Kay, John: *Mergers in the European Community*. In Strategy: Continental Mergers are Different: Strategy and Policy for 1992. (Centre for Business Strategy, London Business School, London, 1990)

98. Kerber, Wolfgang és Ulrich Schwalbe: *Economic Principles of Competition Law*. In Hirsch, et al.: Competition Law: European Community Practice and Procedure. (Sweet & Maxwell, London, 2008)

99. Klemperer, Paul *Markets with Consumer Switching Costs* (1987) 102 The Quarterly Journal of Economics 375

100. Klemperer, Paul: *Bidding Markets.* (SSRN, 2005)

101. Koch, Oliver: *Fundamentals of European Merger Control.* In Hirsch, et al.: Competition Law: European Community Practice and Procedure - Article-by-Article Commentary. (Sweet & Maxwell, London, 2008)

102. Kokkoris, Ioannis *Do Merger Simulation and Critical Loss Analysis Differ under the SLC and the Dominance Test* (2006) 27 ECLR 249

103. Kokkoris, Ioannis *A Practical Application of Event Studies in Merger Assessment: Successes and Failures* (2007) 3 European Competition Journal 65

104. Korah, Valentine *The control of mergers under the EEC competition law* (1987) 8 ECLR 239

105. Korah, Valentine és Paul Lasok *Philip Morris and its Aftermath - Merger Control?* (1988) 25 CMLR 333

106. Krimphove, Dieter: *Europäische Fusionskontrolle.* (Heymanns, Köln, 1992)

107. Landes és Richard A. Posner *Market power in antitrust cases* (1981) 94 Harvard Law Review 937

108. Langeheine, Bernd: *Substantive Review under the EEC Merger Regulation.* In Hawk: Annual Proceedings of the Fordham Corporate Law Institute - International Mergers and Joint Ventures. (Transnational Juris Publications, New York, 1991)

109. Laraia, Silvia *'Bidding Market' Defence in Competition Investigation* (2006) Competition Law Journal 85

110. Lehner, Stefan, et al.: *Evolution of mergers in the Community.* In Matthes: European Economy. (Európai Bizottság, Brüsszel, 1994)

111. Lehner, Stefan, et al.: *Key questions of Community merger control and their economic background*. In Matthes: European Economy. (Európai Bizottság, Brussels, 1994)

112. Leonard, Gregory K. és Mario A. Lopez *Farrell and Shapiro: The Sequel* (2009) 23 Antitrust 14

113. Lerner, AP *The concept of monopoly and the measurement of monopoly power* (1934) The Review of Economic Studies 157

114. Lever, Jeremy: *Substantive Review under the EEC Merger Regulation: A Private Perspective*. In Hawk: Annual Proceedings of the Corporate Law Institute - International Mergers and Joint Ventures. (Transnational Juris Publications, New York, 1991)

115. Lewis, Stephen és Andrea Lofaro *Google/DoubleClick: The Search for Theory of Harm* (2008) 29 ECLR 717

116. Lianos, Ioannis: *'Judging' Economists: Economic Expertise in Competition Law Litigation: A European View*. In Lianos és Kokkoris: The Reform of EC Competition Law: New Challanges. (Kluwer Law International, Alphen Aan Den Rijn, 2010)

117. Lind, Robert és Mike Walker *The (Mis)use of Profitability Analysis in Competition Law Cases* (2004) 25 ECLR 439

118. Lindsay, Alistair és Alison Berridge: *The EC Merger Regulation: Substantive Issues*. (Thomson Reuters, London, 2009)

119. Lowe, Philip: *Review of the EC Merger Regulation*. Brüsszel, 2002. november 8.

120. Lowe, Philip: *The substantive standard for merger control, and the treatment of efficiencies in merger analysis: an EU perspective*. New York, 2002. október 30.

121. Lyons, Bruce: *An Economic Assessment of EC Merger Control: 1957-2007*. (SSRN, 2008)

122. Maisel, Lawrence C. *Submarkets in Merger and Monopolization Cases* (1983) 72 Georgetown Law Review 39

123. Markert, Kurt: *EEC competition policy towards mergers.* In George és Joll: Competition policy in the UK and EEC. (Cambridge University Press, Cambridge ; New York, 1975)

124. Markert, Kurt E. *Antitrust Aspects of Mergers in the EEC* (1969) 5 Texas International Law Forum 32

125. Martin, Lynda *Merger Control by the Commission under Article 85? The Philip Morris Case* (1988) 9 Business Law Review 27

126. McAfee, R. Preston és Michael A. Williams *Can event studies detect anticompetitive mergers?* (1988) 28 Economics Letters

127. Mestmäcker, Ernst-Joachim *Concentration and Competition in the EEC: Part II* (1973) 7 Journal of World Trade Law 36

128. Mestmäcker, Ernst-Joachim *Fusionskontrolle im Gemeinsamen Markt zwischen Wettbewerbspolitik und Industriepolitik* (1988) 23 EuR 349

129. Mestmäcker, Ernst-Joachim: *Merger Control in the Common Market: Bewteen Competition Policy and Industrial Policy.* In Hawk: Annual Proceedings of the Fordham Corporate Law Institute - Antitrust and Trade Policies in International Trade. (Fordham Corporate Law Institute, New York, 1989)

130. Mestmäcker, Ernst-Joachim és Heike Schweitzer: *Europäisches Wettbewerbsrecht.* (C.H. Beck, München, 2004)

131. Mestmäcker, Ernst Joachim: *Recht und ökonomisches Gesetz : über d. Grenzen von Staat, Gesellschaft u. Privatautonomie.* (Nomos-Verlagsgesellschaft, Baden-Baden, 1978)

132. Mészáros, József: *Játékelmélet.* (Gondolat Kiadó, Budapest, 2005)

133. Miersch, Michael és European Economic Community.: *Kommentar zur EG-Verordnung Nr. 4064/89 über die Kontrolle von Unternehmenszusammenschlüssen.* (Luchterhand, Neuwied, 1991)

134. Minet, Gert-Walter *EG-Kommission zur Entwicklung der Konzentration und des Wettbewerbs* (1982) WuW 24

135. Motta, Massimo: *Competition Policy - Theory and Practice.* (Cambridge University Press, Cambridge, 2004)

136. Motta, Massimo: *Versenypolitika - Elmélet és gyakorlat.* (Gazdasági Versenyhivatal Versenykultúra Központ, Budapest, 2007)

137. Möschel, Wernhard *Europäische Fusionskontrolle* (2008) 63 Juristen Zeitung 383

138. NERA *Switching costs* (2003)

139. Neven, Damien J., et al.: *Merger in daylight : the economics and politics of European merger control.* (Centre for Economic Policy Research, London, 1993)

140. Neven, Damien J. és Lars-Hendrik Röller: *Discrepancies between markets and regulators: An analysis of the first ten years of EU merger control.* In Nykvist: The Pros and Cons of Merger Control. (Swedish Competition Authority, Stockholm, 2002)

141. Nicolaides, Phedon és Arianne van der Klugt: *The Competition policy of the European Community.* (European Institute for Public Administration, Maastricht, 1994)

142. Noël, Pierre-Emmanuel *Efficiency Considerations in the Assessment of Horizontal Megeres under European and U.S. Antitrust Law* (1997) 18 ECLR 498

143. O'Donoghue, Robert és A.Jorge Padilla: *The Law and Economics of Article 82 EC.* (Hart Publishing, Oxford and Portland, Oregon, 2006)

144. Oxera *Assessing profitability in competition policy analysis* (2003)

145. Patterson, Donna E. és Carl Shapiro *Trans-Atlantic Divergence in GE/Honeywell: Causes and Lessons* (2001) Antitrust Magazine

146. Pautler, Paul A. *A Review of the Economic Basis for Broad-Based Horizontal-Merger Policy* (1983) 28 Antitrust Bulletin 571

147. Pepall, Lynne, et al.: *Piacelmélet - Modern megközelítés gyakorlati alkalmazásokkal.* (HVG-ORAC, Budapest, 2008)

148. Pintér, Győző *A túlzó árazás megállapításának elmélete* (2009) V Versenytükör 38

149. Pitofsky, Robert: *How the Chicago School overshot the mark the effect of conservative economic analysis on U.S. antitrust.* (Oxford University Press, Oxford ; New York, 2008)

150. Porter, Michael E.: *Versenystratégia.* (Akadémiai Kiadó Zrt., Budapest, 2006)

151. Posner, Richard A. *The Social Costs of Monopoly and Regulation* (1975) 83 The Journal of Political Economy 807

152. Posner, Richard A.: *Overcoming law.* (Harvard University Press, Cambridge, Mass. ; London, 1995)

153. Posner, Richard A.: *Antitrust Law.* (The University of Chicago Press, Chicago, 2001)

154. Rahl, James A.: *Common Market and American Antitrust: overlap and conflict.* (McGraw-Hill, New York, 1970)

155. Reynolds, Greme és Chris Walters *The Use of Customer Surveys for Market Definition and the Competitive Assessment of Horizontal Mergers* (2008) 4 Journal of Competition Law and Economics 411

156. Röller, Lars-Hendrik, et al.: *Efficiency gains from mergers.* (Wissenschaftszentrum Berlin fu\0308r Sozialforschung, Berlin, 2000)

157. Rubinfeld, Daniel L.: *Quantitative Methods in Antitrust.* In Collins, et al.: Issues in Competition Law and Policy. (MIT Press, Chicago, 2008)

158. Ruppelt, Hans-Jürgen *Die Verordnungsentwurf für einei europäische Fusionskontrolle im EG-Ministerrat* (1989) WuW 187

159. Salant, Stephen W., et al. *Losses from Horizontal Merger: The Effects of an Exogenous Change in Industry Structure on Cournot-Nash Equilibrium* (1983) 98 The Quarterly Journal of Economics 185

160. Scherer, F. M.: *Industrial market structure and economic performance.* (Rand McNally, Chicago, 1980)

161. Schödermeier, Martin *Auf dem Weg zur europäischen Fusionskontrolle* (1988) WuW 185

162. Schwalbe, Ulrich és Daniel Zimmer: *Law and Economics in European Merger Control.* (Oxford University Press, Oxford, 2009)

163. Schwartz, Ethan *Politics as Usual: The History of European Community Merger Control* (1993) 18 Yale Journal of International Law 607

164. Shapiro, Carl *Mergers with Differentiated Products* (1996) Antitrust 23

165. Simons, Joseph J. és Malcolm B. Coate *Upward Pressure on Price Analysis: Issues and Implications for Merger Policy* (2010) 6 European Competition Journal 377

166. Smith, Stephen F. *Control of Concentrations in the European Economic Community: Evolving Restrictions on the Urge to Merge* (1974) 19 Villanova Law Review 420

167. Spengler, Joseph J. *Vertical Integration and Antitrust Policy* (1950) 58 The Journal of Political Economy

168. Stillman, Robert *Examining antitrust policy towards horizontal mergers* (1983) 11 Journal of Financial Economics 225

169. Strohm, Andreas: *Economic Analysis of the Concept of "Significant Impediment to Effective Competition".* In Hirsch, et

al.: Competition Law: European Community Practice and Procedure. (Sweet & Maxwell, London, 2008)

170. Szilágyi, Pál *Bidding Markets and Competition Law in the European Union and the United Kingdom - Part I* (2008) 29 ECLR 16

171. Szilágyi, Pál *Bidding Markets and Competition Law in the European Union and the United Kingdom - Part II* (2008) 29 ECLR 89

172. Tóth, Tihamér: *Az ordoliberális iskola palackpostája - a piacgazdaság eszméje egykor és ma*. In Balogh és Mária: Emlékkönyv Dr. Ruszoly József egyetemi tanár 70. születésnapjára. (Szegedi Tudományegyetem, Szeged, 2010)

173. Van Bael, Ivo és Jean-François Bellis: *Competition law of the EEC*. (CCH Editions, Bicester, 1990)

174. Van Bael, Ivo és Jean-François Bellis: *Competition law of the European Community*. (CCH Europe, Bicester, Oxon., 1994)

175. van Damme, Eric és Joris Pinkse: *Merger Simulation Analysis: An Academic Perspective*. In Van Bergeijk és Kloosterhuis: Modelling European Mergers - Theory, Competition Policy and Case Studies. (Edward Elgar, Cheltenham, UK, 2005)

176. Van den Bergh, Roger: *The difficult perception of economic analysis in European competition law*. In Cucinotta, et al.: Post-Chicago Developments in Antitrust Law. (Edward Elgar, Cheltenham, UK, 2002)

177. Van den Bergh, Roger J. és Peter D. Camesasca: *European Competition Law and Economics: A Comparative Perspective*. (Sweet and Maxwell, London, 2006)

178. van der Woude, Marc és Christopher Jones: *E.C. Competition Law Handbook*. (Sweet & Maxwell, London, 2008)

179. Van Kraay, Frans G. A. *Proposed EEC Regulation on Control of Mergers* (1977) 26 The International and Comparative Law Quarterly

180. Varian, Hal R.: *Mikorökonómia középfokon - Egy modern megközelítés*. (KJK-KERSZÖV, Budapest, 2004)

181. Venit, James S. *The Merger Control Regulation: Europe Comes of Age... or Caliban's Dinner* (1990) 27 CMLR 7

182. Venit, James S. *The Evaluation of Concentrations under the Merger Control Regulation: The Nature of the Beast* (1990-1991) 14 Fordham International Law Journal 412

183. Vickers, John: *How to reform the EC merger test?* Brüsszel, 2002.

184. Voigt, Stefan és André Schmidt *The Commission's Guidelines on Horizontal Mergers: Improvement or Deterioration?* (2004) 41 CMLR 1583

185. Walker, Mike *The Potential for Significant Inaccuracies in Merger Simulation Models* (2005) 1 Journal of Competition Law and Economics 473

186. Waterson, Michael: *The Determinants of Market Structure*. In Collins, et al.: Issues in Competition Law and Policy. (ABA Section of Antitrust Law, Chicago, 2008)

187. Weatherill, Stephen *The Changing Law and Practice of UK and EEC Merger Control* (1991) 11 Oxford Journal of Legal Studies 520

188. Werden, GJ *Assigning Market Shares* (2002) 70 Antitrust Law Journal 67

189. Werden, Gregory és Luke Froeb: *Calibrated economic models add focus, accuracy, and persuasiveness to merger analysis*. In Swedish Competition Authority: The PROS and CONS of Merger Control. (Swedish Competition Authority, Stockholm, 2002)

190. Werden, Gregory J. *Market Delineation under the Merger Guidelines: A Tenth Anniversary Retrospective* (1993) 38 Antitrust Bulletin 517

191. Werden, Gregory J.: *Merger Simulation: Potentials and Pitfalls.* In Van Bergeijk és Kloosterhuis: Modelling European Mergers - Theory, Competition Policy and Case Studies. (Edward Elgar, Cheltenham, UK, 2005)

192. Wesseling, Rein: *The Modernisation of EC Antitrust Law.* (Hart Publishing, Oxford, 2000)

193. Williamson, Oliver E. *Economies as an Antitrust Defense: The Welfare Tradeoffs* (1968) 58 The American Economic Review 18

194. Wu, Lawrence és Simon Baker *Applying the Market Definition Guidelines of the European Commission* (1998) 19 ECLR 273

IV. *Egyéb hivatalos közlemények, dokumentumok*

1. Bericht der Delegationsleiter des von der Konferenz von Messina eingesetzten Regierungsausschusses an die Außenminister (21.4.1956)

2. Európai Bizottság *First Report on Competition Policy* (1971)

3. *Declaration of Summit Conference in Paris 1972* (1973) 10 CMLR 108

4. Commission, European *Competition Policy - General rules applicable to firms - Control of mergers* (1973) 6 Bulletin of the European Communities 28.

5. Proposal for a Regulation (EEC) of the Council on the control of concentrations between undertakings [1973] HL C 92 1. o.

6. Európai Bizottság *Second Report on Competition Policy* (1973)

7. Council Resolution of 17 December 1973 on industrial policy [1973] HL C 117 0001-0014. o.

8. Opinion of the Economic and Social Committee on a proposal for a Council Regulation on the control of concentrations between undertakings [1974] HL C 88 19. o.

9. Opinion of the Economic and Social Committee on the Amended Proposal for a Council Regulation (EEC) on the Control of Concentrations Between Undertakings [1988] HL C 208 11. o.

10. Resolution embodying the Opinion of the European Parliament on the proposal from the Commission of the European Communities to the Council for a Regulation on the control of concentrations between undertakings [1974] HL C 2303 19. o.

11. Amended proposal for a Council Regulation on the control of concentrations between undertakings (merger control Regulation) [1982] HL C 36 3. o.

12. Európai Bizottság *Tenth Report on Competition Policy* (1981)

13. Amended proposal for a Council Regulation on the control of concentrations between undertakings [1984] HL C 51 8. o.

14. Amended proposal for a Council Regulation on the control of concentrations [1986] HL C 324 5. o.

15. Monopolkommission: *Die Wettbewerbsordnung erweitern: Hauptgutachten 1986/87*. (Nomos, Baden-Baden, 1988)

16. Amended proposal for a Council Regulation (EEC) on the control of concentrations between undertakings [1988] HL C 130 4. o.

17. Monopolkommission: *Conception of a European merger control: special report in accordance with sect. 24 b, para. 5, sentence 4 GWB*. (Nomos, Baden-Baden, 1989)

18. Amended Proposal for a Council Regulation (EEC) on the Control of Concentrations Between Undertakings [1989] HL C 22 14. o.

19. Európai Bizottság *Nineteenth Report on Competition Policy* (1990)

20. A Bizottság közleménye a közösségi versenyjog alkalmazásában az érintett piac meghatározásáról [1997] HL C 372 5-13. o.

21. Horizontal Merger Guidelines (1992, módosítva: 1997).

22. OECD *Competition Policy and Efficiency Claims in Horizontal Agreements* (1996)

23. *FTC kontra Staples, Inc.* 1997. 970 F. Supp.1066 (D.C. Circuit)

24. A Bizottság közleménye a fúziók ESZAK és EK Szerződések alapján történő elbírálásáról [1998] HL 066 36-37. o.

25. Európai Bizottság *XXVIIth Report on Competition Policy 1997* (1998)

26. SPEECH/00/311 Monti, Mario: *The main challenges for a new decade of EC Merger Control*. Brüsszel, 2000. szeptember 15.

27. *Green Paper on the Review of Council Regulation (EEC) No 4064/89*, COM(2001) 745/6, 2001. december 11.

28. OECD *Substantive Criteria used for Merger Assessment* (2002)

29. Office of Fair Trading: The Analytical Framework for Merger Control. International Competition Network, First Annual Conference (Naples, Italy: 2002).

30. *Report on the Commission Green Paper on the review of Council Regulation (EEC) No 4064/89 (COM(2001) 745*, C5-0159/2002 – 2002/2067(COS), 2002. június 4.

31. SPEECH/02/252 Monti, Mario: *Review of the EC Merger Regulation - Roadmap for the reform project*. Brüsszel, 2002. június 4.

32. Opinion of the Economic and Social Committee on the "Green Paper on the Review of Council Regulation (EEC) No 4064/89 [2002] HL C 241 130-139. o.

33. *European Parliament legislative resolution on the proposal for a Council regulation on the control of concentrations between undertakings: The EC Merger Regulation (COM(2002) 711*, C5-0005/2003 — 2002/0296(CNS), 2003. október 9.

34. Iránymutatás a vállalkozások közötti összefonódások ellenőrzéséről szóló tanácsi rendelet szerint a horizontális összefonódások értékeléséről [2004] HL HU.ES fejezet 08 kötet 03 10. o.

35. Iránymutatás a nem horizontális összefonódásoknak a vállalkozások közötti összefonódások ellenőrzéséről szóló tanácsi rendelet alapján történő értékeléséről [2008] HL C 265 6-25. o.

36. Iránymutatás az EK-Szerződés 82. cikkének az erőfölényben lévő vállalkozások versenykorlátozó visszaélő magatartására történő alkalmazásával kapcsolatos bizottsági jogérvényesítési prioritásokról [2009] HL C 45 7-20. o.

37. OECD *Standard for Merger Review* (2009)

38. Horizontal Merger Guidelines (2010)

39. Horizontal Merger Guidelines (Review) (2010)

40. SPEECH/11/96 Almunia, Joaquín: *Taking stock and looking forward: a year at the helm of EU competition*. Párizs, 2011. február 11.

www.ingramcontent.com/pod-product-compliance
Lightning Source LLC
Chambersburg PA
CBHW051621170526
45167CB00001B/19